文史哲學集成

文心雕龍管窺

王更生著

文史哲出版社印行

國家圖書館出版品預行編目資料

文心雕龍管窺 / 王更生著. -- 初版. -- 臺北
市：文史哲, 民96
頁： 公分.（文史哲學集成；528）
ISBN 978-957-549-721-7 (平裝)

1. 文心雕龍 － 評論

820

文史哲學集成 528

文心雕龍管窺

著　者：王　更　生
出版者：文史哲出版社
http://www.lapen.com.tw
登記證字號：行政院新聞局版臺業字五三三七號
發行人：彭　正　雄
發行所：文史哲出版社
印刷者：文史哲出版社
臺北市羅斯福路一段七十二巷四號
郵政劃撥帳號：一六一八〇一七五
電話886-2-23511028・傳真886-2-23965656
實價新臺幣四五〇元
中華民國九十六年（2007）五月初版

ISBN 978-957-549-721-7

文心雕龍管窺序

近年受視網膜黃斑病變的影響，在寫作、閱讀、教學以及《文心雕龍》研究方面，幾乎陷入半停頓狀態。友好知我病況者，多紛紛提供單方，推薦名醫，或函告改善生活習慣，或促我加強眼部運動。長期以來，由於內服外用，養護兼施，眼疾雖未完全脫離險境，但已部分獲得控制，幸未進一步惡化。

自一九九八年我從臺師大屆齡退休後，承各方關愛，常藉學術研討名義，於會後邀我旅遊，以舒解我六十年困處海島之抑鬱情懷，我亦不以老邁自憐；應邀與會時，往往就平時教學體悟和讀書一得，撰成論文，與人分享。或蒙同道不棄，知我退休得閒，本會友輔仁之高誼，囑我為其大著略攄讀後之感懷於簡耑。如此多年積稿，案頭頗有可觀；為免日久零落，加以敝帚自珍，特揀擇其中醇多疵少者，整理編次後，再將個人之專門著述已獲出版者，列成年表，殿於正文之末，然後書其額曰：「《文心雕龍》管窺。」劉勰不云乎：「言欲盡意，聖人所難；識在缾管，何能矩矱。」我固不敢以古人自況，但此情亦殆有近之。

憶昔　健光吾師一九七〇年五月，於臺大醫院病榻前，執手囑我代其講授《文心雕龍》以來，歲月飄忽，匆匆已過三十六個年頭。其間以教以學，無日敢忘恩師的教誨，和當時先生熱切期盼的眼神。我雖然立下鑽堅求通的決心，但《文心雕龍》本身，既有文約義廣，不易鉤稽之難；而且後出資料，更有如山似海之富；故欲奮螳臂之當，有所發明，終因綆短汲深，難免有望水興歎之憾！此次戔戔所得，自知卑之無高，用來慰先師厚望於九泉，顯然尚有所不足，如移作同道先進們茶餘飯後之譚脞，或不無小補也！

新世紀的腳步，已跨入了第七個年頭。眼看「《文心雕龍》學」的千秋大業，在前賢新秀們的努力下，行將揭開歷史新頁，獲致更輝煌的成就。欣喜之餘，深慚個人賦性魯拙，碌碌終身，一無所成。每讀彥和「才由天資，學慎始習」，和顏魯公「黑髮不知勤學早，白首方悔讀書遲」的文句，鑑往思來，汗顏無地。今於書稿即將出版面世的時刻，今後除以殘年餘力，自我鞭策外，懇請同道博雅，惠賜昌言，匡我不學，是為序。

王更生序於二〇〇七年三月十五日，大陸來臺之第五十八年也。

一九九九年五月在台灣師範大學召開的「《文心雕龍》國際學術研討會」，各方「龍學家」會聚一堂，盛況空前，使台灣的「龍學」研究，邁向新的台階，特攝此幀，以誌永念。

二〇〇〇年四月初，在劉勰的故鄉江蘇鎮江（古稱京口），召開「《文心雕龍》國際學術研討會」。並以「龍學研究的回顧與展望」爲主題，發表論文，展開討論，同時更成立了「中國《文心雕龍》研究資料中心」掀起了「龍學」研究的高潮。

文心雕龍管窺　目次

捌　劉勰文學批評的理論與實際

玖　中國文學批評發展規律蠡測

拾肆　附錄

壹 劉勰是個什麼家？

一、前 言

劉勰是個什麼家？聽起來好像是不成問題，實際上，是很不容易找到衆所認同的答案。因爲若干年來，學術界之於《文心雕龍》，或翻刻、或校勘、或注釋、或者爲專門論文抉發幽隱，而對「劉勰」其人，除了考其家世、生平、交遊，編制年譜外，他到底是個什麼家？卻很少被人關注。不過，這的確是值得大家集思廣益，共同回答的問題。孟子說：「頌其時，讀其書，不知其人可乎？」這就是我寫作本文的重要動機。

本文的寫作，在缺乏資料可資依據的情況下，只好採取「知人論世」與「知世論文」之法，擇劉勰生平活動的事跡，和《文心雕龍》反映的特質，分別羅列，然後再透過事實印證理論，根據理論突出眞相；並與目前各行其是的看法，加以參校，最後提出具體的答案。

由於問題本身牽涉的層面複雜，論證過程中，又難免不爲私見所囿；所以立義選言，不能無病。盼望同道之好我說而商量討論者，惠賜昌言，以證成彥和「文果載心，余心有寄」的本意。

二、由知人論世法，進行了解

研究劉勰《文心雕龍》而又著書名世的學者，往往被人叫做「龍學家」；假使劉勰和我們並世而存的話，他應該被我們尊爲什麼家呢？文評家嗎？文學理論家嗎？文學家嗎？過去《四庫全書總目提要》的作者，以爲「勰究文體之源流而評其工拙」，把《文心雕龍》列爲詩文評類之首，三百多年來，提出質疑的雖然不多，但是劉勰之著《文心》，又何止乎文體源流？評作品工拙呢？

在當前「龍學」研究，行將邁上新的台階時，想要正確解答「劉勰是個什麼家」的問題，恐怕還應該本著知人論世，知世論文的辦法，才能撥雲見日，看出眞相。

不同的時代，產生不同的學術思想。一部著作，往往和時代背景有密切關係。劉勰處在那個空前未有的時代。我們可以透過知人論世的方法，從以下四個層面，對他進行了解。

首先，從家世方面，看劉勰與傳統文化的關係：由《梁書》本傳知劉勰是漢齊悼惠王肥之後，祖籍山東莒縣，大約在永嘉之亂前後，舉族南遷於南東莞郡的京口（今江蘇鎮江）。他的祖父靈眞，父親尙，以及叔祖劉秀之，都在南朝劉宋時代任職朝廷，到他跟前，物移星換，劉宋已被蕭齊所篡，家道中落，父親更在他幼年過世，母子二人相依爲命（註一）可是，他仍以自己祖籍山東，能與至聖孔子同鄉爲榮。他在《文心雕龍・序志》篇裡，非常興奮地敘述自己和孔子的關係，說：「予生七齡，乃夢彩雲若錦，則攀而采之。齒在逾立，則嘗夜夢執丹漆之禮器，隨仲尼而南行。」另外，在《原道》篇、《徵聖》篇、《宗經》篇、《正緯》篇、《辨騷》篇中，都一再盛讚孔子對我國古代文化的卓越貢獻（註二）。並把他比做「木鐸啓而千里應，席珍流而萬世響」（註三），「譬萬鈞之洪鍾，無錚錚之細響」（註四）。他這種熱愛傳統文化的表現，相信是隨著母親的訓誨，定林寺的校經，一直到《文心雕龍》殺青完稿之時，始終都是拳拳服膺，沒有絲毫改變的。

其次，從政治方面，看劉勰窮達與操持：西晉自永嘉之亂，懷、愍被擄，過渡到東晉以後，我國整個政治環境以淮河爲界，分成南朝、北朝兩大集團的對抗，北方是五胡亂華，所謂北魏、北齊、北周遞嬗。南方是衣冠上國，所謂宋、齊、梁、陳相繼。當時變亂紛乘，民不聊生。加以政府奪權鬥爭，文網嚴密，知識分子，只想「苟全性命於亂世，不求聞達於諸侯」（註五）。劉勰遭逢此一動盪的局勢，起初想干祿求進，例如在他年約三十八歲，完成《文心雕龍》後，曾負書以干沈約，後來更由沈約的推荐（註六），於梁武帝天監二年起，起家奉朝請，開始活躍於政治舞台。次年，改任中軍臨川王宏記室，以後歷經車騎倉曹參軍、太末縣令、東宮通事舍人，以及步兵校尉兼東宮事舍人。在擔任縣令時，政有清績；任東宮通事舍人，深受昭明太子所愛接。可見他在政治上一帆風順的程度。但最後，竟在朝野正關切矚目之際，燔髮自誓，啓請出家。由多采多姿的政治生涯，退居青燈古佛的桑門靜土。他說：「摛文必在緯軍國，負重必在任棟梁；窮則獨善以垂文，達則奉時以騁績。」（註七）這種政治上的起伏，也許就是他思想上的寫照吧！

第三，從社會方面，看劉勰對風末氣衰的看法：社會風氣敗壞，是腐蝕人心，動搖國本的根源。《程器》篇云：「近代辭人，務華棄實。」同篇引魏文帝《與吳質書》的話，斥「當世文人，類不護細行」。我們從李諤《上隋高帝革文華書》看來，當代文士不僅「不護細行」，更文辭浮華，不切實際（註八）。所以《才略》篇形容東晉末年的學風，是「解散辭體，縹渺浮音；雖滔滔風流，而大澆文意」。至於宋代以後的風氣，勰雖然避當世而不談，不過，他還是輕描淡寫地說：「世近易明，無勞甄序。」（註九）讀書人的標新立異，投機取巧，大多受社會風氣的影響，例如《通變》篇說：「宋初訛而新。……何則？競今疎古，風末氣衰。」又說：「今才穎之士，刻意學文，多略漢篇，師範宋集，雖古今備閱，然近附而遠疎矣。」這種拋棄傳統，深廢淺售的現象，正是當時社會風氣的寫照。所以劉勰感傷地說：「此莊周所以笑折楊，宋玉所以傷白雪也。」

第四，從學術方面，看劉勰正末歸本的主張：六朝是釋老並興的時代，《時序》篇曾說：「自中朝貴玄，江左稱盛；因談餘氣，流成文體，是以世極迍邅，而辭意夷泰。詩必柱下之旨歸，賦乃漆園之義疏。」這還只是就「談玄」而言，如果加上佛教的傳布，其對當世或傳統學術思想的衝擊，更不可估計。尤其我國的經典，此時在學術上，已失去平衡思想的向心力，所以劉勰說：「邁德樹聲，莫不師聖；而建言修辭，鮮克宗經。」（註一〇）經典既不受學術界重視，則「去聖久遠，文體解散」的原因，還是由於「辭人愛奇」，方才造成「離本彌甚，將遂訛濫」（註一一）的後果。劉勰在此始終肯定經典是我國文學的本源，爲文無本，即如流水無源；無源則流涸，無本則木枯，所以他大聲疾呼，要「正末歸本」，「矯訛翻淺」。此不僅有感而發，更是探本之論。

三、劉勰為文用心之所在

由上述劉勰居處的時代背景和活動情況，可知在經學消沉，釋老並興的六朝，我傳統文化的生命力，正受到時代巨流，世風狂濤的考驗。而他以「深得文理」見稱當世的《文心雕龍》，適於此時應運而生。所以我們再從知世論文的角度，來體認劉勰爲文用心之所在。

首先，從《文心雕龍》的宗經思想，看傳統與當代文化的結合。打開《文心雕龍》扉頁，第一篇就是《原道》。《原道》開宗明義就說：「人文之元，肇自太極，幽贊神明，易象爲先。」書末《序志》篇也說：「位理定名，彰乎大衍之數，其爲文用，四十九篇而已。」此書既以《易經》始，復以《易經》終，《易經》是倡言天道，入神致用的一部著作，劉勰稱它「旨遠辭文，言中事隱」。孔子讀《易》，竟至韋編三絕。而《原道》以下，繼之以《徵聖》，《徵聖》之後，又繼之以《宗經》。《序志》篇更以「敷贊聖旨，莫若注經」相期許，並云：「《周書》論辭，貴乎體要，尼父陳訓，惡乎異端。辭訓之奧，宜體於要，於是搦筆和墨，乃始論文。」足證其著述《文心雕龍》的大旨，蓋以經典爲依據，而其正末歸本，與守先待後之用心，亦於此可得而明。至於全書五十篇，三萬七千多字中，其引文、引說、引書、據書、據事、援義，不分內典與外書，不別經傳與子史，舉凡一切關係文學理論之事者，無不自本而末，由原竟委，窮搜冥索，一攬無遺。採傳統的菁華，防文學的流弊，這種由傳統與當代結合而成的文論寶典，其行文措辭之優美，分章布局之妥貼，姑且置而不論，就單憑他融今鑄古，陶冶萬匯的本領，盱衡後世學術界，又有幾人？又有幾部具有如許目光獨到之著作乎？

其次，從《文心雕龍》的首尾圓合，看他牽一髮動全身的布局：我們就拿《四庫全書總目提要》所收的三千五百零三種專門書籍來說吧，其中單就集部而言，無論總集、別集、詩文評類等，它們的精言奧義，雖所在多有，但如僅從寫作的體例、布局的嚴整、思想的周密、篇章的分合等四方面比較，絕少有一本書像《文心雕龍》那樣有體有用，部伍森羅：猶如常山之蛇，擊首則尾應，擊尾則首應的；迫而察之，全書由「文原論」而「文體論」而「文術論」而「文評論」，「緒論」冀於四大文論之末。統而觀之，在這四大文論之間，更如層巒聳翠而有主峰，萬壑競流而有發脈。其彼此之間的相激相蕩，更是有詳略、互見、分合、取代，種種交叉互動的關係。讀者若能掌握這些特色，然後再斷章取合，雌黃是非，必可動極彥和之神源，般若之絕境了。

第三，從《文心雕龍》歲久彌光的價值，看他的創作藝術：就拿首篇《原道》爲例，「原道」者，文原於道也，何以知道文原於道乎？此理至密，難以言傳，所以本文一開始就用問答法破題，云：「文之爲德也，大矣！與天地並生者，何哉！」天地，指自然，也就是所謂的「道」，他在此雖沒有進一步的說明，但卻緊扣「文原於道」的主旨，揭開了全文序幕。劉勰即據此一問難，提出「玄黃色雜，方圓體分，日月疊璧，以垂麗天之象；山川煥綺，以鋪理地之形：此蓋道之文也。」明言天地、日月、山川的景象，其中或色雜、或體分、或麗天以垂象，或理地以鋪形，最後以「此蓋道之文也」總收上文。不僅文意爲之一頓，更用來反照首句，回應「文原於道」的主題。然後再由此蓄勢，開啓以下種種情節，經由自然之文，而成人爲之文。更在人爲之文中，先上溯太極，次言沒有文字以前的傳說。他將我國人文的發展，尤其對文字發明以後的情形，言之綦詳，這雖是他詳此略彼之一例，同時，也是行文造境的藝術。其中措辭又有輕重；如言五帝三王較略，言孔子集我國古代文化大成處極詳，且極見工夫。篇末引《易・繫》作結，云：「辭之所以能鼓天下者，乃道之文也。」與文首「此蓋道之文也」，勢若桴鼓，巧相回應。其行文的圓合，眞妙不可言，《原道》篇只不過是其中一例而已。其他四十九篇，莫不如此！至於下字的精當，造句的清英，段落之明靡，結構之彪炳，所謂「外文綺交，內義脈注」，令人展卷神往，愛不忍釋！

第四，從劉勰著《文心雕龍》的目的，看他文學濟世的襟袍：劉勰身丁內憂外患，思想紛歧的六朝，目睹「辭人愛奇，言貴浮詭」，「離本彌甚，將遂訛濫」的現象，而一般論文之士，又「各照隅隙，鮮觀衢路」。「不述先哲之誥，無益後生之慮。」（註一二）於是推本經籍，則古稱先，發徵聖、宗經之微旨，倡通古、變今之弘論，書中凡言聖文雅麗、宗經六義、正緯辨騷、論文敘筆、剖情析采、崇替褒貶等，無不「圓鑒區域，大判條例」，以達「控引情源，制勝文苑」（註一三）的目的。尤其從全書結構上看，首卷五篇，以《宗經》爲核心，前有《原道》、《徵聖》，後有《正緯》、《辨騷》，千言萬語，都從「道沿聖以垂文，聖因文以明道」出發，揭示他「正末歸本」的旨趣。可說是劉勰的「本體論」，卷二以下，分由文體、文術、文評三個角度立說，有文體而後有文術，有文術而後有作品，有作品而後有批評，這可以說是他的「方法論」。全書有體有用，綱舉目張，近人劉永濟作《校釋》時說：「舍人懼斯文之日靡，攄孤懷而著書，其識度閎闊如此。故其所論，千載猶新，實乃藝苑之通才，非止當時之藥石也。」指的正是他文學濟世的襟抱！

第五，從劉勰《文心雕龍》的理論，看當時文學通變的進路：蓋齊梁時代，正是佛教內來後，中印文化交流極盛之際，全國人士對印度佛學的盲目，較之時下，一般知識分子對西方基督教文化的捧心效顰，有過之而無不及。所以劉勰著《文心雕龍》，在思想上，豎起宗經的大纛，主張從事創作，必須走入傳統，才能推陳出新，有不竭的源泉。在作法上，提出尊體的口號，必以「情志爲神明，事義爲骨鯁，辭采爲肌膚，宮商爲聲氣」（註一四），然後才能寫出「視之則錦繪，聽之則絲簧，味之則甘腴，佩之則芬芳」的作品（註一五）。在批評上，他以爲文學批評必須接受批評理論的指導，批評理論又以文學理論爲準矩，而文學理論宜依經以樹則：於是提出「六義」與「六觀」之說，作爲文家必備的學養。舉目斯世，由於百數十年來，內憂外患，以及西方基督教文化的滲透，目前在文學方面，無論創作與批評，均與六朝所發生的流弊相當類似。「文律運周，日新其業。變則堪久，通則不乏。」（註一六）面臨這樣一個變動不居的時代，我們如何借歷史作般鑒，爲改變崇洋媚外的現狀而努力呢？恐怕劉勰在《文心雕龍》中，所抱持的思想和方法，無疑的可以作爲我們當前的參考啊！

四、結　論：劉勰是「中國文學思想家」

目前，劉勰及其《文心雕龍》的研究，均有創新的發現，有些學者往往拿他和西方所謂之「文學論」、「文學評論」相比較，並襲用西方的名詞，向劉勰和《文心雕龍》身上貼標籤；說它是中國最具系統的一部「文學評論」專著，劉勰是「中國古代文學評論專家」。這種比較研究的方式固然可嘉，但過程和結果卻不無可議。原因在於東西方是兩個不同的文化體系，其意識形態、表達方式，大多如方枘圓鑿，難以銖兩無差；有時即令勉強幫湊，也會搞得似是而非，有莫所適從之感！尤其像劉勰及其《文心雕龍》，這種「陶冶萬匯，組織千秋」的巨著，不要說在當代不曾有，即令後世也未之見。所以《文心雕龍》決非「文學評論」或「文學批評」所能範圍；劉勰也決不是「文評家」「文學理論家」或「文學家」任何一個名號能蓋棺論定的！

近人劉永濟著《文心雕龍校釋》，其《議對》篇釋義云：「彥和之時，文浮末勝，尤無足觀。故其雖揚榷前代作者，實針砭當世文風，最爲切要。顧亭林謂：「『文須有益於天下』，彥和有焉。讀此書者，未可純以齊梁文士目之也。」可見劉氏早就肯定劉勰非齊梁文士，《文心雕龍》乃針砭當世文風之作。所以明葉盛《菉竹堂書目》把《文心雕龍》歸入子雜類，吳興凌雲刊本、陳仁錫《諸子奇賞》本，均尊劉勰爲「劉子」，歸有光《諸子匯函》本，輯有《雲門子》，指的正是《文心雕龍》。清末譚獻《復堂日記》也說：「《文心雕龍》乃獨照之匠，自成一家。」就此諸說，拿來和筆者從知人論世，知世論文中所得的各點加以對照，發覺《文心雕龍》中的劉勰，除了「體大慮周，籠罩群言」，這些一般性的條件，爲衆所周知外，至少下列五點是現在所謂「文評家」「文學理論家」「文學家」不曾有，或不曾全有的特質，那就是一、對民族文化的高度認同，二、徵聖宗經的思想體系，三、文學濟世的偉大抱負，四、騁績垂文的高尚風骨，五、折衷古今的卓越眼光。由此觀之，我們只有尊稱劉勰爲「文學思想家」，才能得其爲文用心之「眞」和用心之「全」。否則，不僅扭曲了劉勰在中國文壇上的地位，更是自貶學術研究的身價。

舉目四顧，古今著述之林，雖然類出多門，各具特色；但有的作品，我們只看書前的序言，或章節目次就夠了，無需再閱讀正文；有的作品可以閱讀正文矣，無需字斟句酌的詳究博考；有的作品值得詳究博考矣，但不一定奉爲終身事業。像《文心雕龍》這部書，顧其名，不能知其義；知其義，不能知其用；知其用，不能知其體。可是它無一字無來歷，無一義不落實，不僅將我國六朝以前的文論，融一爐而冶之；更選精拔萃，整紛理蠹，提出完整的思想體系，爲千年萬代的中國文學，找到大本大源，以及補偏救弊的靈丹妙方。這種金針度人，救國濟世的絕大著作，實在是我們百讀不厭，應當終身奉行的一部寶典。「世遠莫見其面，覘文輒知其心。」（註一七）過去《文心雕龍》成，劉勰曾經負書以要沈約的青睞，今天距離《文心雕龍》成書又一千五百年之後，如果我們對「劉勰爲中國文學思想家」的看法還算接近事實的話，也許劉勰在九泉之下，就可免於「音實難知，知實難逢」之嘆了！

【註釋】

註一：以上講劉勰家庭世系，大致是根據《宋書・劉秀之傳》、《宋書・劉穆之傳》、《南史・劉穆之傳》、《南齊書・劉祥傳》、《梁書・劉勰傳》改寫而成。

註二：卷一《原道》、《徵聖》、《宗經》、《正緯》、《辨騷》五篇，是劉勰的文學思想。其中以《宗經》爲軸心，對孔子集中國文化大成而爲《六經》，以及經典與文學原委本末的關係，言之綦詳。

註三：《文心雕龍・原道》篇。

註四：《文心雕龍・宗經》篇。

註五：諸葛亮《前出師表》。

註六：劉勰負書干約，以及經由沈約推荐，於天監二年起家奉朝請事，分別見於《梁書・劉勰傳》及王更生《梁劉彥和先生年譜》，雖然有點臆測，但是還接近事實。

註七：《文心雕龍・程器》篇。

註八：李諤於隋文帝開皇九年曾上書，論文體輕薄云：「魏之三祖，更尚文詞，忽君人之大道，好雕蟲之小藝。下之從尚，有同影響，競騁文華，遂成風俗。江左齊梁，其弊彌甚，貴賤賢愚，唯務吟詠。……

故文筆日繁，其政日亂。良由棄大聖之軌模，構無用以爲用也。」

註　九：《文心雕龍・序志》篇。

註一〇：《文心雕龍・宗經》篇。

註一一：《文心雕龍・序志》篇。

註一二：《文心雕龍・序志》篇。

註一三：以上兩處引文見《文心雕龍・總術》篇。

註一四：見《文心雕龍・附會》篇。

註一五：以上兩次引文見《文心雕龍・通變》篇。

註一六：以上兩次引文見《文心雕龍・通變》篇。

註一七：《文心雕龍・知音》篇。

貳　《文心雕龍》的學術價值

一、前　言

《文心雕龍》的學術價值，取決於《文心雕龍》本身的博大精深。他不但在駢文方面，是中國第一流的文學作品，如果從宏觀的角度檢視，他除了有系統完備的體系，放之四海而皆準的理論，歷久彌新的適應性，鉤深窮高的學術基礎外，他還開文章寫作理論的先河，啓後世文話的新運，創中國文學史的成規，以及文學批評的典範。因此，我們想要了解中國文學的眞象，和一千五百多年來《文心雕龍》在中國文學發展方面所扮演的角色，則其學術上的永恆價值，是值得注意的。

一種學問有沒有學術價值，取決於以下五個條件：

㈠它有沒有系統完備的思想體系。

㈡它有沒有放之四海而皆準的理論。

㈢它有沒有歷久彌新的適應性。

㈣它有沒有鉤深窮高的學術基礎。

㈤它對後世學術界有沒有深遠的影響。

我們拿這五個條件來看劉勰的《文心雕龍》，不但應完全受到正面的肯定，並且由於它的問世，引起了中外學者的廣泛注意，且起而研究者代不乏人。

《文心雕龍》是中國南朝齊、梁間的產物，作者劉勰，江蘇鎮江人，出身於一個家道中落的官宦人家，幼即篤志好學。自從父母雙亡後，因家貧，不婚娶，依定林寺沙門釋僧祐，與之居處，積十餘年。由於他苦讀力學，遂成中印兼長的學者。

他有感於「歲月飄忽，性靈不居」，和「形甚草木之脆，名踰金石之堅」（註一），決心樹德建言，留聲名於當代。遂以六年左右的時光，造作《文心雕龍》十卷五十篇。書成後，受到當時官高爵顯的文壇領袖沈約的讚賞，以為「深得文理」，從此以後，劉勰和他手著的《文心雕龍》，便蜚聲文壇，受到學術界的青睞；而劉勰也因此踏入仕途，開啓了人生的新頁！（註二）

二、劉勰對中國文學理論的貢獻

《文心雕龍》所以成為中國最早的一部古典文學理論專門著作者，追根究柢，這和劉勰本身的才華、思想、學養、膽識是分不開的。在魏、晉、南北朝將近四百年的歷史長河裡，由於五胡亂華，衣冠南渡，伴隨而來的是連年征戰，社會動盪；加上天災人禍的流行，民不聊生的情形，幾乎到了朝不保夕的地步！恰當其時，佛教乘我內憂外患，思想空虛，儒家經典又不受重視之際，大量內傳。其生死輪迴之說，與我民間信仰，現實生活結合後，頗收振奮人心、解脫悲苦的效果。我有識之士，也本於發揚固有文化，收拾陷溺人心的立場，起而以老莊思想爲天下倡。在此風氣低迷、道德淪喪、觀念混淆、文風卑靡，和作品又極重形式而輕內容的情況下，雖然有許多文學理論家如曹丕、曹植、應瑒、陸機、摯虞、李充等不甘緘默，對當代的作家、作品、文風、文體、作法等，提出自己的評議，但由於不能探源竟委，很難發揮補偏救弊的效果（註三）。由於劉勰以胸懷傳統，立足當代，放眼未來的目光，提出「原道」「徵聖」「宗經」「正緯」「辨騷」的「文學三源論」（註四），和「正末歸本」的具體主張！

他確認「經典」是中國文學的本源，無論是文學思想、文學體裁、文學創作、文學批評，一切都應當以經典爲本，如果中國文學和經典脫離了關係，就等於是失去了靈魂的一堆說話的肉而已！試想在那個異說紛呈，各是其是的時代，劉勰以一介寄身桑門的寒士，提出這種悖離時代主流的主張，哪要何等膽識！何等學養！何等才華！和何等堅定的信仰與力量！雖然和劉勰同時的裴子野著〈雕蟲論〉，斥責六朝「文筆日繁，其政日亂；良由去大聖之軌模，構無用以爲用」，立意鮮明，措詞激切，但短篇小品，對當世文風之影響，難稱其大。至於和劉勰同代而爲時稍後的鍾嶸著《詩品》、蕭統輯《文選》，又同被後人稱譽；但是要講到探源經籍，妙抉文心，他們是根本不能望其項背的。西漢司馬相如於〈難蜀父老〉一文裡說：「世必有非常之人，然後有非常之事，有非常之事，然後有非常之功。」魏、晉、南北朝在中國歷史長河中，可謂非常的時代；劉勰可謂非常之人；其著《文心雕龍》，可說是非常之事；《文心雕龍》對中國文學理論的卓越貢獻，更可稱爲非常之功！

三、《文心雕龍》有系統完備的思想體系

我們從《文心雕龍》的組織來看，全書十卷五十篇，有系統完備的思想體系，前二十五篇，劉勰稱之爲「上篇」，後二十五篇爲「下篇」。根據《文心雕龍．序志》篇，劉勰自述的內容組織，其卷一、五篇，即〈原道〉〈徵聖〉〈宗經〉〈正緯〉〈辨騷〉，是劉勰自己的「文學思想」，全書的關鍵所在。卷二到卷五，二十篇，是劉勰的「文體論」，這二十篇又可分爲兩部分：前一部分包括〈明詩〉〈樂府〉〈詮賦〉〈頌讚〉〈祝盟〉〈銘箴〉〈誄碑〉〈哀弔〉〈雜文〉〈諧隱〉等十篇，屬韻文文體；後一部分包括〈史傳〉〈諸子〉〈論說〉〈詔策〉〈檄移〉〈封禪〉〈章表〉〈奏啓〉〈議對〉〈書記〉等十篇，屬散文文體。這「文」「筆」兩分的敘述架構，他放在自己安排的四大條例上進行；這四大條例，即「原始以表末」「釋名以章義」「選文以定篇」「敷理以舉統」。所謂「原始以表末」者，在論敘此一文體的起源和流變；「釋名以章義」者，在論敘此一文體的命名和定義；「選文以定篇」者，在選出此一文體的代表作品並評定其優劣；「敷理以舉統」者，在鋪陳此一文體的寫作原理和特徵。劉勰的文體分類，雖非獨創發明，

但他旁搜遠紹，整紛理亂，融會各家，斷以己意；用全書幾乎二分之一的篇幅，來討論文體分類的問題。他把這一部分叫做「論文敘筆」。

下篇二十五篇，由卷六的〈神思〉，到卷九的〈總術〉共十九篇，是劉勰的「文術論」。而〈總術〉篇雖然居於「文術論」之末，但根據其內容所述，卻是系聯「文體論」和「文術論」之間的橋樑。此外的十八篇，依照性質分爲以下三組：第一組，是〈神思〉〈體性〉〈風骨〉〈通變〉〈定勢〉等五篇，其內容所指都在通論創作的原理原則，可稱之爲文學創作的「通則」。〈情采〉〈鎔裁〉兩篇，論「內容、形式的配合」；〈練字〉〈章句〉〈附會〉三篇，論作品的「結構布局」；〈聲律〉〈麗辭〉〈比興〉〈夸飾〉〈事類〉、〈隱秀〉〈指瑕〉七篇，論「修辭藝巧」；其中〈指瑕〉雖屬修辭，但偏於行文的避忌；上述十二篇可歸爲一類，屬第二組，稱之爲文學創作的「細目」。劉勰有感於「爲文傷命」「用思困神」，特製〈養氣〉一篇，爲作者的養生說法，屬第三組，可稱之爲文學創作的「餘論」。綜上三組，由「通則」而「細目」而「餘論」，有體有用，鉅細兼備；茲不僅行之當代，即令放到今天的實際創作中，也還有它的實用價值。

由卷九末篇〈時序〉和卷十前四篇，是劉勰的「文評論」。所謂「崇替於〈時序〉，褒貶於〈才略〉，怊悵於〈知音〉，耿介於〈程器〉」，〈時序〉篇，論時代背景和作品的關係；〈物色〉篇，論自然環境和作品的關係；〈才略〉篇，論作家的才華識略和作品的關係；〈知音〉篇，論讀者鑑賞和作品的關係；〈程器〉篇，論道德修爲和作品的關係。從這五篇內容所涉及的範圍，就知道劉勰的「批評論」，具有嚴謹的外緣框架。劉勰以前評論作家和作品優劣的著作不是沒有，但大多缺乏完整的系統；獨劉勰會古通今，出以胸臆，提出具體客觀條件。一千五百多年之後讀來，仍不能不佩服他那凌駕時空的卓見！

最後是〈序志〉，這是劉勰著述《文心雕龍》的「自序」或稱「前言」。序中對《文心雕龍》的名義，著述的動機，破近代論文之弊，立《文心雕龍》的系統組織，和論文的困難，運材的態度，對讀者的期待等，均作了適度的說明。透過本篇，我們可以對劉勰寫作《文心雕龍》時的心理活動有清晰的理解。劉勰說：「長懷序志，以馭群篇」，它等於是一把樞紐全局的管鑰，有了它，我們面對全書的精言妙論，才有問津的憑藉。

綜觀《文心雕龍》全書五十篇，篇和篇之間的聯絡照應，上篇與下篇的承接關係，以及各篇均用二字標目，和各篇之末附以「贊曰」；甚而各篇內容的鋪陳，長短字數等，無一不是經過縝密的設計，所以近人范文瀾注《文心雕龍》時，稱許它是一部系統完備的學術著作。（註五）

四、《文心雕龍》有顛撲不破的理論

《文心雕龍》是一部文學理論著作，劉勰自言分全書爲「文之樞紐」，「論文敘筆」，「剖情析采」，「崇替褒貶」，「長懷序志」等五部分。其中除「長懷序志」不爲論文之用外，其他均爲文論的重要組成部分。

這其中又有整體與個別之分：如「文之樞紐」爲卷一，五篇，此五篇雖平面排列，看似無分軒輊；但卻以〈宗經〉爲軸心。前乎此者爲正面的宗經，後乎此者爲反面的宗經。這是劉勰文學理論的樞紐，其中尤以〈原道〉〈宗經〉〈辨騷〉三篇最是關鍵所在。由卷二到卷五，二十篇，是劉勰的「論文敘筆」，我們稱之爲「文學體裁論」。其中的〈明詩〉〈樂府〉〈詮賦〉〈雜文〉〈諧隱〉〈史傳〉〈諸子〉〈論說〉〈書記〉等篇，體大思精，籠罩群言；尤其〈史傳〉〈諸子〉〈論說〉，不要說是文論，就是放在「史學」「玄學」「理學」上比量，也是學術思想上歷久彌新的大文章。

劉勰論文章作法，見於〈神思〉至〈總術〉十九篇。劉勰稱它是「剖情析釆」；今之文論家們稱之爲「創作論」或「文術論」。這十九篇可說是揭聖賢不傳之祕。秦漢以前的學者姑且置而不論，論魏晉六朝，若曹丕《典論》、陳思〈與楊德祖書〉、應瑒〈文論〉、陸機〈文賦〉、仲治《流別》、李充〈翰林〉等，他們的著作雖然都講到文學創作，但如果和《文心雕龍》這十九篇進行比較，就顯得偏而不全，略而欠詳，不能同日而語了！（註六）尤其以「神思論」之論想像，「體性論」之論風格，「風骨論」之論感染力，「通變論」之論通古創新，「定勢論」之論語態變化，「結構論」之論字句章篇以及內容與形式的結合，「修辭論」之論修辭技巧，「養生論」之論衛氣資養方法，無一言不中的，無一理不妥貼。或前人曾言，後人不知其所以言；或前人未言，後人不知如何言；或前人言而過簡，後人不知增華其言，到了劉勰著《文心雕龍》，運用他那彩雲若錦的才華，天風海雨般的文思，將前人未言，或後人不及者，利用他那慧心巧思，發揮得淋漓盡致，所以劉勰的「文術論」十九篇，不僅是魏晉六朝正末歸本的文壇良藥，更是後學從事創作的津梁！

劉勰的「文學批評論」，從時間觀點看有〈時序〉，從空間觀點看有〈物色〉，從作家觀點看有〈才略〉，從讀者觀點看有〈知音〉，從道德的觀點看有〈程器〉。此五大環節，構成了劉勰文學批評論的重要框架。在這裡僅以〈時序〉爲例，在他提出「文變染乎世情，興廢繫乎時序」後，接著對十代、九變的辭采進行評述。或單論一代，或合論數代，或論思想、或論作家、或論作品風格、或論時代文風，對「時運交移、質文代變」的關係，從政風說到學風，又從學風講到文風。將政治與文學緊密地綁在一起。鑒周思圓，詞簡義富，點出了我國文學發展的規律。這雖如鼎嘗一臠，但推而與其他各篇會通合觀，其度越時空的卓見，是可以做爲後世從事實際文評者的南鍼。

《文心雕龍》的文學理論，之所以能抓住文學上諸般問題的精髓，而所論又力透紙背，入木三分的原因，這和他態度的客觀大有關係。所謂：「及其品評成文，有同乎舊談者，非雷同也，勢自不可異也；有異乎前論者，非苟異也，理自不可同也。同之與異，不屑古今，剖肌分理，唯務折衷。」（註七）折衷者，合理的主張也。劉勰以不偏不倚的態度，博採古今之成說，折衷一是。所以他的文學理論弊少利多，確有顛撲不破的眞理。

五、《文心雕龍》有歷久彌新的適應性

《文心雕龍》的文學理論，是否能歷久彌新，應該把它放在中國文學發展的平臺上衡量，方可得知它那潛長暗滋的韌性！

隋唐三百年的文學理論，大多見於《晉書》、《宋書》、《南齊書》、《梁書》、《陳書》、《南史》、《北史》、《隋書》的各「文苑傳」或「文學傳」中，其間成書雖有，但皆史留空目。如孫郃的《文格》、馮鑒的《修文要訣》、王諭的《文旨》、王志範的《文章龜鑒》、張仲樞的《賦樞》、范傳正的《賦訣》、法虛舟的《賦門》、白行簡的《賦要》、紇千俞的《賦格》、杜正倫的《文筆要決》等。隋唐之文論專著既不易見，其他的作品如孔穎達《五經正義》、劉知幾《史通》；顏之推《顏氏家訓》、王通《中說》；李善注《文選》、李諤《上隋文帝論文體輕薄書》；以及由陳子昂到元、白之間，李白、杜甫、殷璠、皎然、司空圖等人的詩學觀點；韓愈、柳宗元的古文運動和主張。他們對《文心雕龍》雖情有獨鍾，但大多絕口不言出處。有的暗用、有的化用、有的掐頭去尾、有的改頭換面、有的取菁用弘、有的旁推交通，各從不同的角度，恣意擷取其菁華，所以《文心雕龍》之在隋、唐，雖引起了僧、俗、道、學各方人士的關注，但眞正拿它當成終身事業，從事專門研究的絕對沒有。

兩宋以後，文體多樣：除詩、詞、曲、文以外，又有所謂的話本、筆記、雜劇、南戲、章回小說等。蓋有作品就有評騭，有評騭就有優劣，有優劣就有評論，有評論就有理論居中指導，於是詩有詩話，詞有詞話，曲有曲話，文有文話，而文話之中又有古文話、四六話和辭賦話，至於小說、戲曲雖無所謂「話」，但評點之書，更後來居上，成了文學評論的新形式。

現在以「文話」爲例，看《文心雕龍》在其間發展的情況。所謂「文話」，簡單的說，就是話文。從構詞形式上看，它和詩話、詞話、曲話文例一致，並無不同；但從內容質量上說，卻是籠罩駢散，陶冶情采，涵蓋範圍十分廣遠。

文話又分古文話、駢文話和辭賦話。古文話，一名散文話，駢文話，又叫四六話。因爲文話多不勝舉，以下僅以古文話爲例進行說明：如於宋有唐庚的《子西文錄》、陳善的《捫蝨新話》、陳騤的《文則》、王正德的《餘師錄》、吳子良的《荆溪林下偶談》、李塗的《文章精義》；於元有陳繹曾的《文說》、《文筌》、《古文矜式》，王構的《修辭鑑衡》；於明有王文錄的《文脈》、朱荃宰的《文通》、宋濂的《文原》、高琦的《文章一貫》、李叔元的《新鐫諸名家前後場肄業精訣》、王世貞的《文評》；於清有張次仲的《瀾堂夕話》、王夫之的《夕堂永日緒論》、黃宗羲的《金石例》、顧炎武的《救文格論》、魏際瑞的《伯子論文》、魏禧的《日錄論文》、劉青雲的《續錦機》、張秉直的《文談》、梁章鉅的《退菴論文》、丁晏的《文彀》、曾國藩的《鳴原堂論文》、薛福成的《論文要集》、阮福的《文筆考》、汪瀇的《掄元匯考》、黃與堅的

《論學三說》、馬榮祖的《文頌》、田同之的《西圃文說》、劉大櫆的《論文偶記》、路德的《仁在堂論文》、李元春的《四書文法摘要》、朱景昭的《論文芻說》、方以智的《文章薪火》、呂留良的《呂子評語餘編》、楊繩武的《論文四則》、范泰恆的《經書卮言》、吳德旋的《初月樓古文緒論》、方宗誠的《論文雜記》、劉熙載的《文概》、包世臣的《雙楫論文》、唐才常的《論文連珠》、陳康輔的《古今文脈略述》；於清末民初有林紓的《畏廬論文》、吳曾祺的《涵芬樓文談》、劉師培的《論文雜記》、《文說》、章廷華的《論文瑣言》、胡懷琛的《文則》、徐昂的《益修文談》、馬敘倫的《修辭九論》等。（註八）

這些文話的內容，大多根據劉勰《文心雕龍》「原道」、「徵聖」、「宗經」的文學觀，以創新本於法古的通變原則，作爲創作門徑。所以兩宋以來，文話家論文，凡其法理兼備者，莫不以《文心雕龍》爲張本。而《文心雕龍》就在文話如林的情況下，脫胎換骨，變形發展，爲中國文學理論的新頁揭開序幕！

時間邁入十八世紀中葉，清廷於作戰失利後（註九），外國勢力在「民主」「科學」口號的掩護下，隨著船堅砲利，沛然東來。但眞正大規模的中西雙向交流，卻晚在民國成立、「五四」新文化運動之後。

正當中西、新故、文白之爭，甚囂塵上之際，八年抗日的烽火已燃遍神州。中國文學的發展，在此國家存亡絕續之秋，也因爲思想觀念的改變，影響到政治體制的改變；由政治體制的改變，影響到教育文化的改變；由教育文化的改變，使中國文學理論歷一千三百年不變的詩話、詞話、曲話、文話、小說戲曲評點的方式，完全被西方的文學理論所顚覆。長久以來，人們多侈談文學批評，似乎不知中國還有文學理論。更不知於中國文學理論中，《文心雕龍》有居中主導的地位。《文心雕龍》之於此前所未有的變局中，到底如何突破中西文化交流的困境，這不僅是《文心雕龍》本身的課題，同時，更是中國文學發展上的共同課題。其間少數學者若黃侃、劉師培、范文瀾、李詳、錢基博、劉永濟等（註一〇），基於個人愛好或使命感，不惜以垂暮之年，皓首點校，著書立說；企圖在風狂雨驟的時代，抓住傳統學術的精髓，爲《文心雕龍》的重新出發，樹立一塊歷史的豐碑，但面對西風凜冽的現象，恐怕也難掩當時內心的寂寥！

六、《文心雕龍》有鈎深窮高的學術基礎

劉勰之著《文心雕龍》，具有高深的學術基礎，是無庸置疑的。過去劉勰負書干約，約讚其「深得文理」，對劉勰之識味圓通，獨具隻眼，加以稱許。明原一魁序《兩京遺編》時說：「陶冶萬彙，組織千秋」，其內容之博大精深也可知！以下筆者分從各方面進行觀察，來印證劉勰《文心雕龍》的學術基礎。

首先，由劉勰對傳統的繼承看《文心雕龍》的深度：劉勰嘗言「近代論文」者的缺失，在於「不述先哲之誥」，所以主張「矯訛翻淺」，要「還宗經誥」（註一一），故徵聖，宗經，就成了

他文學理論的準繩。此外他更博採諸史，廣納百家，於此為了化繁就簡，筆者僅就其援引《尚書》為例，用概其餘。

《文心雕龍》全書五十篇，引《尚書》而顯明可見者，多達一百二十四條，徵經驗傳，以考其源而會其用，其引《尚書》論文的方法，計有本經縮傳以為文者，有截取經文和寓意無關者、有雜揉經文擴大原意者、有不知經分今古誤引偽《書》者、有引經衡文與史實不符者、有語出經文而調整詞面者、有引用經文，略施點化者、有約取經文詞義徵用其事理以印證上下文者、有時為配合句法需要縮節原文以引之者、有以反文見經義者、有撮取一詞以代全文者，更有兼採《尚書》各篇，化用成典者。至於引《尚書》論文的用途：計有紬繹經旨以徵文體之用者、有語本經典為文體下定義者、有取合經義以明創作規範者、有約文用事以證古史者、有明引經文以徵文體淵源者、有引經以論文理者、有引經以說明為文之用心者。皆能據事類義，援古證今，其博學多識，用舊合機的能力，於此可見！(註一二)

百尺高樓，基乎磧礎；萬里江河，源於濫觴。《文心雕龍》之引《尚書》，只是對傳統學術繼承之一端；其他經、史、子、集關係論文精義，而又為劉勰引用者，多不勝舉。引文引說，事雖小道，但如能以此為起點，去上考下求，旁推交通，逆溯劉勰造語之本，化用之妙；不僅可見其意匠經營之苦心，亦可以進窺其學術基礎之所自。

其次，由近代學術界研究的進路，看《文心雕龍》的廣度：劉勰之著《文心雕龍》，不僅對傳統學術與文論有關的至理名言，兼收並蓄，作爲立說的依據；我們更可以從近百年來學術界研究《文心雕龍》的進路，看不同的作者，從不同的面向，突顯《文心雕龍》的內容，不僅上承中國優良的學術傳統，更可以滿足新世紀文論發展的需要。

有的學者從「佛學」的角度進行研究，如饒宗頤〈文心雕龍與佛教〉、馬宏山〈劉勰的佛教思想屬大乘空宗〉、黃廣華〈文心雕龍與因明學〉、彭鐵浩〈文心雕龍的理論所受因明論理學的影響〉；有的學者從思想的角度進行探討，像王更生〈文心雕龍的經學思想〉、黃繼特《文心雕龍與儒家思想》、皮朝綱〈文心雕龍與老莊思想〉、王運熙〈文心雕龍原道和玄學思想的關係〉；有的從文藝美學進行探索，像王更生〈文心雕龍的美學〉、趙威德〈文心雕龍的美學思想初探〉、施維達〈文心雕龍綜合儒道佛的美學建構〉；又有從中國傳統文化中的經、史、子方面的理論與《文心雕龍》作比較研究，如鄧仕樑〈易與文心雕龍〉、葉晨暉〈劉勰與桓譚〉、蔣祖怡〈劉知幾史通與劉勰文心雕龍〉、呂永〈文心雕龍與老子〉、吳林伯〈文心雕龍與文選〉、馬向〈淮南子與文心雕龍〉、方銘〈揚雄與劉勰〉；也有從民間文學的立場進行會通，如牟世金〈劉勰論民間文學〉、方元珍〈劉勰與民間文學〉、洛汀〈劉彥和論民間文學〉；更有從文化學的觀點進行探索，如李欣復〈從文化學看文心雕龍〉、張少康〈文心雕龍與我們文化傳統〉、朱良志〈文心雕龍．原道的文化學意義〉、吳調公〈關於文心雕龍弘揚人文精神的思考〉；還有的從文章學的方向研究，如韓堯森〈劉勰修辭論研究〉、王璽〈劉勰的修辭觀〉、曾祥芹〈文心雕龍章法論〉、岡村繁〈文心雕龍中的五經和文章美〉、陳亞麗〈文心雕龍的文章論〉；此外，有些學者更從語文教學、心理學、語言藝術、術語用法、山水文學、閱讀學、邏輯學、版本學、翻譯學、詮釋學、小說觀、辯證法、文理論、兵學、心理學、寫作學以及生命美學、意象論、世界觀、價值觀等各種不同的面向、依照研究者的專業領域，對《文心雕龍》的成分、質量、密度，下鉤深窮高的工夫，以滿足其學術研究上的需要。由此也可以反襯劉勰《文心雕龍》的潛力和內容的廣度。（註一三）

再其次，由學者投注的心力，看《文心雕龍》厚實的基礎：《文心雕龍》傳世以來，學者於此書的著錄、品評、襲用、因習、引證、考訂、與夫序跋、版本之多，難以指數，更非其他詩文評論著作所能望其項背。足見學術界對它的關注如何了。現在筆者根據楊明照《增訂文心雕龍校注拾遺》下册〈附錄〉所列資料加以統計。

在史志著錄方面：自《隋書．經籍志》以下，至清張鈞衡的《適園藏書志》，著錄《文心雕龍》的有五十種。在品評方面：自梁代沈約評其「深得文理」後，古今學者爲之抑揚褒貶者，多達一百零三家。在採摭方面：翰苑詞林，採摭《文心雕龍》者，自唐至明，共得五十六書。在因習方面：《文心》一書，既久經士林傳誦，前人論述，與之不謀而合者往往有之。綜計古今因習《文心》的著作，共得四十七書。在引證方面：由於《文心雕龍》的涵蓋深廣，學者用之引申己說、考證故實者不少，自唐劉知幾《史通》以迄近人駱鴻凱的《文選學》，得一百四十二位。在考訂方面：《文心雕龍》歷代手抄刻印，多有脫誤。往昔學者從事著述時，正譌析疑，加以考訂者頗多。由宋洪興祖以下，得七十七家。在序跋方面：《文心》版本，元明以下甚多，刻者讀者或校者，往往於書前或書末加以箋記，謂之「序跋」者多有之。自元錢惟善以下共有五十二篇。在版本方面：《文心雕龍》版本之傳於今而經眼目睹者有寫本、單刻本、叢書本、選本、校本等七十八種。史志有載，未曾目睹的有三十八種。二者合計共一百一十六種。

綜理上述各項統計：有的以人爲單位，有的以書爲單位，又有的以作品爲單位。每一位學者都立足於個人的專業領域，爲《文心雕龍》的發展，投注了自己的心力。所謂「狐腋非一皮能溫，雞蹠必數千而飽」，足見《文心雕龍》學術基礎的厚實，其來有自矣！

七、《文心雕龍》對後世學術界的影響

《文心雕龍》的學術價值，還可以從它對後世學術界有無影響力看出端倪。根據筆者研究，由以下幾方面來說明：

首先，是開文章作法的先河：《文心雕龍》以前，如經典、史傳、諸子，古人於其中投下大量智慧；其精言奧義，至今尚光耀文壇，歷久不衰；但很少有人講到自己爲文的方法。而劉勰卻窮搜冥索，妙極機神，將前人不傳之祕，盡化爲具體可行之法，以資來者遵循。若後之唐宋八家、明代前後七子、清代的桐城、陽湖等派，彼等之所以能橫絕一代，垂文名於不朽者，無不受劉勰

《文心雕龍》之影響。

其次，是集古代文論的大成：追索中國文學理論的發展，可以逆溯五帝三代，追源群經諸子。宣尼以下，孟、荀、老、莊、墨翟、韓非，以及兩漢之司馬遷、揚雄、班固、王充、桓譚之流，皆能踵事增華，發言爲文，見地卓異。雖其明而未融，但由於劉勰能窮高樹表，極遠啓疆，苦心經營，將其以往三千年的文學理論精華，推而納入《文心雕龍》之中。此不但得到一次大整理、大集結，就是隋唐以後，一千五百多年中國文學理論的走向，也因而有了明確的座標與南鍼。所謂「標心萬古之上，送懷千載之下」，對其後世之影響，不言可喻。

第三，是啓後世文話的新運：從事文學理論研究的學者，都知道中國文學理論的演進，是沿著「文」「筆」兩分之法分道揚鑣的。「文」即韻文，「筆」即散文。唐宋以後，韻文理論有詩話、詞話、曲話；散文理論有古文話、駢文話、辭賦話，與小說、戲曲評點。《文心雕龍》是中國文話之先驅，歷代飽學之士對文話有獨創發明者，若宋之陳騤、唐庚、王銍、吳子良、洪邁；元之陳繹曾、王構、潘昂霄、陳秀民、倪士毅；明之宋濂、吳訥、徐師曾、王文祿、朱荃宰、高琦；清之王夫子、方以智、丁晏、薛福成、魏際瑞、劉大櫆；以及近代吳曾祺、林紓、劉師培，姚永樸、郭象升等，於文筆利病，無不覃思熟慮，多所抉摘；但究其發言爲論，著書立說之所本，大多和劉勰《文心》聲氣相通，若合符節。足見後世文話之所以蓬勃發展，《文心雕龍》有潛移默化的影響力。

第四，是創文學史寫作的成規：第一部中國文學史，是英國劍橋大學中文教授翟理士寫的；出版於清光緒二十六年（一九〇〇），四年之後，也就是光緒三十年（一九〇四），才有我國學者京師大學堂教師林傳甲，編著了一部中國文學史。其實劉勰《文心雕龍》雖不以中國文學史名其書，但其書的卷二到卷五，所謂「論文敘筆」的二十篇裡，其中「原始以表末」的部分，就是按照文體分類的文學史。如〈明詩〉篇，就是中國的詩史；〈樂府〉篇，就是中國的樂府詩史，或稱中國民歌史；〈詮賦〉篇，就是中國辭賦史。所以《文心雕龍》對中國文學史而言，確有啓發性的影響。

第五，是樹立文學批評的典範：《文心雕龍》之前，我國古聖先賢於授徒講學，著書立說時，往往對別人的作品，提出自己的看法。如仲尼的論文評詩，墨子的言必有儀，孟子的養氣知言，莊子的得意忘言，荀子的正名定分等，大多東麟西爪，毫無系統。自從劉勰《文心雕龍》問世後，他提出〈時序〉、〈物色〉、〈才略〉、〈知音〉、〈程器〉，從時間、空間、作家、讀者、道德等五個面向，做為文學批評理論的框架後，我國才有比較完備、有規則可循的文學批評理論和方法。所以《文心雕龍》對後世文學批評的建立，有典範性的影響。

第六，為中國文學找到了靈泉活水：什麼是中國文學的靈泉活水呢？就是「經典」。經典非一人一家之學，乃中國文化的菁華，為所有中國人所共享。我們擁有了它，就等於佛教徒之有《阿含經》、基督徒之有《新舊約》、回教徒之有《可蘭經》一樣。故知樹木之所以發榮滋長，必依根幹；江河之所以源遠流長，必賴甘泉；中國文學之永續發展，亦必須有經典爲之提供養分。故知「經典」者，中國文學之靈泉活水也。劉勰著《文心》，於卷一設〈原道〉、〈徵聖〉、〈宗經〉、〈正緯〉、〈辨騷〉，他尊之爲「樞紐」。《宗經》居中，前兩篇曰「原」曰「徵」，後兩篇曰「正」曰「辨」，一個是正面的宗經，一個是反面的宗經。無論是正面或反面，皆以「宗經」爲主軸，此即劉勰萬變不離其宗之意。他不但爲以往的中國文學找到了延續慧命的本源活水，也爲後此一千五百多年的中國文學發展奠定了理論基礎。他這種空前未有的高瞻遠矚，對中國文學更具有深遠的影響。

八、結語

唐末學者孫光憲在《白蓮集・序》說：「風雅之道，孔聖之刪備矣；美刺之說，卜商之序明矣；降自屈宋，逮乎齊梁，窮詩源流，權衡辭義，曲盡商榷，則成格言，其惟劉氏之《文心》乎！後之品評，不復過此。」孫氏將劉勰《文心雕龍》和「孔聖之刪」，「卜商之序」相提並論，可說是推崇備至了。清朝章學誠在《文史通義》裡，對《文心雕龍》更是讚不絕口。他說「體大而慮周」，「籠罩群言」。並尊其爲「後世文話的原祖。」梁章鉅於《楹聯叢話・序》中，也說：「劉勰《文心》實後世文話所託始。」所以黃叔琳著《文心雕龍輯注》時，在書前序文裡，開宗明義就說：「劉舍人《文心雕龍》一書，蓋藝苑之祕寶也。」稱它是文藝美學的祕寶，可謂猗與！

盛哉！

劉勰及其《文心雕龍》在邁入二十世紀後的現代，經過一千五百多年來的沉澱與發展，它的學術價值早已受到肯定。其研究的界域，也早已跨越國界，活躍於世界學術之林。近代新文學家魯迅在他的〈詩論題記〉裡說：「東則有劉彥和之《文心》，西則有亞里斯多德之《詩學》，解析神質，包舉洪纖，開源發流，爲世楷模。」足證《文心雕龍》之所以能光被四表者，不謂無因。

又由民國成立之前數年算起，到二〇〇〇年爲止，在此漫長的一個世紀內，包括中國、香港、澳門、台灣、韓國、新加坡、日本、美國、蘇俄、法國等各國漢學家，研究劉勰及其《文心雕龍》所發表的作品，根據張少康、汪春泓、陳允鋒、陶禮天合著，北京大學出版社於二〇〇一年九月發行的《文心雕龍研究史》統計，單篇論文有二千九百一十二篇，專門著作有二百一十五種。如分年計算，每年約有三十篇論文發展，兩種多專門著作出版。從這個有趣的數字，看《文心雕龍》在世界學術研究的舞臺上，正扮演著「顯學」角色，如日中天，有歷久彌新的趨勢！

最後，再引劉勰《文心雕龍．宗經》篇上的話，作爲本文的結束。他說：「根柢槃深，枝葉竣茂；辭約而旨豐，事近而喻遠。是以往者雖舊，而餘味日新；後進追取而非晚，前修久用而未先；可謂太山遍雨，河潤千里者也。」意思是說「經典」好比根深柢固的老樹。枝幹高峻，花葉繁茂，文辭雅潔而意旨豐富，敘事淺近而託喻深遠。所以「經典」雖流傳久遠，但它豐富的情味，卻歷久彌新。惟其如此，後來的學者研究它，爲時不晚；以往文士們的長期運用，也未能超越。

它對文學的影響，像太山的烏雲，遍雨天下；黃河的流水，滋潤千里啊！《文心雕龍》正是中國文學理論的經典之作。假如我們把劉勰在此指稱的「經典」，代換成《文心雕龍》的話，正可以體現《文心雕龍》在學術上，有歲久彌光，永久不朽的學術價值！

【註釋】

註一：引文見《文心雕龍・序志》篇。

註二：以上兩段內容，大抵根據《梁書・劉勰傳》改寫而成。

註三：此處所指，詳見《文心雕龍・序志》篇：「詳觀近代之論文者多矣」一段文字。

註四：所謂「文學三源論」，係指「文學的共源」「中國文學的本源」「中國文學的變源」。詳細內容，請參閱王更生著的〈文心雕龍的文學三源論〉（民國八十九年（二〇〇〇年）三月文史哲出版社印行的《文心雕龍國際學術研討會論文集》十九至五〇頁）。

註五：范文瀾的說法，見於《文心雕龍注》〈原道〉篇注㈡、〈神思〉篇注㈠。

註六：劉勰對曹丕《典論》、陳思〈與楊德祖書〉、應瑒〈文論〉、陸機〈文賦〉、仲治《流別》、李充〈翰林〉等各家的批評，詳見《文心雕龍・序志》篇。

註七：引文出自《文心雕龍・序志》篇末段。

註八：以上自宋至民初所列的「古文話」，請參見王更生作的〈開拓中國古代文學理論的新局〉（民國八十四年（一九九五）第一期《文藝理論雙月刊》）。

註　九：清政府於道光二十一年（一八四一）春因防阻英軍侵略，向英宣戰。於是有中英鴉片戰事的發生。清廷戰敗，遂於道光二十二年（一八四二）訂立〈南京條約〉。這是中國與外國第一次訂立的不平等條約。

註一〇：《文心雕龍》之研究，此時並未停頓。如黃侃著《文心雕龍札記》、劉師培有《文心雕龍講義》、范文瀾著《文心雕龍講疏》、李詳《文心雕龍補注》、錢基博有《文心雕龍讀記》、劉永濟著《文心雕龍校釋》。

註一一：此處兩次引文皆出自《文心雕龍‧通變》篇。

註一二：此處以《文心雕龍》援引《尚書》之例，內容情形見於王更生著《文心雕龍述書經考》（民國六十七年（一九七八）九月二十八日《孔孟學報》第三十六期）。

註一三：以上所引近代學術界研究《文心雕龍》的成果，均參考張少康、汪春泓、陳允鋒、陶禮天著的《文心雕龍研究史》（北京大學出版社，二〇〇一年九月發行）。

參　從《文心雕龍．序志》篇文，看劉勰的智慧

一、前言

《文心雕龍》全書十卷五十篇，可以說都是劉勰智慧的結晶。換言之，如果沒有劉勰過人的智慧，中國在南朝齊梁之際，根本不可能出現此一震古鑠今的學術名著。劉勰自己曾說：

長懷序志，以馭群篇。（註一）

所以〈序志〉雖然是《文心雕龍》的最後一篇，但卻是全書中最重要的一篇。學者欲知《文心雕龍》的內容，〈序志〉篇不可不讀，更不可不先讀。

〈序志〉篇既是駕馭全書，先讀爲得的篇目，則劉勰透過他天賦的才情，和生花的妙筆，將個人著述的動機、過程，破他立己的看法，以及「龍學」的體系，折衷一是的運材態度，都作了清楚的交代，所以當他書成之後，自以爲在「按轡文雅之場，環絡藻繪之府，亦幾乎備矣」（註二）的同時，其字裡行間，處處洋溢著智慧的火花，令人歎爲觀止！

今不揣簡陋，以「從《文心雕龍．序志》篇文，看劉勰的智慧」爲題，將個人研讀時，從各

個不同層面，深理密察後的所得，分項列敘，自知卑之無高，特就教於同道先進。

二、從「為文用心」之說，看劉勰「文學創作」的智慧

書既以「文心雕龍」爲名，則「文心」與「雕龍」各指何事？頗有推敲的必要，我以爲「文心」蓋指文章的內容，「雕龍」則指文章的形式，內容包括思想感情，形式涵蓋文辭藻采，劉勰說：

> 文心者，言爲文之用心也……古來文章，以雕縟成體。（註三）

「雕縟成體」的文辭藻采，在此姑且置而不論，單從「文心者，言爲文之用心也」來說。劉勰以開門見山的筆法，指出所謂「文心」的意思，在言人之「爲文」，如何「運用心思」！如從實際創作上來看，人之爲文，其目的不外「明理」、「抒情」、「言事」三者而已。但如何明理？如何抒情？如何言事？或如何明理兼抒情？或抒情兼言事？或言事兼及抒情與說理？其間表情達意的創作方法，可謂經緯萬端，言人人殊。而劉勰於此卻不同衆流，劈頭就視「用心」爲「爲文」的第一要義。試想，如果他不是別具隻眼，斷斷不可能有此見地！

《文心雕龍》全書三萬七千多字中，以「心」遣詞的文句，約一百零八處之多。通觀這一百零八處的文句，其關係「爲文用心」的內容相當豐富，今揀其中二端加以說明：

首先，劉勰之所以言「爲文」必須「用心」，因爲他視「心」爲文章的本源，他說：

性靈所鍾，是謂三才。爲五行之秀氣，實天地之心生；心生而言立，言立而文明，自然之道也。（註四）

是說人是眞情實性凝聚而成的萬物之靈，與「天」、「地」並稱「三才」，他是本乎五行中靈秀的氣質，和天地之心而生的。人既有了「心」，爲了表達飢食渴飲的需要，不得不有語言，有了高、低、抗、墜、喜、怒、哀、樂的語言，便產生了文采章明的文章，這是無需例證，自然可明的道理。

他站在人類文化學的高度，來推論人類世界之所以有文章，其起源蓋來自人類的本身，人先有了「心」，有「心」而後有思想，有「思想」而後有「欲望」，有「欲望」而後才有表達「欲望」的「語言」；「語言」即所謂口頭的文章。由此觀之，「心」不但是文章的母體，更是文章的本源。換言之，人如果生而沒有「心」，或有了「心」置而不用，則人類世界即永無文章可言，所以劉勰論文，視「用心」爲「爲文」的第一要義者，就因爲他掌握了創作的大本大源，這種振葉尋根的識見，不正是他智慧的表現嗎？

其次，劉勰之所以言「爲文」必須「用心」者，因爲他視「心」爲創作的靈魂。他說：

形在江海之上，心存魏闕之下，神思之謂也。（註五）

劉勰論創作，有很多配套措施。〈神思〉便是其中的要項。〈神思〉見《文心雕龍》卷六首篇。這是專門分析創作進行時，精神活動的重要文獻。「神」，精神；「思」，想像。言爲文運思時，精神活動的現象。但想像若神，呼之即來，揮之即去，若影隨形，如響斯應，千古才士未有能捨此而成佳作者。此在西方稱之爲「靈感」，以爲感而有靈；劉勰名之曰「神思」，以爲思如神助，中西命名容或不同，但究其所指，理無二致。

形在江海，心存魏闕，他引《莊子・讓王》篇的話，爲抽象的神思，下一具體的定義（註六），接著，他再從時間、空間、聲調、色彩四方面，印證身在此，而心在彼，爲文運思時精神活動的情況，說：

> 寂然凝慮，思接千載；悄焉動容，視通萬里；吟詠之間，吐納珠玉之聲；眉睫之前，卷舒風雲之色，其思理之致乎！（註七）

是說當作者之從事創作也：於寂靜無聲，聚精會神的思考時，可以聯想到千載以上的古人；悄焉不語，揚眉瞬目時，可以看到萬里以外的景物；恬詠密吟之際，耳邊可以傳達珠圓玉潤的聲調；瀏覽觀賞之下，眼前可以呈現風雲變幻的色彩，所以「神思」不是抽象的概念，而是有條理可循的精神活動。

我們把「神思」稱之爲「靈感」也好，「想像」也好，「聯想」也好，甚而「思維」也好，實際上，「文」既是以「心」爲主，則「心」就是創作的靈魂。無文心即無文學，因爲多愁善感者，此心也；模物寫象者，此心也；繼往聖之遺業者，此心也；導未來之先路者，亦此心也。心明則思聰，心闇則思昏。所以古今中外，凡談爲文運思之理，想像之用時，未有可捨此「心」而別求津逮者。

綜觀前人之論創作方法時，或倡文章義法，或談起承轉合，或言伏應斷續，或主抑揚頓挫，或講敘事十法，或論謀篇布局，或講鳳頭、豬肚、豹尾，或以爲應小中見大，或主張要無中生有，更有的強調論有三不必等等（註八），類似這些各是其是的寫作軌範，無一不持之有故，言之成理；但卻沒有一位像劉勰論文般的，視「心」爲文章的本源，創作的靈魂。

人在進行創作時，如果「心不在焉」，就「視而不見，聽而不聞，食而不知其味（註九）」。根本沒有從事寫作的可能，所以劉勰於《文心雕龍・序志》篇開宗明義就說：「文心者，言爲文之用心也。」正可以看出劉勰那種言人之所欲言而未能言的智慧。

三、從「君子處世，樹德建言」之說，看劉勰「了生脫死」的智慧

人生於世，大多好生惡死，所以「生死」一關，最難勘破。孔子是了卻「生死」的聖哲，但是當他被季路問到「生死」問題時，卻說「未知生，焉知死」（註一〇），以爲活著的事，千頭萬緒，就不及處理了，又何必去操那死後的心呢！其實他不是不想談，只是對季路這位「好勇過我」（註一一）的學生，不方便談。後來的莊周，是一位「死生命定」，「存亡一體」的倡導者，以爲人之生，是適逢其時；人之死，也是自然的安排，不容有私人感情的衝動。這種超然萬有，物我爲一的解脫，他在〈養生主〉、〈大宗師〉裡，有透闢地說明。（註一二）

劉勰的成長過程，不可和他們同日而語。他幼年喪父，長依定林上寺，與沙門僧祐居處十餘年（註一三），學貫中印，文章名家，對生死幽明之事，早有體悟；例如在他撰寫《文心雕龍》時，於字裡行間，早就預存「生年不滿百，常懷千歲憂」（註一四）的情懷，借他人的酒杯，澆自己的塊壘，〈徵聖〉篇「贊曰」是這樣說的：

鑑懸日月，辭富山海；百齡影徂，千載心在。

言人生有限，百歲光陰，如影隨形，忽焉而逝，惟有把心志寄託於文章之中，始可千載流傳，永垂不朽。這是藉禮讚孔子而隱含己意的話。〈諸子〉篇也有同樣的情形，他說：

嗟夫！身與時舛，志共道申；標心萬古之上，送懷千載之下。金石靡矣！聲其銷乎？

意思是指秦漢諸子的命運，由於遭逢亂離，大多坎坷不遇，可是他們的抱負，卻隨著思想的傳播，得以申張。他們標心於萬古以上的聖哲，送懷於千載以下的後人，希望能垂道見志，如日月之高懸，黃金美玉或可經久而磨損，但諸子的美名令譽，會煙消雲散嗎？〈程器〉篇的文字，更說得貼切而情動：

摛文必在緯軍國，負重必在任棟梁；窮則獨善以垂文，達則奉時以騁績，若此文人，應梓材之士矣！

意思是說作文章，一定要是經綸軍國的傑作，負重致遠，一定要能擔負棟梁的大任。失意時，修身治學，垂文華於後世；得意時，奉力匡時，馳騁功名於當代。如此文人，才眞正稱得上文行兼備的才學之士了。

至於魏文帝曹丕於《典論・論文》中高唱的「文章經國之大業，不朽之盛事；年壽有時而盡，榮樂止乎其身，二者必至之常期，未若文章之無窮。」其「文章至上論」，對劉勰「了生脫死」，追求不朽思想的形成，起到一定的影響作用。尤其他身丁六朝齊梁之間，面對「世積亂離，風衰俗怨」（註一五）的社會現實，一旦驚覺到歲月消磨，年光易老；其憂生嗟死之念便油然而興。所以他在〈序志〉篇，就明白反映了這種情緒：

宇宙綿邈，黎獻紛雜，拔萃出類，智術而已。歲月飄忽，性靈不居，騰聲飛實，制作而已。

他先從空間看，以爲當天地開闢以來，在綿邈無垠的空間裡，賢能之士層出不窮，他們所以出類拔萃，超出衆人之上的原因，無非是具有過人的智術而已！然而無情的歲月，如飄風般忽然而去，於是他又改從時間的觀點，認爲生命不停的新陳代謝，想要騰聲飛實，揚名於後代，只有創作一途而已！

他顯然是把自己的人生歷程，放在時空交叉的大千世界裡，進行評量，以爲往古來今的聖賢豪俊，所以能聲名洋溢，完全是憑藉著自己的智術和創作。正所謂「不假良史之辭，不託飛馳之勢，而聲名自傳於後」（註一六）但人是血肉之軀，有沒有從事創作的可能性呢？爲了堅定信念，他又進一步分析說：

夫人肖貌天地，稟性五才；擬耳目於日月，方聲氣乎風雷，其超出萬物，亦已靈矣。（註

一七）

指人的相貌，猶如具體而微的天地，稟承天賦的五常之性，耳聰目明，可擬之日月；聲音氣息，可比於風雷。人雖然是動物，但他卻是萬物的靈長，既是萬物的靈長，當然就有涵融智術，從事創作的可能，然而人之所以為人，不可否認的有他與生俱來的弱點，那就是：

形甚草木之脆，名踰金石之堅。（註一八）

既然如此，何不趁此年華方茂之際，用自己脆弱之軀，換取比金石還要堅固的名聲呢！所以他為自己下了最後的結論：

是以君子處世，樹德建言，豈好辯哉？不得已也。（註一九）

言好學君子，居處社會，唯有樹立高尚的功德，寫出美好的文章，才可揚名當代，傳奕來葉，此中道理，斑斑可考，無須爭辯！想當時劉勰年當而立，身寄定林，就想到盛衰有時，立身趁早，應安時處順，為「立言」做出貢獻，這可以說是劉勰對自己的人生價值觀，提出的重要指標。他所以著述《文心雕龍》者在此，《文心》成而所以負書干約者亦在此。（註二〇）

至於在三不朽的追求中，劉勰捨「立德」、「立功」而選擇「立言」的原因，此又不可不加以說明：蓋「立德」必須「德立上代，澤被無窮」，而「立功」亦應，拯厄解難，功濟時艱」（註二一），兩者均需要相當條件的配合，甚而非一人一時即可完成。唯有「立言」的條件有限，只要作者本人有俱足的智術，加上鍥而不捨地努力，則一分精神，一分事業，既不必仰事，也無需俯求，眞積力久之後，自能成「立言」不朽之功。

晚年，劉勰奉敕與沙門慧震，校經於定林寺，證功畢，啓請出家（註二二），從此脫離宦海浮沉的生活，以法號慧地爲名，與青燈古佛爲伴，走入十方叢林，和衆生結緣。同時我們如改從宗教家的立場，和「弘法」、「普渡」的角度來看，這又何嘗不是爲往日「立言」所及者，做出的萬世弘功呢！

劉勰早年篤志好學，於父歿母卒後，家貧，不婚娶，走依定林寺釋僧祐，與之居處積十餘年；遂博通經論。他以爲「生也有涯，無涯惟知，逐物實難，憑性良易。」於是決定「傲岸泉石，咀嚼文義。」爲自己有限的人生，立下「文果載心，余心有寄」的宏願。（註二三）這對一位寄身桑門，身爲俗家弟子，而又體悟到命如朝露的人而言，其以貧賤不移的操持，嫉名德之不彰，垂空言以濟時艱的其心、其情、其思、其念，不正是勘破世俗「了生脫死」的智慧嗎！

四、從「就有深解，未足立家」之說，看劉勰「讚聖注經」的智慧

劉勰之著《文心雕龍》，最引讀者爭議的，莫過於他本來決定「讚聖注經」的，最後，竟然「搦筆和墨，乃始論文」一事。如果時空倒置，把這件事放到現在，恐怕也會對此劃上一個問號。正因爲如此，我們剛好可以透過劉勰在此一思想轉折點上的思維脈絡，來看他過人的智慧。

劉勰之從事著述，根據他的生平行事推斷，早先根本無意於《文心雕龍》的寫作。這可以從

他自述的兩個夢，了解當時他的心境。他第一個夢，發生在七歲稚齡之年。他說：

予生七齡，乃夢彩雲若錦，則攀而採之。

當時他夢見錦繡般的五彩祥雲，便攀援而上，把它採了下來。同樣的故事，也見於鍾嶸《詩品・中卷・齊光祿江淹》，和唐李延壽《南史・江淹傳》，是說齊光祿大夫江淹，年輕時，家貧，好學不倦，後以詩文名家。有一次，淹罷宣城郡，夜宿冶亭，夢一美丈夫，自稱郭璞，對他說：「我有筆在卿處多年，可以見還。」淹探懷中，得五色筆以授之。從此，詩文內容，空泛平淡，不復當年才氣。故有「江郎才盡」之說。江淹授予郭璞的只是一支「五色筆」，而劉勰夢中所見，則爲「若錦」之「彩雲」，我們在此固無需追究這個故事的眞僞，單憑它所影射的事實，就可以知道劉勰確具有天賦的才華。所以《文心雕龍》是一部天才型的著作。其成書既廣蒐以往三千年不弊的文學理論，融一爐而冶之，被後人推尊爲「藝苑的祕寶」（註二四），不謂無因。

其次，是他三十歲以後，做了第二個夢，內容經過是：

齒在踰立，則嘗夜夢執丹漆之禮器，隨仲尼而南行。旦而寤，迺怡然而喜，大哉！聖人之難見也，乃小子之垂夢歟？自生民以來，未有如夫子者也。

當時劉勰身在定林，助僧祐整理經藏，日與佛典爲伍，奇怪的是，在佛祖釋迦牟尼佛座前，竟夢見「手執丹漆之禮器，隨仲尼而南行。」文中並三次尊稱孔子的聖名：曰「仲尼」、曰「聖人」、曰「夫子」。細玩這一小節三十五個字所含藏的夢境，至少顯示了劉勰兩種心理：一是劉勰雖然和僧祐居處長達十餘年，對佛理也有相當研究；但對中國傳統思想所繫的《六經》，始終為自己的信仰中心而堅定不移，其次，在心誠則靈的感應下，被孔子收為及門弟子，並不惜關山難越之苦，自北徂南，親臨施教。所以劉勰在親炙先聖後，發下宏願，要竭盡所能，在世衰道微，邪說暴行又作之時，發揚徵聖、宗經的思想；挽救不正的文風，作振衰起弊的奉獻，所以他寫《文心雕龍》，不僅有宗教家的心境，且富有傳奇色彩！

由此觀之，把劉勰的前後兩個夢，和《文心雕龍》五十篇的內容加以結合，再由其字裡行間進行探析，就可以看到《文心雕龍》，絕不是當今學術界單純指稱的「文學理論」著作，而是在「文學理論」的掩護下，揮灑著他「懼斯文之日靡，攄孤懷而著書（註二五）」的使命感和憂患意識！

劉勰在孔子的感召下，興起了他尊師衛道的信念，以為眼前的急務，最直截了當的做法，就是「注經」。可是當他追懷自《六經》行世以來，東漢的馬融、鄭玄早已遍注群經（註二六），自己再怎麼琢磨，也很難跨越他們的藩籬，獨立成家，這樣「注經」既不可能，則另謀何種方式，來達成「讚聖注經」的目的呢？這給劉勰帶來極大困擾。於是他首先把視角轉移到學術發展的高度進行評量，發現「經典」和「文章」之間，有江海原委的關係；並肯定「文章實經典枝條」（註二七），且列舉四個例子加以論證。即：

五禮資之以成文，六典因之以致用，君臣所以炳煥，軍國所以昭明。詳其本源，莫非經典。

他根據《周禮》和歷代史實，指證吉、凶、軍、賓、嘉五禮，藉著文章構成文采；治、教、禮、政、刑、事六典，靠著文章發揮功能；君臣之間的關係，有了文章才能相得益彰；軍國大事，更因為文章的居間傳遞，才充分溝通彼此的意見。但追本索源，這些文章的由來，莫不淵源於經典。經過此番嚴格的思辨工夫，他最後得出「詳其本源，莫非經典」（註二八）的結果。

其次，他再根據經由思辨過程所獲致的結果，對當代文風作深度檢討，發現：

去聖久遠，文體解散，辭人愛奇，言貴浮詭；飾羽尚畫，文繡鞶帨，離本彌甚，將遂訛濫。（註二九）

在這裡他分從文體、語言、文風三個層面進行剖析。在文體方面，以為魏晉六朝「去聖久遠」，文章的整體法式已瓦解雲散，遭到嚴重破壞。在語言方面，因為作者的標新立異，行文措辭空洞怪誕。文風方面，就像在美麗的羽毛上加上人工刻畫，腰帶佩巾上再繡文采，作品受到刻意雕琢後，完全失去了它自然性和實用性，長此以往，如不設法疏導，離開文章的本色越來越遠，不僅文風日趨卑靡，作品必將更加蒼白訛濫。

最後，劉勰再引「《周書》論辭，貴乎體要」（註三〇）、「尼父陳訓，惡乎異端」（註三一）的論點，證明古聖先哲，莫不強調為文之法，端賴作者如何掌握寫作的要領。於是在「去聖久遠」的六朝，為了挽救當時凋弊的文風，他抱著責無旁貸的精神，決定「搦筆和墨」，造作《文心雕龍》，討論文學上的諸般問題。

試想在那個「前無古人，後無來者」（註三二），而又面臨此一繼往聖絕學，開後世新運的關鍵時刻，經過愼思明辨，深入考察的工夫之後，終於在不違背「讚聖注經」原則下，決定改弦更張，從「論文」入手，企圖藉此達成名山事業，獨立成家的心願。這中間他經由失望而轉折、而思辨、而論證，其中那一個步驟，不是暗蘊著劉勰由心血凝聚而成的智慧之光呢！

五、從「詳觀近代論文」之說，看劉勰「破他立己」的智慧

劉勰造作《文心雕龍》，其第二個重大疑難點，是於近代著作中有無相同或相近的「論文」作品。如果有，其內容究竟如何？便不能不繼考察魏晉六朝文學發展概況之後，對近代「論文」作詳盡研究，以免別人已有論著在先，自己卻勞而無功！

在魏晉南北朝三百八十多年的史乘中，文學既是百花齊放，而文學理論方面的著作，當然亦如雨後春筍，多不勝計，倶有代表性並經劉勰在《文心雕龍・序志》篇提出評論的計有：

魏文述《典》，陳思序〈書〉，應瑒〈文論〉，陸機〈文賦〉，仲治《流別》，宏範〈翰林〉。

這六種「文論」作品，只有魏文帝曹丕的《典論・論文》，陳思王曹植的〈與楊德祖書〉，陸機的〈文賦〉尙保留無缺，其他或殘或佚，或爲類書節引，目前均難見全豹。劉勰當時對這些作品的批判是：

詳觀近代論文者多矣：至如魏文述《典》，陳思序〈書〉，應瑒〈文論〉，陸機〈文賦〉，仲治《流別》，宏範〈翰林〉。各照隅隙，鮮觀衢路；或臧否當時之才，或詮品前修之文，或汎舉雅俗之旨，或撮題篇章之意。魏《典》密而不周，陳〈書〉辯而無當，應〈論〉華而疏略，陸〈賦〉巧而碎亂，《流別》精而少功，〈翰林〉淺而寡要。又君山、公幹之徒，吉甫、士龍之筆，汎議文意，往往間出，並未能振葉以尋根，觀瀾而索源；不述先哲之誥，無益後生之慮。

他採取先分論後總評的方式進行，在分論方面有三個破解點：第一破、言以上各家只看到作品的細微末節，很少關照到文章的全面性。第二破、是說各家論文，有的只褒貶當時的文人才士，有的只詮評前賢作品的優劣，有的只廣泛列敘雅俗共賞的意旨，有的僅摘述文章的作意。第三破、是進一步作個別評論，以爲像魏文帝《典論・論文》，雖結體緊密，但內容尚欠周備；陳思王曹植〈與楊德祖書〉，雖措詞博辯，但持理不當；應瑒〈文質論〉，雖辭采華美，但失於粗疏簡略；陸機〈文賦〉，雖文字靈巧，但失於支離破碎；仲治的《文章流別論》，雖內容精富，但缺少功效；李充的〈翰林論〉，雖行文淺顯，但未能把握要領。他於分論各家之後，又以概括的方式加以補充，說此外像桓譚、劉楨、應貞、陸雲這一般學者，在他們的作品中，也間或講到爲文的要旨且有所雌黃，最後的總評，他用一個「並」字收束上文所引後說：他們所犯的通病是：不能緣枝葉以尋求本根，觀波瀾難以追索源頭，論文既不能闡揚古先聖哲的典誥，對後生晚輩們臨文思慮、從事寫作是毫無益處的。

劉勰之所以對近代「文論」之優劣、特點，作澈底破解的目的，就在掃除造作《文心雕龍》的障礙，期能採各家之長而棄其所短，達成振葉尋根，觀瀾索源，述先哲之誥，益後生之慮的目標。接著他就展開《文心雕龍》寫作，其內容規劃是：

蓋《文心》之作也，本乎道，師乎聖，體乎經，酌乎緯，變乎騷，文之樞紐，亦云極矣。若乃論文敘筆，則囿別區分，原始以表末，釋名以章義，選文以定篇，敷理以舉統，上篇以上，綱領明矣。至於剖情析采，則籠圈條貫，摛神性，圖風勢，苞會通，閱聲字。崇替於時序，褒貶於才略，怊悵於知音，耿介於程器。長懷序志，以馭群篇。下篇以下，毛目顯矣。位理定名，彰乎大衍之數，其爲文用，四十九篇而已。

根據劉勰自述，《文心雕龍》全書五十篇的結構布局，至少有以下幾個重點：

1. 全書分上下篇，上篇二十五，下篇二十五。

2. 上篇二十五篇又分兩大類，一是文之樞紐，二是論文敘筆。文之樞紐即卷一的五篇，論文敘筆即由卷二到卷五的二十篇。這二十篇的敘寫程式是按照「原始以表末」、「釋名以章義」、「選文以定篇」、「敷理以舉統」的條例進行。

3. 下篇二十五篇，依內容性質分爲三大類：一是剖情析采，二是崇替褒貶，三是長懷序志。剖情析采即由卷六到卷九〈總術〉的十九篇。崇替褒貶即由卷九的〈時序〉起，到卷十的〈程器〉

止，共五篇。長懷序志即卷十最後一篇。

4.全書五十篇的寫作次第，皆按照「位理定名」的方式進行，先安排內容再確定篇名。

5.全書所以十卷五十篇，是根據《周易・繫辭上》：「大衍之數五十，其用四十有九」而來。〈序志〉爲太極，居中不動，發揮駕馭全書的功能。

劉知幾於《史通・自序》說：「辭人屬文，其體非一，譬甘辛殊味，丹素異彩，後來祖述，識味圓通，家有詆訶，人相掎摭，故劉勰《文心》生焉。」其視劉勰之所以著《文心雕龍》，蓋起於對「近代文論」之不滿，其言雖然成理，但非探本之論。因爲劉勰之所以著《文心雕龍》，實由於「讚聖注經」之不得，而又思如何在此「就有深解，未足立家」的情形下，達成「樹德建言」的心願。於是以「破他」爲手段，「立己」爲目的，強調「述先哲之誥，益後生之慮」，方才「搦筆和墨」，從事「論文」。

觀其經過一破、二破、三破和總評，對近代文論的批判，自粗而精，由疏而密，步驟之踏實，論證之明確，千載以下，猶令人頷首讚佩。

至於他對《文心》全書十卷五十篇的鋪陳，將「文之樞紐」置於書首，寄寓深遠，不可視爲等閒。次「論文敘筆」，又次「剖情析采」，「崇替褒貶」，再以「序志」殿於全書之末，有倫有脊，次第有條不紊，整個的《文心雕龍》在〈序志〉篇的駕馭下，就像一個有機體而首尾圓合。若非劉勰智慧過人，才華天授，在當時篇章雜沓，質文交加的「近代論文」中，斷難脫穎而出，有此歷久彌光的鉅著。

六、從「剖肌分理，唯務折衷」之說，看劉勰「論文得中」的智慧

劉勰特別於〈序志〉篇末，把自己「論文」時，所持的態度詳加申述。可是創作多艱，衡文不易；尤其身當後漢以迄魏晉六朝，文集叢雜，良莠不齊的情況下；如何汰蕪存菁，斧藻群言；既整百家之不齊，又收揚搉之實效；並是非不謬而示人以規矩者，此與劉勰「剖肌分理，唯務折衷」的論文態度大有關係，劉勰說：

> 及其品評成文，有同乎舊談者，非雷同也，勢自不可異也；有異乎前論者，非苟異也，理自不可同也；同之與異，不屑古今，擘肌分理，唯務折衷。

意思是說，在「品評成文」的時候，一方面是繼承前人的緒業，所謂「同乎舊談」，一方面要提出自己獨到的見解，所謂「異乎前論」，「同之與異」其間的標準爲何？他說：「同之與異，不屑古今，擘肌分理，唯務折衷」，「折衷」者，合理的主張也，即《中庸》所謂「不偏之謂中，不易之謂庸。」「考諸三王而不謬，建諸天地而不悖，質諸鬼神而無疑，百世以俟聖人而不惑。」大中至正，勿偏勿頗之論。這種合理客觀的態度，當然可以增加作品的可信度，而《文心雕龍》千載如新者，原因就在此乎！

司馬遷據《左氏》、《國語》，采《世本》、《戰國策》，述《楚漢春秋》，成《太史公

書》一百三十篇，五十二萬多言，藏之名山，以俟君子（註三三）。班孟堅點綴司馬遷之文，而成《漢書》（註三四），其間的同異去取，不嫌抄襲，蓋因是非爲天下的至理，不以「同」爲病，亦不以「異」而鳴高。故論文之事，貴在會心有得。在此筆者特舉劉勰之辯李陵、班姬五言詩之眞僞，以見其論文得中的智慧，如云：

至成帝品錄，三百餘篇，朝章國采，亦云周備，而辭人遺翰，莫見五言。所以李陵、班婕妤見疑於後代也。按〈召南・行露〉，始肇半章，〈孺子滄浪〉亦有全曲；〈暇豫〉優歌，遠見春秋；〈邪徑〉童謠，近在成世，閱時取徵，則五言久矣！（註三五）

李陵〈與蘇武詩〉、班婕妤〈怨歌行〉，顏延之《庭誥》說其「總雜不類，原是假託」，故劉勰從「時代」、「著作」兩方面進行考察：以爲《詩經・召南・行露》已有五言詩的半章。《孟子・離婁》的〈孺子之歌〉全篇都屬五言形式。晉國優施唱的〈暇豫〉之歌，遠見於春秋時代，《漢書・五行志》記載的〈邪徑〉童謠，又近在成帝之世。如果我們拿這些詩歌產生的時代做證驗，就可以理解五言詩的發展，已爲時相當久遠了，則李陵、班婕妤皆屬西漢人，衡時度勢，比才量力，他們當然有寫作五言詩的可能，但在此他卻絕口不作正面的肯定，僅說：「閱時取徵，則五言詩久矣。」只讓讀者自己去會心揣摩，其識高慮遠，折衷一是的態度，是何等客觀而有智慧！

同樣的情形，又見於〈正緯〉篇，正緯者，正緯書淆亂經典也。劉勰採「按經酌緯」，兩兩較論的原則，從思想、數量、作者，和產生的時代等四方面，證明緯書之爲僞，和亂經的事實。

最後，再運用類推法，列舉漢代學者如「桓譚疾其虛僞，尹敏戲其浮假，張衡發其僻謬，荀悅明其詭誕」，說「四賢博練，論之精矣。」作爲陪襯，以堅定其持論的立場。則「緯書」亂經之事，到此已鐵案如山，無庸置疑。如果站到「爲文宗經」的角度來看，緯書既已成亂經的罪魁禍首，自然不屑一顧，可是劉勰反而將其列於〈宗經〉篇後，爲「文之樞紐」的一環，試想若不是他匠心獨運，別具慧眼，必不敢這樣大膽。

蓋「經正緯奇」，這不僅是「經」與「緯」的分水嶺，同時也是「緯書」和「文學關係」的糾葛所在。因爲經典之文，雖是「洞性靈之奧區，極文章之骨髓」、「義既挺乎性情，辭亦匠於文理」（註三六），但它的內容也只是「情深」、「風清」、「義貞」、「事信」、「體約」、「文麗」，至於「詭」、「雜」、「回」、「誕」、「蕪」、「淫」的浪漫色彩（註三七），向爲經典所不取，而卻大量的保存在「讖」、「緯」之中，由於劉勰見眞識切，膽大心細，勇於掙脫「經典」的束縛，正視「緯書」的新奇，於是採「緯書」神話式的浪漫色彩，以入文學的領域，所以他說：

> 若乃羲農軒皞之源，山瀆鍾律之要，白魚赤烏之符，黃銀紫玉之端；事豐奇偉，辭富膏腴，無益經典，而有助文章。是以古來辭人，捃摭英華。（註三八）

他所說的「事豐」、「奇偉」、「辭富」、「膏腴」指的就是文學內容的充實與擴大，語言表現能力的靈活與感性，像〈辨騷〉篇所指屈賦中的「詭異之辭」、「譎怪之談」、「狷狹之志」、

「荒淫之意」等，又那一樣不是在傳統中有創新風格，在創新風格中有傳統的繼承。

他把辭賦既落實到「宗經」思想上，同時也肯定了「怪力亂神」爲文學創作的不可或缺，這不僅是中國文學的大開大闔，更是劉勰本人文學思想上的新思維、新突破。這種思之則雋永，讀之則不厭的「論文得中」的成就，如果不是他「擘肌分理，唯務折衷」的態度，何克臻此！又如果不是他智慧過人的客觀精神，又如何能夠突破傳統，推陳出新呢！

七、結論

本文寫作既竟，回顧劉勰當日從事著述的心境，以及他寄身定林，而心繫學術的盛衰，文風的隆替，與夫中國傳統思想的繼往開來，以拯溺挽狂的決心，作螳臂之當，這種「人能弘道」的表現，千載以下思往察來，略攄三點感想：

㈠劉勰幼承家學及社會教育風氣之薰陶，既長，研讀佛經並助僧祐整理經藏，編製經籍若《出三藏記集》、《世界記》、《法苑集》、《釋迦譜》、《弘明集》等，貫通中印，文章名家。今「五四」新文化運動，迄今已近百年，百年以來，人皆以「自由」、「民主」、「科學」爲天下倡，捨傳統經典，諸子百家於不顧，雜引東西方的奇談異說來中土，以致文風日靡、志氣日弱、思想日浮、道德日敗，居今欲求一劉勰而不可得，更不必奢求類似《文心雕龍》之鉅著重現於人間了。此其感想者一。

㈡劉勰之著《文心雕龍》，當時正玄風大熾，清談正烈，而印度佛學與本土道教以及儒家思想衝突加劇，矛盾日顯，至於社會之混亂，戰爭之威懾，民心望治，而經濟之凋敝，可以說到了不堪忍受而又無可奈何之際。劉勰走入定林寺，融貫中印學術，默察學術文化之需求，上推古先聖哲之遺教，兼採佛經法式，捨短用長，綜理百家，整理不齊，以六年的漫長時光，成《文心雕龍》。今中西文化交流，自中英鴉片戰爭，清道光二十年（西元一八四二年）算起，迄今也長達一百六十多年了，從時間、空間、歷史以及中國學人的智慧與願景，早就應改弦更張，不僅以求自保，且應以繼往開來自任；而舉目四顧，茫茫天涯，不見來者，此其故爲何？此其感想者二。

㈢劉勰之著《文心雕龍》前，曾對「近代論文」作澈底檢討而加以破解，他在書中僅提到六種作品，十個家數，實際上當時從事「論文」的作者和作品，根據我的統計最少有五十種，甚而比這更多，但居今尚完整保留者，卻非常有限，此其故爲何？難以詳究。但作品的內容思想與所持論的價值，將爲決定一書存亡殘缺的重要因素，而劉勰《文心雕龍》在思想雜沓之時，一本中國傳統思想之正，上繼往聖，下開來學，所謂「茫茫往代，既洗予聞；眇眇來世，倘塵彼觀。」者是也，今觀當前所謂名家「論文」之作，其思想感情，行文措辭，雜引外書，滿紙西文，自以爲兼通中外，如剖肌分理，則又十分單薄，此其故何在？此其感想者三。

在學術研究來說，劉勰以其過人的智慧，天授的才華，聖人的垂夢，以及他個人百折不撓的志趣，表面是想樹德建言，達成其名山事業，實際上他還不是想「創業垂統」後繼有人。再說自隋唐以下，因文體的日趨複雜，投入文壇的文人才士日漸增多，而論文之作隨著文風之盛，也紛至沓來，若詩話、詞話、曲話、古文話、四六話、小說、戲曲評點等，多不勝計，眞希望有一大作手而胸懷萬卷，並俱有中國傳統思想者，繼劉勰《文心》之後，再振臂一書，爲中國文學理論別開新局。況今中華大國已經崛起，民族信心也已確立，而自思歲月如流，盛年不再，只好建信心於現在，寄希望於未來了。

【註　釋】

註　一：引文見《文心雕龍・序志》篇。

註　二：引文出處同注一。

註　三：引文出處同注一。

註　四：引文見《文心雕龍・原道》篇。

註　五：引文見《文心雕龍・神思》篇。

註　六：此處引文見《文心雕龍・神思》篇，劉勰轉引《莊子・雜篇・讓王》：「中山公子牟謂瞻子曰：身在江海之上，心居乎魏闕之下，奈何？」以示人心無遠弗屆，不受時間、空間限制的情形，與《莊子》原文本義無關。

註　七：引文見《文心雕龍・神思》篇。

註八：此處引前人論創作方法中，有：

「倡文章義法」：見清《方望溪先生文集》及其〈書貨殖傳後〉。他以爲：「義，即《易》之『言有物』也。法，即《易》之『言有序』也。」「義以爲經，而法緯之，然後爲成體之文。」

「起承轉合」：屬章法語。古代詩文評論家和作家，視此爲作文寫詩的不二法門。「起」，指文章的開端，「承」，由「起」而來，對開頭的補充、接續，發揮。「轉」，由前文而來，使其平中生奇，峰迴路轉，可增加文章的波瀾，並帶出下文，「合」，即指總和，或結束之筆。詳見元范?的《詩法》。

「伏應斷續」：說見清代林紓《春覺齋論文》引魏叔子（即魏禧）論文法之語。言「伏」得要巧，「應」不必立即呼應，可製造懸念，引人入勝。「斷」在巧處，「續」也不必即續，可使文意頓挫，耐人尋味，此爲論作文的要法。

「抑揚頓挫」：此筆法語，見清代劉熙載《藝概．文概》和林紓《春覺齋論文》言爲文如有抑揚頓挫，必能感人。

「敘事十法」：屬章法語，見清人李紱的《秋山論文》。他把敘事筆法歸爲十法：即順敘、倒敘、分敘、類敘、進敘、暗敘、補敘、借敘、特敘、夾敘夾議等十種筆法。

「謀篇布局」：作文術語，指對文章篇章結構的考慮和安排。言謀篇布局，應從全篇著眼，統籌安排結構，合理組織材料，使之更好地爲表現主題服務。

「鳳頭、豬肚、豹尾」：這是論寫作的比喻，文見元代陶宗儀《南村輟耕錄》引喬吉語。指寫詩作文之法，起頭要奇句奪目，引人入勝，如鳳頭之俊美；主題要言之有物，氣勢充沛，如豬肚之豐滿；結尾要轉出別意，宕開警策，如豹尾之雄勁瀟灑。

「小中見大」：為筆法慣用語，指作者要小處著手，大處著眼，即洞眼雖小，亦可觀天，參見李扶九《古文筆法百篇》評〈岳陽樓記〉語。

「無中生有」：指作者用寓言手法虛構故事，為表達自己的觀點服務的一種作法，見李扶九《古文筆法百篇》評〈桃花源記〉語。

「論有三不必」：說見清代魏禧《日錄論文》。這是自述寫作經驗語。言作論文有三不必作，即前人已言者不必作，衆人易知者不必作，摭拾小事，無關緊要者不必作。

註　九：引文見《大學・右傳之七章，釋正心修身》。

註一〇：引文見《論語・先進》「季路問事鬼神」。

註一一：引文見《論語・公治長》篇。

註一二：《莊子・內篇・養生主》：「適來，夫子時也，適去，夫子順也，安時而處順，哀樂不能入也。」又〈大宗師〉：「死生，命也。其有（猶）夜旦之常，天也，人之有所不得與，皆物之情也。」

註一三：此處所言多依《梁書・劉勰傳》改寫而成。

註一四：引詩出自〈古詩十九首〉。

註一五：引文出自《文心雕龍・時序》篇。

註一六：引文出自魏文帝曹丕《典論・論文》末段文字。

註一七：引文出自《文心雕龍・序志》篇。

註一八：引文出處同注一七。

註一九：引文出處同注一七。

註二〇：劉勰負書干約事，參見《梁書・劉勰傳》。

註二一：此處言三不朽事，可參考唐孔穎達《春秋左傳注疏・襄公二十四年文》。

註二二：此處敘事，見《梁書・劉勰傳》。

註二三：引文出自《文心雕龍・序志・贊曰》。

註二四：這個贊語，見清黃叔琳《文心雕龍輯注》的〈序〉。

註二五：引文出自民國初年劉永濟《文心雕龍校釋》。

註二六：馬融、鄭玄遍注群經事，見范曄《後漢書》馬融、鄭玄的傳。〈馬融傳〉載：「馬融，扶風茂陵人，才高博洽，爲世通儒。注有《孝經》、《論語》、《詩》、《書》、《易》、《三禮》、《尚書》、《列女傳》、《老子》、《淮南子》、《離騷》，又著《三傳異同說》。鄭玄，北海高密人，馬融弟子，注有《周易》、《尚書》、《毛詩》、《儀禮》、《禮記》、《論語》、《孝經》、《尚書大傳》、《中候》、《乾象歷》，又著《天文七政論》、《魯禮禘祫義》、《六義論》、《毛詩語》、

《駁許愼五經異義》、《答臨孝周禮難》，凡百餘萬言。」

註二七：引文出自《文心雕龍・序志》篇。

註二八：引文出處同注二七。

註二九：引文出處同注二七。

註三〇：引文出處同注二七，不過此處的《周書》，指《尙書・周書》，文見〈畢命篇〉。

註三一：引文出處同注二七，此處孔子語，見《論語・爲政》篇。

註三二：引文出自唐代陳子昂〈登幽州臺歌〉。

註三三：司馬遷著《太史公書》事，參見《史記・太史公自序》及班固《漢書・司馬遷傳》。

註三四：說見李師曰剛《文心雕龍斠詮・序志篇題述》末段轉引唐張大素《說林》。

註三五：引文出自《文心雕龍・明詩》篇。

註三六：此處以上兩次引文皆出自《文心雕龍・宗經》篇。

註三七：可參看《文心雕龍・宗經》篇末段，言「文能宗經，體有六義」的一段文字。

註三八：引文出自《文心雕龍・正緯》篇末段。

肆　劉勰的文學三原論

一、前　言

劉勰的文學三原論，是《文心雕龍》理論體系的重要環節，學者欲從事《文心雕龍》的研究，則認識文學三原論，當爲頭等大事。

〈序志〉篇所謂的「本乎道、師乎聖、體乎經、酌乎緯、變乎騷」，劉勰說它是《文心》的樞紐。紐者有關鍵、扼要和中心環節之意。六朝人稱之爲「樞紐」，恰當於今天所謂的「中心思想」。從全書的立場看，這是「文之樞紐」；從作者的立場看：這是劉勰的「文學思想」；從文學理論的結構體系看，又可以稱之爲「文學本原論」；也有人以爲它有樞紐全書的作用，叫做「樞紐論」；但是從劉勰「觀瀾索源，振葉尋根」方面觀察，他顯然替中國文學找到了大本大原，所以我在此特別尊之爲「文學三原論」。

現在拿這五句話，和《文心雕龍》卷一的五篇篇目比較，可以發現許多有趣的問題，圖示如下：

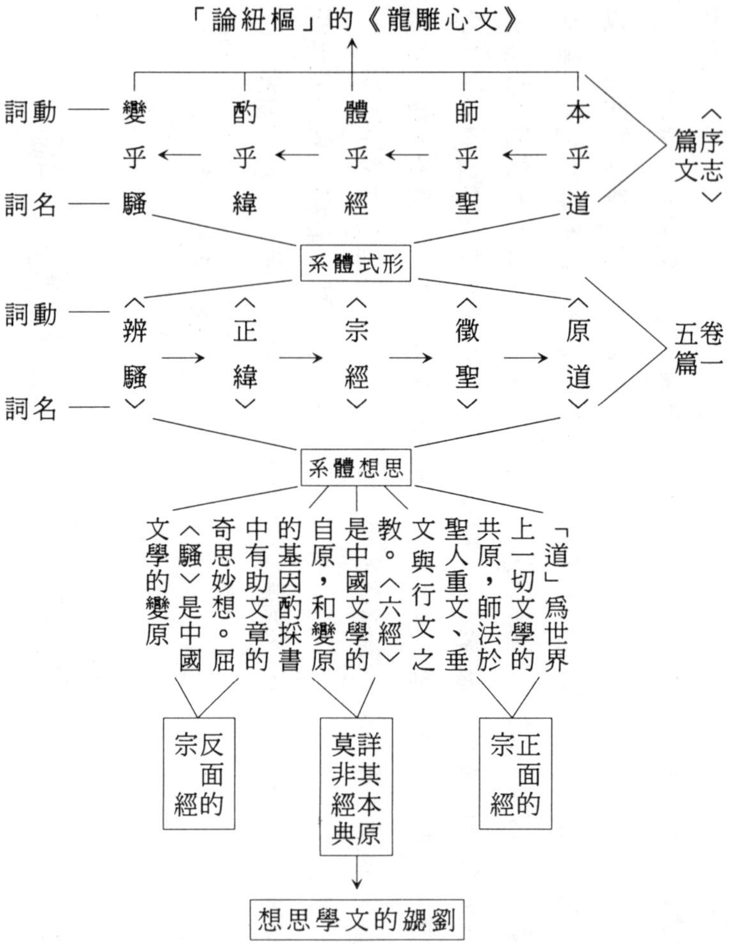

先看上下句，除語助詞「乎」字外，其中最後一個詞：道、聖、經、緯、騷全同；而第一個詞彙：本、師、體、酌、變，和原、徵、宗、正、辨等全不一樣。雖然如此，但它們彼此的關係卻十分密切。其次，讓我們試解其先後系聯的精義：如「本」「原」義近，上下合觀，可作「本原乎道」，根據「文之樞紐」的架構，在動詞「本原」之上增「文學」一詞，即成主謂語全備的句子，作「文學本原乎道」。「文學本原乎道」者，即「道」爲一切文學的共原也。何以得知「文學本原乎道」呢？師法乎聖人可知，但聖人德侔天地，道貫古今，師法其何事呢？曰：「師法於聖人之言」。所以繼「原道」之後而設「徵聖」。惟聖人已逝，其言何在乎？曰：「他生前集中國上古人文而成的《六經》，（註二）卻如日月經天，和文學發生本末原委的關係，故人之有意於文事者，必須體察乎經。」於是〈徵聖〉之後，又繼之以〈宗經〉。則經典即爲中國文學的「自源」。

時代不同，思想各異，先秦兩漢的學者喜談陰陽災異，造作矯妄荒誕的讖緯之書，所以在思想上，讖諱亂經的地方固然要駁正，可是在文學上，其奇思妙想的浪漫情調，卻爲經典所獨缺，需要酌加採擇。是以「酌乎緯」者，酌採緯書的優點，以爲文學創作的張本也。故劉勰把它列入「文之樞紐」的第四篇。自從楚國的屈原，得山林臯壤之助而著〈離騷〉，承風雅的緒業，取神話的怪誕，開漢賦的先河，使中國經典文學突破風雅的枷鎖，創發新生的契機，所以「變乎騷」者，即由屈原「取融經旨，自鑄偉辭」，得出其參伍因革，推陳出新，因變立功的成就，而爲中國文學的「變原」也。於是〈正緯〉之後而有〈辨騷〉篇之設。

從卷一各篇的形式結構看，以〈宗經〉爲軸心，從〈原道〉經〈徵聖〉到〈宗經〉是先從一切文學的「共原」說起，繼而再替中國文學覓得「自原」。從〈宗經〉經〈正緯〉到〈辨騷〉，是從中國文學的「自原」出發，再爲它覓得生生不息的「變原」。所以〈宗經〉之前曰「原」曰

「徵」，〈宗經〉之後曰「正」曰「辨」。好比百川匯海，萬嶽朝宗，最後皆以「經典」爲依歸，所以叫「體乎經」。「經」，既是中國文學的「自原」，也是中國文學萬變不離其宗的「基因」，這是劉勰文論體系的關鍵，也是《文心雕龍》全書的發脈。以下再分由各篇的研析加以印證。

二、「道」為文學的共原

〈原道〉篇所講的「道」，是跳脫所謂「規律」和「本體」以外的「自然」，因爲他講的是「文學」，不是「哲學」，所以「道」只是自然現象的體現，而非超自然以外的「規律」或「法則」，此一觀念甚爲重要。如天地星辰、日月山川、鳥獸蟲魚、樹木花草、風情雨露、寒暑氣節、山間的林籟、石上的清泉等，凡眼見之景、耳聞之聲、手之所觸、體之所接，自然而然，這與李白說的「陽春召我以煙景，大塊假我以文章」（註二），有異曲同工之妙。所以〈原道〉篇的「道」，根本沒有形而上的成分。

文學就是原於這個現實的「自然」。西方文藝理論家如德國的康德、席勒，他們主張文學原於遊戲；社會主義和現實主義理論家如馬克斯、恩格斯以及蘇俄的蒲列汗諾夫等，認爲文學始於勞動；古希臘哲學家柏拉圖、雅里斯多德，尤其雅里斯多德，在他的《詩學》中，以爲一切文學藝術皆原於模仿；另外也有人以爲文學原於上古的巫祝，而劉勰卻從宇宙中的實象，追究文學起原，肯定這個物質世界的「自然」，才是世界上一切文學的共原，故曰「本乎道」。〈原道〉篇開宗明義就揭開了文學起原的面紗。說：

文之爲德也大矣，與天地並生者何哉？

是說「文」的功用很大，它和天地同時發生，有天地就有文，有文就有天地；欲知個中道理，劉勰從「形文」、「聲文」兩個層面來勘驗：

在形文方面：他認爲凡有形之物皆有文，譬如天地的玄黃、山川的煥綺、人類的語言、龍鳳的藻繪、虎豹的炳蔚，雲霞的雕色、草木的賁華等，都是顯例。在這段文字中，劉勰用「此蓋道之文也」、「自然之道也」、「蓋自然耳」（註三），三個短語隔開上下文，是最耐人玩味。其中兩個「道」字，各有不同的意義：第一個「道」當「自然」解，第二句的「道」當「道理」解。以此會通，即可證明自然界一切有形之物。莫不有自己的「文」。

在聲文方面：如「林籟結響，調如竽瑟；泉石激韵，和若球鍠。」劉勰舉風吹林木發出的聲響，泉水激石造成的聲韵爲例，說明自然界中無形的聲音，也是「文」。

自然界的萬物，既都有自己的「文」，而這些文又完全與生俱來，「人」亦爲自然的產物，更能運用自己的思維，抒發情意，來創造自己的「情文」。所以劉勰說：

無識之物，鬱然有采；有心之器，其無文歟？

點醒此一道理後的同時，他一方面對前面所說的自然之文，做出了合理的總結，另一方面也對以下要談的人爲之文，開啓了門徑。

劉勰從人類文化學的觀點來看文學，認爲文學是學術文化的一環。他所謂的人爲之文，係指我列祖列宗爲自己生存需要而創造的文化。所以他講文化，同時也在講文學。他的本意是祇有透過學術文化來看文學，才能見其眞，能見其全，能見其本，能解決文學上不能解決的問題，所以〈原道〉的「道」，講的不是本體論，不同於道家的「無爲」，也不同於儒家的「仁義」（註四）。

中國人文發展的過程，由蒙昧未啓到粲然大備，劉勰根據《周易・繫辭》的說法，把它分成沒有文字之前，和有文字記載以後，兩個階段（註五）。沒有文字之前，爲口耳相傳的神話時代，劉勰稱之爲「誰其尸之，亦神理而已」。有文字記載以後，一切人事活動，都有文獻可資依循，這是文化遺產累積日多，《六經》集結完成的時代。

此處最值得注意的，是在「文之爲德也大矣」的前提下，從「自然之文」過渡到「人爲之文」以後，劉勰運用徵實的手法，將中國人文發展的開端，推向太極（註六），然後舉庖犧畫〈卦〉、《河圖》、《洛書》，玉版金鏤，丹文綠牒等傳說，以印證洪荒初闢時的眞象（註七）。而這些傳說，直到今天仍膾炙人口。

劉勰講到有文字記載後的人文狀況時，從三皇而五帝而三代，秦漢以下缺而不論。由三皇到二周，在此約三千年的歷史長河裡，他引用不少確鑿可徵的作品相印證，如三皇舉《三墳》，於五帝舉〈元首〉之歌、益稷之〈謨〉，於夏后氏舉〈九序〉，於商、周舉〈雅〉、〈頌〉（註八）。這些作品或見於《左傳》，或見於《尙書》，或見於《詩經》，要皆從經典中來。至於傑出的學者，如文王之作〈卦辭〉、《爻辭》，周公旦的制〈禮〉作〈樂〉等（註九）。他不僅注意到「縱向」的開展，同時也作了「點」的說明。

至春秋末年的孔子，始集中國上古文化的大成。「天不生仲尼，萬古如長夜」（註一〇），設想當時如果沒有孔子的話，在以後迄今兩千五百多年裡，中國將是怎樣的中國？文化又將是怎樣的文化？實在很難想像。劉勰說：

夫子繼聖，獨秀前哲，鎔鈞《六經》，必金聲而玉振，雕琢情性，組織辭令，木鐸啓而千里應，席珍流而萬世響。寫天地之輝光，曉生民之耳目矣。

言孔子較往古聖哲尤爲突出。在陶鑄而成《六經》時，刻意地注入了純正的感情，優美的辭令，使《六經》在莊嚴典正的氛圍中，通過藝術的點染，成爲極富文學性的作品。並藉著聖人的智慧，生花的妙筆，描繪了天地的輝光，涵攝了自然的文采，使天下蒼生經過它的薰陶漸染，耳聰目明，洞曉事理。繼而他從政治、法制、事功、文學四方面，來概括「文」的功用，說：

經緯區域，彌綸彝憲，發揮事業，彪炳辭義。

意思是說「文」用之於政治時，可以經緯天下；用之於法律時，可以作育群倫；用之於事業時，可以光大事功；用之於文學時，可以彰明辭義，鼓動人心。另外，劉勰從學術一元化的立場，肯定經典是中國人文的結晶，和文學有本末河海的關係。他說：

　　爰自風姓，暨於孔氏，玄聖創典，素王述訓，莫不原道心以敷章，研神理而設教。

認爲中國從遠古聖哲創立典章，至孔子的讚述遺訓，無不是推原自然以鋪陳文章，窮究神理以設教立說。「觀天文以極變，察人文以成化」（註一一），把天文和人文結合，則天文即蘊藉於人文之中，換言之，就是把自然之文轉化成人爲之文。這種轉化的過程，劉勰用「道沿聖以垂文，聖因文以明道。」兩句話加以概括。認爲自然依賴聖人的智慧，垂示它的「文」，聖人靠著「文」，來闡明自然。其中所謂的「道」，即〈原道〉的「道」，所謂的「文」，即〈宗經〉的「經」。「道」與「經」二者本不相干，其所以合爲一體，蓋有賴於「聖人」的轉化（註一二）。於是《文心雕龍》繼〈原道〉之後設〈徵聖〉，〈徵聖〉之後，又繼之以〈宗經〉，三者體系一貫。

當代學者對〈原道〉的「道」多有爭議。其所以如此，大抵因爲學者們平常受到某些哲學思維的影響，一看到「道」字，就把它強行套入既定的框架裡，作有利於自己的解釋。令人讀來，好像珠聯璧合，煞有介事；其實，當我們把〈原道〉篇擗開來的時候，馬上可以發現劉勰所謂之「道」，就是「自然」。也因而形成了他的「自然文學觀」。這個概念關係劉勰文學理論的全局，不得不在此鄭重言之。

三、文有師法的〈徵聖〉

劉永濟《校釋》說：「〈徵聖〉之作，以明道之人爲證也，重在心；〈宗經〉之篇，以載道之文爲主也，重在文」（註一三），於此正可以看出劉勰〈原道〉、〈徵聖〉、〈宗經〉的思想脈絡。然而聖人的用心何在？我以爲聖人的用心在於重文，因爲重文而垂文，因垂文而有行文之法，因行文有法，故可垂範百世，爲文學創作樹立千古規臬。

〈徵聖〉的設篇，上承〈原道〉，下開〈宗經〉，具有關鍵性的地位。蓋〈原道〉言文學本原乎自然；〈宗經〉者，言中國文學必須尊經。文學本原乎自然，和中國文學之必須尊經，二者各有指涉，可是中間一旦加上〈徵聖〉之後，便使原本兩不相干的事，翕然結合，產生了嶄新的意境。不然，則「道沿聖以垂文，聖因文以明道」，便屬毫無根據。所以〈徵聖〉構成了劉勰「宗經思想」的重要環節。

依照劉勰「作者曰聖」的說法，〈徵聖〉篇所徵的聖，雖有所謂「徵之周孔，則文有師」，指周公、孔子二人，但如細繹全文，其間無論援引史實，指稱文理，似又以孔子爲主。因爲聖人重文，才能因「文」明「道」，對社會做出極大貢獻。如：

> 遠稱唐世，則煥乎爲盛；近褒周代，則郁哉可從，此政化貴文之徵也。鄭伯入陳，以言辭爲功；宋置折俎，以多文舉禮，此事績貴文之徵也。褒美子產，則云「言以足志，文以足言」；泛論君子，則云「情欲信，辭欲巧」，此修身貴文之徵也。

「政化貴文」指政治教化重視文章；「事績貴文」指外交事務重視文章；「修身貴文」指修養品德重視文章。大而治國理民，小而正心修身，無一處不重視文章，無一事不本乎文章。聖人對文章既如此重視，所以「徵聖立言」，就成爲寫作的上業了。

由於聖人重文，所以講到「修身貴文」時，便強調「志足而言文，情信而辭巧；迺含章之玉牒，秉文之金科（註一四）。」他說的「志足而言文，情信而辭巧」，是指感情的流露要充分與眞實，言辭的表達要講求文采和工巧。在他看來，內容和形式的統一，爲立言的法則，修辭的科律。這不僅可以看出劉勰對這個問題的重視，更暗示聖人之文，就具備了這種水準，才能發揮明「道」垂「文」的任務。

「文」在劉勰心目中，是與天地俱來的，天地間有一個文采章明的美麗世界。聖人所以能負起明「道」垂「文」的任務，就在於他具有四個爲衆人所不及的條件：一是「鑒周日月」，指聖人識見廣遠，目光敏銳，如麗天的日月，普照萬象，無微不至，具有敏銳的觀察力。二是「妙極機神」，言聖人妙識慧解，悟性極高，既知機微不測地變化，又能洞見幽隱窮通的眞相，具有過人的領悟力。三是「文成規矩」，指聖人鎔鈞《六經》，不語怪力亂神，爲千古文壇樹立了創作典範，具有高度的創作力。四是「思合符契」，言聖人上觀天文，下察人事，那種精深隱奧的思維，與神明同休戚，與自然合理則，具有豐富的想像力。聖人具備了這四方面的修養，所以他能「原道心以敷章，研神理而設教（註一五）」，達成因「文」明「道」的目標。劉勰又進一步總結聖人行文的方法，那就是：

或簡言以達旨，或博文以該情，或明理以立體，或隱義以藏用。

所謂「簡言以達旨」者，他舉《春秋》「褒見一字，貴踰軒冕，貶在片言，誅深斧鉞」之事（註一六），和《禮記》「緦不祭」「小功不稅」的服喪辨法（註一七），說明語約義該，簡言足以達旨的筆法。所謂「博文以該情」者，他舉《詩經・豳風》聯章積句的〈七月〉詩（註一八），和《禮記》縟說繁辭的〈儒行〉篇（註一九），說明文繁情富，博文足以該情的筆法。所謂「明理以立體」者，他舉《周易・夬・離》二卦（註二〇），以爲自文字取代結繩後，百官以治，萬品以察，象〈夬卦〉的斷決萬事，文采章明，效〈離卦〉的日月麗天，萬物得所，這就是以顯明的事理，建立文章體制的筆法。所謂「隱義以藏用」者，他舉《周易》的四象（註二一），和《春秋》的五例（註二二），說明這是運用隱奧的語言，暗藏文字功用的筆法。這四種筆法，是劉勰運用深探力求的智慧，從經典中歸納出來的結晶，給從事寫作者一支度人的金鍼。

他列舉的這四種方法，固然概括性極強，但用之於實際，還怕不夠周延；於是他再根據自己的創作經驗，提出補充說明。以爲：

繁略殊制，隱顯異術，抑引隨時，變通適會，徵之周孔，則文有師矣。

是說文章既有繁、簡、隱、顯四種不同的筆法，那麼在實際寫作時，何者當簡？何者當繁？體制各有不同；何者當隱？何者當顯？方式也不一樣；又由於作者天賦性情不同，寫作取材不同，情境不同，作用不同，體裁不同，在表述方式上絕不能千篇一律地要求作者，何者當濃縮爲短篇小品？何者當引申爲長篇巨製？何者當法古？何者當創新？何者當麗辭雅義？何者當淺顯朗暢？這一切都應隨著時機的需要，因應實際的情況來決定；不可生搬硬套，固執己見；於此如果徵驗周公、孔子行文運思的筆法，就可以鑑往知來，有所師法了。他這種疏通知遠的態度，是宏觀的、是折衷的，為「論文必徵於聖」，提供了理論基礎。

最後，劉勰引《周易》「辨物正言」（註二三），和《尚書》「辭尚體要」（註二四）之說，破除讀者對聖文「隱」「顯」兩種筆法的疑慮，因為一般人誤認為聖人行文精深典奧，難可盡曉。所以他說：

> 雖精義曲隱，無傷其正言；微辭婉晦，不害其體要；體要與微辭偕通，正言共精義並用。聖人之文章亦可見也。

意思是說精深的義理，雖然曲折隱晦，但不會傷害到正確的言論；微妙的文辭，雖然委婉含蓄，但無損其體現要義，可見體現要義和微妙的文辭相通，正確的言論和精深的義理並用。證明「隱」「顯」兩種寫作方法，在運用上可以相輔相成，既有相通性，又有互補性，使精深的義理和微妙的文辭，做到有機的統一。如能理解此點，則一般人對聖人文章難以盡曉的疑慮，即可撥雲霧而見青天，有徹底的認識了。孔子繁、簡、顯、隱的行文技巧，雖然有充分表達正言，不害體要的優點，但當時魯國的學者顏闔，卻認為他矯揉造作，有斲傷本真之弊，劉勰對此曾提出嚴肅地批判（註二五）。並且說：

> 聖文之雅麗，固銜華而佩實者也。

證明聖人爲文，並非從事華辭，扭曲自然的本眞；而是思想雅正，辭藻華麗，既符合自然的本色，又發揮了文章有益於社會的功用。

孔子鎔鈞《六經》，獨秀前哲，後人以《天不生仲尼，萬古如長夜》，來推崇他對中國文化的貢獻。反觀當時之士如衛國大夫公孫朝、叔孫武叔、陳子禽之徒，一再非毀（註二六）。民國初年，人或以爲中國國勢不振，科學落後，一切皆由孔子主張的禮教所造成，於是仁義道德成了封建餘孽，《四書》《五經》成了思想包袱，孔子成了千古罪人，於是高唱打倒孔家店，把線裝書拋向茅廁坑，以及非孝、非忠、非貞，一人唱、萬人和。認爲如此就可以挽狂瀾於既倒，拯救中國於危亡（註二七）；然而百年以來，中國的情勢又如何乎？固有道德，淪喪殆盡；社會風氣，敗壞無遺；家庭基礎，發生根本性的動搖，文化方面更是危機四伏。而國勢仍然不振，科學依舊瞠乎人後。過去司馬遷在〈孔子世家贊〉裡說：「孔子布衣，傳十餘世，學者宗之。自天子王侯，中國言六藝者折衷於夫子。可謂至聖矣！」班固《漢書・藝文志》也說：「尊師仲尼，以重其言」。今天面臨這個非聖無法，既不尊師其言，更不知有所折衷的時代，回想劉勰在過去一千五百年前後，當五胡亂華，群言淆亂的時代，標〈徵聖〉之篇以重師法，特著重文、垂文和行文之教，爲寫作軌範，靜言以思，猶有晨鐘暮鼓，發人猛省的價值。

四、「經典」為中國文學的自原

〈宗經〉是劉勰文學思想的骨幹，非但〈原道〉、〈徵聖〉以此爲理論的結穴，就是〈正緯〉〈辨騷〉亦以此爲發議的基點。〈徵聖〉篇說：

論文必徵於聖，窺聖必宗於經。

意思是說論文章寫作，一定要徵驗於聖人運筆的技法，但聖人既歿，想要得知他們爲文之道，便應遵奉其流傳下來的作品——經典。所以經典就成了我國文學思想的原頭。不知經典，即無以體認中國文學的自原所在，不知中國文學自原所在，即無法了解劉勰文學理論的歸趣。〈宗經〉篇一開始，就替經典下了個定義。是：

三極彝訓，其書曰經。

三極，指天、地、人三才，所謂「立天之道，曰陰與陽；立地之道，曰柔與剛；立人之道，曰仁與義，兼三才而兩之，故易六畫而成卦。」（註二八）劉勰在此正用此義，以爲凡記載天、地、人至高無尚眞理的書，統稱之曰「經」。至於經典的價值，劉勰說：

經也者，恆久之至道，不刊之鴻教也。

是說「經」含有永久不變的眞理，不可磨滅的偉大教誨。既然經典是眞理的蘊藉，教誨之所託，它和文學的關係又如何乎？劉勰說：

洞性靈之奧區，極文章之骨髓。

又說：

義既挻乎性情，辭亦匠於文理。

前二句指經典之文，足以洞明性情的奧祕，掌握寫作的精髓。後二句其言在內容方面，既揉和了人們的眞情實性，在形式上，也符合創作的理則。證明經典不僅具有政治教化的功能，同時它也是典型的文學性作品。這幾句話，給經典之文是從事創作的典範，提供了有力的佐證。

經典既是文學性作品，而聖人爲文又具有「繁略殊制，隱顯異術」的筆法，所以《易》、《書》、《詩》、《禮》、《春秋》各有自家風格，不相雷同。如劉勰以爲《周易》是談天道的書，入乎神理，發揮妙用；義深旨遠，辭采絢爛，文字曲折中理，敘事幽隱合度。《尙書》是君臣對話的紀錄，由於代久年淹和語言上的變化，其中精言奧義，難以了解；不過，子夏卻稱它「昭昭若日月之代明，離離如星辰之錯行。」《詩經》以抒發情志爲主。鋪陳了風、雅、頌不同的體裁，錘鍊了賦、比、興三種作法，加上華麗的辭采，委婉的諷諭，和溫柔敦厚的感情，足以令人口出成誦，寄託深遠。《禮經》在建立社會體制，根據事實需要，訂定生活上的規範。其章節內容雖然纖細曲折，但片言隻字，仍如奇珍異寶，令人享用不盡。《春秋》在辨是非，明善惡，一字褒貶，可見其榮辱大義。如「五石」「六鷁」，以記事的詳略，構成參差錯綜的文采；「雉門」「兩觀」，以層次的先後，彰顯了尊君卑臣的思想。再加上千錘百鍊的結構，委婉隱晦的感情，足以體悟這部書具有深度了（註二九）。

講到經典的情致和行文風格，唐李翺〈答王載言書〉曾有進一步的闡發：「六經之詞也，創意造言，皆不相師；故讀《春秋》也，如未嘗有《詩》也；其讀《詩》也，如未嘗有《易》也；其讀《易》也，如未嘗有《書》也。」宋歐陽修於〈答吳充秀才書〉中，也有類似的看法。說：「讀《易》者如無《春秋》，讀《書》者如無《詩》。」意思是指經典之文，無論創意造言，都各有特色，不相因襲。所以讀《春秋》時如無《詩》，讀《詩》時如無《易》，讀《易》時如無《書》。這和劉勰的看法前後輝映，如出一口。

經典對中國文學影響如何乎？劉勰以爲可從思想、體裁、創作三方面找到答案。

從思想方面看：經典之於中國文學思想，如同阿拉丹冬峰星宿海之於江、河，父母之於子女；皆有河原海委，血肉相連的關係。試想江河沒有原泉，必定枯涸；子女沒有父母，安能獨生；文學沒有經典，又如何發榮滋長。這種親情，固然由於時異代變，發生若干轉化，但是我們仍然可以替他們找到一脈相承的關係。此劉勰所以討論文學之事，堅持本乎「觀瀾索源，振葉尋根」的態度，才能爲中國文學找到它的發脈所自，不至於偏離而誤入歧途。劉勰說：

根柢槃深，枝葉竣藏、辭約而旨豐，事近而喻遠。

是說經典思想深厚，好比一顆老樹，根深柢固，枝竣葉茂，上承無垠的青天，下汲豐沛的壤泉，辭約而義豐，事近而喻遠。也許有人覺得經典的價值固然可以肯定，但畢竟已是兩千年以前的作品，有些理論已與時代脫節，又怎能做爲我們文學思想的主導呢？可是劉勰不認爲這是問題。他說：

往者雖舊，餘味日新；後進追取而非晚，前修久用而未先。

他認爲經典雖然流傳久遠，但它那豐沛的情味，卻歷久彌新。後來的讀者研究學習，爲時不晚；前代的賢士長期運用，也斷難超越。這說明眞理是永久不變的。根據此一認知，證諸黃金美玉，雖然沉霾千古，但地不藏寶，一旦發現，仍享高價。再如佛教徒之於《阿含經》，基督徒之於《新舊約》，回教徒之於《古蘭經》，這些所謂之經典，那一部不是流傳千載以上，而迄今尚聚集徒衆，廣設教會，日課晚修，講誦不絕呢？反觀我國經孔子修訂而成的《六經》，其內容講的都是聖聖相傳，修己治人的大道，竟被我們這些炎黃子孫視做吃人的禮教，阻礙進步的包袱，較之劉勰身丁六朝，經義消沉之時，其力排衆議，維護民族文學的決心和浩氣，千載以下，猶令人景仰不已也！

從體裁方面看：經典之於中國文學體裁，劉勰也有重大發現。在這裡他特別從經典和體裁關係處，作出探本之論。以爲後世一切文體皆從經典中來。他說：

論說辭序則《易》統其首，詔策章奏則《書》發其源，賦頌歌讚則《詩》立其本，銘誄箴祝則《禮》總其端，記傳盟檄則《春秋》爲根。

由於麗辭行文的關係，他在每部經典裡各列四種不同的文體，如〈繫辭〉、〈說卦〉、〈序卦〉

之見於《周易》，所以他說《周易》是論、說、辭、序的起頭，五〈誥〉、六〈誓〉之見於《尚書》，所以他說《尚書》是詔、策、章、奏的發源。《詩》為韻文的總匯，所以他說《詩經》是賦、頌、謌、讚的根本。《周禮》有六辭，《禮記》有鼎銘，《儀禮》有祝辭，故言《禮經》是銘、誄、箴、祝的開端。記傳乃記事之文，移檄乃論事之文，所謂「右史記事，事為《春秋》。」（註三〇）故說《春秋》是記、傳、盟、檄的根源。文體源於經典之說，雖然對當代及後世學術界起了不小的作用，但近代學者每不以為然，認為劉勰完全昧於「文無新變，不能代雄」的發展規律。清曾國藩《經史百家雜鈔・序例》說得好：

余抄纂此編，每類必以《六經》冠其說，涓涓之水，以海為歸，無所於讓也。

又說：

村塾古文，有選《左傳》者，識者或譏之；近世一二知文之士，纂錄古文，不復上及《六經》，以云尊經也。然溯古文所以立名之始，乃由摒棄六朝駢儷之文而返之於三代兩漢。今舍經而降以相求，是猶言孝者敬其父祖而忘其高曾。

所謂「涓涓之水，以海為歸。」《六經》雖不全是為了作文而設，但千萬世文章皆從此出（註三一）。正印證了經典是文學體裁的濫觴。

至於所謂「統其首」、「發其源」、「立其本」、「總其端」、「為之根」者，大凡事出皆有因，萬物必有源，文學體裁亦何能例外。劉勰為後世各種文體找到了它們的血緣關係，按理這應該是中國文學上的盛業，根本和違背文學發展規律無關。所以劉勰肯定地說：

窮高以樹表，極遠以啓疆，所以百家騰躍，終入環內。

可知經典的內涵無限崇高，樹立了文章的標準；無限深遠，開拓了文章的領域。後世雖有不計其數的作家，在文壇上齊頭並進，從事創作，但始終輾轉相因，難以突破經典的格局！

從創作方面看：經典之於中國文學創作，劉勰更是獨具卓見。他以爲經典的內容博大精深，像一座取之不盡，用之不竭的礦山瀛海（註三二），衹要盡力耕耨，專心涉獵，必定有意想不到的收穫。所以他說，爲文如能宗經，從整體來看，有六大優點：

一則情深而不詭。
二則風清而不雜。
三則事信而不誕。
四則義貞而不回。
五則體約而不蕪。
六則文麗而不淫。

這六大優點：一是情意深刻而不詭異。二是風格清新而不蕪雜。三是材料眞實而不荒誕。四是思想正確而不邪曲。五是布局精約而不雜亂。六是辭采華麗而不淫濫。再看他行文的層次：他先講「情意」，次言「風格」，依次爲「材料」、「思想」、「布局」、「辭采」，內容、形式面面兼顧。且「情深」、「風清」、「事信」、「義貞」、「體約」、「文麗」爲正面，指經典之文；「詭」、「雜」、「誕」、「回」、「蕪」、「淫」爲負面，指時文之弊。讀者如能取法經典從事創作，其作品必能矯正當代的文弊，而成「不詭」「不雜」「不誕」「不回」「不蕪」「不淫」的傑作。接著劉勰又引揚雄《法言・寡見》篇的話：

玉不雕，璠璵不作器；言不文，典謨不作經。

指文學宗經，就像雕琢玉石，製作器物一樣。證明經典中確實蘊藏著充沛的文學成分，面對著這些垂千古而不朽的文學遺產，我們只有取精用弘，發微闡幽，才對得起列祖列宗！

最後，劉勰以爲一個知識分子，要「文」「行」並重。一般父母尊長們，勉勵晚輩進德修業時，往往勸他們師法古聖先哲；可是教他們寫作文章時，卻很少勸他們尊奉經典。所以之後的秦、漢、六朝文學，就出現了楚辭的艷麗，漢賦的誇張，脫離自然、實用的常軌，造成空泛，虛浮的弊端（註三三）。如果人人能體察宗經六義的要旨。回歸聖文雅麗的境界，就達到劉勰所謂「體乎經」的目的了。

回顧近百年來的文壇，國人少能宗經。加上外來文化假交流之名而明侵暗長，於是中國文學出現了四種危機：一是思想之無根，二是內容之膚淺，三是措辭之怪異；四是結構之雜亂，持此和劉勰所指斥的六朝文弊——「詭」、「雜」、「誕」、「回」、「蕪」、「淫」相較，可謂有過之無不及。我們應如何走出沉淪悲觀的陰霾，和中西新故的無謂之爭呢？讀了劉勰的「宗經論」，對陷入「傳統」和「現代」交戰的讀者而言，除了體悟「經典爲中國文學的自原」外，更應該增添一些繼志承烈的使命感吧！

五、酌取緯書的奇偉

〈序志〉篇以「酌乎緯」，把「讖緯」列入「文之樞紐」，足見劉勰對讖緯的重視。「酌乎緯」者：酌採緯書中「奇偉」的優點，作爲指導文學創作的本原。

〈正緯〉的設篇，其思想脈絡蓋承〈原道〉篇來。劉勰〈原道〉篇裡說，中國人文發展初期，沒有文字記載，僅憑口耳相傳、神話、傳說因之而起。如：

> 〈河圖〉孕乎〈八卦〉，《洛書》韞乎〈九疇〉，玉版金鏤之實，丹文綠牒之華，誰其尸之，亦神理而已！

玉版金鏤的〈河圖〉，丹文綠牒的《洛書》，分別見於伏犧畫的〈八卦〉，和《尚書》的〈洪範·九疇〉。這些神話與傳說，實爲我國人文發展的必然過程，不必強辨其眞僞。古人「沿神理而設教」，拿它做爲統馭萬民的工具，正因爲它是文化起源的體現，當然也是文學的萌芽。知道了這個道理，再看〈正緯〉篇開宗明義的一段文字：

> 神道闡幽，天命微顯，馬龍出而大《易》興；神龜見而〈洪範〉燿。

比對〈原道〉篇文，便覺得其來有自，信而不誣了。因爲這些神話傳說其來已久，所謂：

　　世敻文隱，好生矯誕，眞雖存矣，僞亦憑焉。

由於神話傳說的文字隱晦，再加上愛好此道者假借聖人之名，喜談陰陽災異的事，這樣就爲兩漢盛極一時的讖緯之學，創造了發展的溫床。

讖緯二者同實異名，講讖的大多荒誕無稽，預測吉凶休咎，如《史記・趙世家》扁鵲言秦穆公寤而述上帝之言，公孫支書而藏之。〈秦始皇本紀〉燕人盧生，使入海還，以鬼神事，因奏錄圖書曰：「亡秦者胡也。」以及「楚雖三戶，亡秦必楚。」和華陰人言「今年祖龍死」等，這些能知過去未來的讖語，都是術士們的讕言，上古巫覡的遺風。講緯的大多以爲緯是經典的支流，私相撰述，雜以術數之言。既不知作者是誰，因而互相附會，以神其說。如孟喜、京房六月七分的卦氣，本於《易緯》；《史記・殷本紀》載簡狄吞燕卵生契事，本於《書緯》；〈太史公自序〉引孔子曰：「我欲載之空言，不如見之行事之深切著明也」，《索隱》以爲是《春秋緯》文，《詩傳》所謂「尊而君之，則稱昊天，元氣廣大，則稱皇天，仁覆閔下，則稱旻天」，本於《書緯・帝命驗》，「夏以十三月爲正，殷以十二月爲正，周以十一月爲正」，本於《樂緯・稽曜嘉》，翼奉所謂的「臣學齊詩，聞五際之要」，本於《詩緯》。由於緯書配經的關係，故《六經》、《論語》、《孝經》都有緯書。《隋書・經籍志》又根據鄭玄的說法，認爲「讖緯皆孔子所造。」（註三四）其實讖緯之學到了兩漢，和陰陽五行之說牽合以後，便發生種種幽明之理，鬼神之事，假託聖人之口，造作荒誕之言，使原本內容純正的經典，滲入了怪力亂神的異端，不僅敗壞了經典的形象，更混淆了人們的視聽。這就是劉勰要「依經驗緯」，不得不正的原因了。不過，他正的不是讖緯本身的眞僞，正的是讖緯亂經的事實，並藉此揭示「正緯」即所以「宗經」的意旨。

兩千多年前，孔子的學生子貢就說：「紂之不善，不如是之甚也。是以君子惡居下流，天下之惡皆歸焉（註三五）。」孟子也有：「盡信書，不如無書，吾於武城取二三策而已矣（註三六）。」這祇是疑古的開端，還不是眞正的辨僞。漢代劉向《別錄》、班固《漢志》，始對傳統的書籍加以考辨。如〈諸子略〉小說家者流有《黃帝說》四十二篇，注云：「其語淺薄，似依託也。」或從內容，或由文辭，分別考證，給辨別僞書樹立了初步範例。至於劉勰正緯書之亂經，可以說是在我國「辨僞學」的萌芽期，有意運用自爲法，系統而理性的從事考辨，並取得成果的第一人。

劉勰考辨緯書亂經，首先掌握著基本原則，那就是拿《六經》爲底本，來檢驗緯書。緯書之所以爲僞，大抵來說，理由可分以下四點。第一點，是從思想內容方面比較，他說：

> 緯之於經，其猶織綜，絲麻不雜，布帛乃成。今經正緯奇，倍擿千里。其僞一矣。

緯書內容多屬方士妄言，本和《六經》分道揚鑣，至漢武帝採董仲舒的建議，罷黜百家，表章儒術以後，方士們爲了釣功名，弋利祿，遂援孔子刪餘的資料，別立讖緯之名，淆雜今文，號稱「齊學」（註三七）。劉向用以釋《書》。光武中興，尊爲《祕經》（註三八），頒爲政府功令，並用讖以補緯，用緯以解經，像何休《公羊》，班固虎觀，論經皆引緯書成說（註三九）。於是讖緯之學大盛，《六經》因而淆亂。劉勰立足齊、梁之際，目睹讖緯的影響，因而從文學的角度出發，作正本清源之論(註四〇)。以爲經典思想純正,緯候內容奇詭,兩者相較,牴牾不合。可見讖緯是後人僞託,有意亂經的產物。其次,他又從資料多寡方面比較。以爲:

聖訓宜廣,神教宜約;而今緯多於經,神理更繁。其僞二矣。

指《六經》的義理明顯,旨在開示聖人的訓誨;緯書內容隱晦,藉神話迷惑人心。聖人的訓誨自應充實廣大;神話傳說,理宜簡單扼要,現在拿兩方面的資料加以比對,讖緯的作品多出經典很多倍。和「聖訓宜廣,神教宜約」的原則大相背離。可見讖緯之書出於後人僞託,殆無可疑。接著,他又從纖諱的作者加以考察,認爲:

有命自天,迺稱符讖,而八十一篇,皆託於孔子。則是堯造《綠圖》,昌制《丹書》。其僞三矣。

在洪荒初闢的上古時代,有許多問題都無從解答,所以凡來自天命的圖文,才稱得上是符命和讖記。細觀當時流傳的《河圖》九篇,《洛書》六篇,及其增演的三十篇,和《七經緯》三十六篇,共八十一篇(註四一),皆假託孔子所作。如此觸類而推,不是唐堯可造《河圖》,姬昌可製《洛書》嗎?事實上,讖緯皆好事者揑造,與孔子無關。這種自相矛盾的現象,足以說明讖緯之書,乃後人僞託。最後,他再從讖緯產生的時代來分析,認爲:

商周以前,圖籙頻見,春秋之末,群經方備;先緯後經,體乖織綜。其僞四矣。

指在商周以前,上天策命的圖讖經常出現,如相傳庖犧著的《乾坤鑿度》,女媧著的《鉤命訣》,

春秋末期，經典方才由孔子刪訂完成。由此觀之，是先有緯書，後有經典，兩者的關係，完全和織布先經後緯的自然程序不合。可見讖緯之書是後人僞託的。

劉勰從思想的奇正，資料的多寡，作者的歸屬，時代的先後四個層面來按經驗緯，則緯書之爲僞已無可置辯。同時，在他的考辨緯書亂經的過程中，不僅爲辨僞的方法拓展了新的領域，同時，也可以略窺劉勰整紛理蠹，所揮灑的智慧火花。

讖緯之書既是後人僞託，站在宗經的立場，其已成亂經的罪魁禍首，自然不屑一顧。故桓譚憎恨讖書的荒誕不經（註四二），尹敏譏諷讖文的淺薄虛假（註四三），張衡認爲圖讖非聖人之法，偏差謬誤（註四四），所以荀悅著〈俗嫌〉篇，揭發讖緯之說詭異怪誕（註四五），大家都怕這些妖言僞說，貽害後生，希望朝廷下令禁絕。而劉勰反將其列爲「文之樞紐」，作爲文學思想的重要一環，如非隻眼獨具，斷不會有此膽識。蓋「經正緯奇」，不僅是「經」與「緯」的分水嶺，同時也是「緯書」和「文學」關係的糾結點。因爲經典之文，只是「情深」、「義正」、「體約」、「風清」而已；至於「荒誕」、「蕪雜」、「怪異」、「新奇」的浪漫色彩，向爲經典文學所獨缺者，卻大量保存在緯書中。所以劉勰力排前人異說，從文學創作的角度，對讖緯作出正面的肯定。以爲：

> 若乃羲農軒皞之源，山瀆鍾律之要，白魚赤烏之符，黃銀紫玉之瑞，事豐奇偉，辭富膏腴，無益經典，有助文章。

是說伏犧、神農、黃帝、少皞等四位古聖先皇的起源和活動，見於《論語・撰考讖》、《春秋・元命苞》者；山岳、川瀆、鍾鼓、律呂等四種讖籙的內容，見於《遁甲開山圖》、《河圖括地象》、《古岳談經》、《鍾律消息》者；以及武王伐紂，於孟津渡河時，白魚入舟，火自天降，變爲赤烏的瑞兆（註四六），見於《史記・周本紀》、《尚書・中候・雒師謀》者；黃銀、紫玉的出現，象徵帝王即位，見於《禮緯・斗威儀》者（註四七）。這些神話與傳說，材料豐富而奇偉，辭采繁縟而潤澤，雖然它們無益經典，但對寫作卻具有啓發心智的價値。因而後世墨客騷人，採擷其內容菁華，用爲行文運思的參考。

繼〈宗經〉之後，設〈正緯〉之篇，其目的不僅正緯書之不可亂經，同時提煉緯書中的「奇偉之事」和「膏腴之辭」，正面肯定緯書有輔翼《六經》的文學價値，他這種一方面伸張經義，另一方面又突破經義，從文學創作的視角，來認識緯書的眞正面目，確實眼光卓越，胸襟開朗，只有偉大的思想家，才具有這種叛逆性的道德勇氣。

六、「屈騷」是中國文學的變原

劉勰繼〈正緯〉篇後設〈辨騷〉，爲中國文學歷久彌新的發展，提示了客觀規律。近代有人將它併入「文體論」，以爲是「論文敘筆」的首篇，我認爲這完全昧於事實，甚或誤解劉勰設篇的精義。〈序志〉篇在談到「文之樞紐」時，有「變乎騷」之說，明示屈騷是由「銜華佩實」的經典文學出發，汲取了緯書的「奇偉之事」，「膏腴之辭」以後，掀起了兩漢辭賦的旋風，造成鋪采摛文，體物寫志的藝術效果（註四八）。這是個文學思想的問題，絕不能單純的放到文體的層面來講。近人將它與以下〈明詩〉〈樂府〉〈詮賦〉並論，這完全是受了《昭明文選》文體分類的影響（註四九）。

〈辨騷〉一文從表面上看，乃承接〈宗經〉，辨「經」「騷」的同異，但實際上是透過此種辨別，進一步探究文學通變的規律，這才是本篇文論的重點所在。由辨而知其「變」，「辨」、「變」結合，而以「變」爲主，此即〈通變〉篇所謂：

> 文辭氣力，通變則久。

又說：

> 文律運周，日新其業，變則堪久，通則不乏。

可知劉勰以「辨」爲題，乃在「矯訛翻淺，還宗經誥（註五〇）。」具有深意存乎其間。

〈辨騷〉篇共七百九十三字，除「贊語」外，全文可分五段。首段，劉勰以熱情洋溢的筆調，論屈〈騷〉上繼〈風〉〈雅〉，下開漢賦。所謂「軒翥詩人之後，奮飛辭家之前」，肯定屈〈騷〉是由經典之文，過渡到漢賦的關鍵。次段，羅列兩漢學者如劉安、班固、王逸、漢宣帝劉詢，揚雄等各以不同的身分，不同的立場，分別對屈〈騷〉加以評述。劉勰並綜合各家之說，提出自己的看法，以爲他們「褒貶任聲，抑揚過實，鑒而弗精，翫而未覈。」第三段，接著對五家的指責，由「將覈其論，必徵言焉」的實證出發，對屈〈騷〉進行全面的剖析。第四段，言屈〈騷〉所以能由傳統走向漢賦，成爲兩漢主流文學開宗的根本原因。第五段，結論，論屈〈騷〉對後世文壇的影響。這中間最值得注意的，是在辨屈〈騷〉同乎〈風〉〈雅〉，與異乎經典之後，緊緊抓住「典誥」、「夸誕」兩個環節的各自共同點，作出全面性的總結說：

固知楚辭者，體憲於三代，風雜於戰國，乃雅頌之博徒，而詞賦之英傑也。

「三代」借指「經典」，「戰國」借指「縱橫家的說辭」。意思是說《楚辭》在思想上，取法於三代的經典訓誥，在藻采上，夾雜了戰國縱橫家們遊說的辭令；可以稱得上是〈雅〉〈頌〉中的博奕之徒，辭賦界的英雄豪傑，來比況屈〈騷〉在《詩經》文學和兩漢辭賦中所扮演的角色，既具體又摹象之外，並暗示了屈〈騷〉的通變觀。「通古」即所以「體憲於三代」；「變今」即所以「風雜於戰國」。「體憲於三代」指作品的思想、體制要和傳統接軌，如果思想、體制與傳統無關，則作品就成了斷根的枯木，絕潰的涸流，失去了發榮滋長的契機。「風雜於戰國」指作品的文辭氣力，要迎合時代新變，如果文辭氣力不能因應潮流，與時更新，則作品就成了殘渣賸羹，蒼白無力，受到自然的淘汰。

自孔子刪述後，百數十年來，四言詩成了籠罩文壇的霸主，並作爲行人會同，諷誦舊章的工具，絕無人從事創作（註五一）。想不到戰國初期的楚人屈原，以天賦的英才，得江山之助，感懷國難，身世飄零；遂將胸中積鬱的塊壘，發爲憂憤的悲歌。這種血淚作品，無論在藝術構思、在內容、在形式、在語言、在色彩、在聲律、在氣勢和風格上，均具有自己獨特的個性，南方鄉土的氣息，迥然和北方的《詩經》不同。所以劉勰說：

> 自〈風雅〉寢聲，莫或抽緒，奇文鬱起，其〈離騷〉哉！

他稱〈離騷〉是鬱起的「奇文」，只此一個「奇」字，就突顯了屈〈騷〉通古兼有變今，變今必本法古的關鍵。屈原的通變觀，可以從作品本身得到證明。劉勰說：

> 觀其骨鯁所樹，肌膚所附，雖取鎔經旨，亦自鑄偉辭。

「骨鯁」指內容思想，「肌膚」指文辭藻采。他用隔句承接的修辭法，以為屈「騷」的「骨鯁所樹」是「取鎔經旨」，「肌膚所附」是「自鑄偉辭」。可見屈〈騷〉在內容方面，融會了經典思想，在辭藻方面，卻是獨抒胸臆，自創一格。並由此加以分析：

> 〈騷經〉〈九章〉，朗麗以哀志；〈九歌〉〈九辯〉，綺靡以傷情；〈遠遊〉〈天問〉，瓌詭而慧巧；〈招魂〉〈大招〉，豔耀而采華；〈卜居〉標放言之致，〈漁父〉寄獨往之才。

所謂「朗麗以哀志」的「朗麗」，「綺靡以傷情」的「綺靡」，「瓌詭而慧巧」的「瓌詭」、「豔耀而采華」的「豔耀」，「放言之致」的「放言」，「獨往之才」的「獨往」，不僅說明了屈宋作品的特殊風格，同時，更進一步析論了他們作品的「奇」在哪裡？如何「夸」誕？〈事類〉篇說：

> 屈宋屬篇，號依詩人，雖引古事，而莫取舊辭。

此處所說的「莫取舊辭」，和本篇所講的「自鑄偉辭」相較，更突顯了屈、宋在從事創作時，那種參伍因革，通變創新的風格，和豐富多采的藝術特徵。繼而他並用：

> 氣往轢古，辭來切今，驚采絕豔，難與並能。

四句話收束上文，言屈、宋在文學上的成就，而重點卻放在「變」字上，說他們的作品氣勢邁往，凌駕古人；辭開來世，切合今用。尤其那種驚人的華采，絕代的豔麗，後人無論如何，都難和他們並駕齊驅了。劉勰之所以把〈辨騷〉篇提升到「文之樞紐」，視其爲「文學思想」的重要環節，而有「變乎騷」之說，其道理至此已晃朗可知。

至於屈、宋作品因新變造成的影響，此又爲研讀本文者不可不加之意。劉勰以爲屈〈騷〉的藝術成就是：

> 敘情怨，則鬱伊而易感；述離居，則愴怏而難懷；論山水，則循聲而得貌；言節候，則披文而見時。

所謂「敘情怨」「述離居」，指抒情手法；「論山水」「言節候」，指寫景技巧；所謂「易感」、「難懷」、「得貌」、「見時」，指其藝術效果的情眞，事實。蓋有眞人、眞事而後始有眞性、眞情，有眞性、眞情而後才有眞文章，有眞文章而後才能讓讀者得其貌，見其時，感懷人心，傳千古而不朽。所以兩漢王褒〈九懷〉以下，若東方朔〈七諫〉、劉向〈九嘆〉、嚴忌〈哀時命〉、賈誼〈惜誓〉、王逸〈九思〉，無不急起直追，從事模仿，但他那高超的意境，卓越的文字，就像奔逸絕塵的良駒，大家無不望影興歎，有瞠乎其後之遺憾！（註五二）於是：

> 枚、賈追風以入麗，馬、揚沿波而得奇；其衣被詞人，非一代也。

是說若枚乘、賈誼、司馬相如、揚雄等。這些卓然有成的漢賦家，追摹其風格，順沿其餘波，最後只學到「華麗」和「新奇」，沒有人能全面的繼承。其實屈、宋之作，以「華麗」爲儀表，「新奇」爲甲胄，「夸誕」爲聲氣，「眞實」爲骨幹，如果我們要想「效〈騷〉命篇」的話，劉勰以爲下面的幾個原則必須注意：

> 若能憑軾以倚〈雅〉〈頌〉，懸轡以馭楚篇，酌奇而不失其貞，翫華而不墜其實；則顧盼可以驅辭力。欬唾可以窮文致；亦不復乞靈於長卿，假寵於子淵矣。

是說當你在酌取其「新奇」的題材，欣賞其「華麗」的辭藻的同時，不可忽視他「雅正」的思想，和「眞實」的情感。這樣一旦臨文運思，從事寫作，則顧盼之間，欬唾之際，就可以意到筆隨，出手成章了。

劉勰從宗經的文學觀，對屈〈騷〉作了全面的評價。在我國文學理論上，他綜合了劉安、班固、王逸、劉詢以及揚雄等各家的看法，而又出以胸臆，提出自己的見解。有破有立，有開有闔，可以說是一篇最精闢、最具體、最深刻，也是最有創見的文學理論名作。尤其對後世研究《楚辭》的人來說，有一定的指導作用；對從事創作的人而言，他站在「因變立功」的高度，更提供了一個堅信不疑的訊息，那就是上承不弊的優良傳統，才能下開文學新變的格局。

七、結論

劉勰的文學三原論，不但是樞紐《文心雕龍》全書的「樞紐論」，更是其思想體系的重心。根據民國八十四年（一九九五）北京大學出版社印行的《文心雕龍研究》第一輯，載王景褆先生〈《文心雕龍》理論體系初探〉，和石家宜教授《文心雕龍整體研究》中第一、二兩部分的調查所得，數十年來，學者們投入《文心雕龍》理論體系研究人數之多，單篇論文與專門著作的豐富，以及歷盡艱辛，劈劃經營的苦心，令人震驚。其統計的結果，雖然僅限於大陸地區，但如果擴大範圍，將台灣和海外學者類似的論著也蒐羅納入，相信其數目之龐大和投注的精力，必更加駭人聽聞。

此次我繼各位學者專家之後，提出劉勰的文學三原論——即「道」爲文學的「共原」，《六經》是中國文學的自原，屈〈騷〉爲中國文學的變原。除了酌採研究有得而可資信賴的成果，做爲依據外；完全按照《文心雕龍》〈序志〉篇劉勰自設的「文之樞紐」爲理論基礎，以卷一的五篇內容爲對照說明的範疇，運用我國傳統治學的工具爲法門，儘量不牽合所謂「當前學術界權威人士」的說法，或東西方的文論術語，純粹面向劉勰自己的書面語言，和當時對時代文風的關懷，並認眞地從他行文措辭的底層，尋繹其思想的發脈所在，來開啓這樞紐全局的形式體系和思想體系的關鍵。

本文首先揭開劉勰文學三原論的序幕，接著由〈原道〉〈徵聖〉〈宗經〉〈正緯〉〈辨騷〉逐篇做深探力求，抉微闡幽的工夫，文中並運用回龍顧主的筆法，點醒首段的論點。尤其〈原道〉〈宗經〉〈辨騷〉三篇，由於是本文重點所在，故特別加以致意。期能收前後輝映，畫龍點睛的效果。

至於在行文措辭時，每念劉勰面對「辭人愛奇，言貴浮詭」，「離本彌甚，將遂訛濫」（註五三）的六朝文風，思及近百年來我中國內憂外患，變亂紛乘，傳統文化式微，崇洋媚外之風高張，國人不僅不知爲文「宗經」，且不知「通變」爲何事！走筆至此，緬懷劉勰有感於「音實難知，知實難逢」的悲痛，不免借古人之酒杯，澆胸中之塊壘；其間是非雌黃，難期無失。深盼讀者諸君知我諒我，匡我不及。

【註釋】

註一：《六經》指孔子之删《詩》《書》，訂《禮》《樂》，贊《周易》，修《春秋》，後因《樂經》焚於秦火，故《宗經》篇止言《五經》。

註二：引文見於唐李白〈春夜宴桃李園序〉。

註三：上引三個短語，見於〈原道〉篇。其原文作「文之爲德也大矣，與天地並生者何哉？夫玄黃色雜，方圓體分，以垂麗天之象；山川煥綺，以鋪理地之形，此蓋道之文也。仰觀吐曜，俯察含章，高卑定位，故兩儀既生矣。惟人參之，性靈所鍾，是謂三才。爲五行之秀氣，實天地之心生。心生而言立，言立而文明，自然之道也。旁及萬品，動植皆文：龍鳳以藻繪成瑞，虎豹以炳蔚凝姿；雲霞雕色，有踰畫工之妙，草木賁華，無待錦匠之奇。夫豈外飾，蓋自然耳。」

註　四：〈原道〉的「道」，黃侃《札記》以爲「文章由自然生。」劉永濟《校釋》略爲：「文崇自然，自然者即道之異名。與近人所謂『自然主義』未可混同。」李師曰剛《斠詮》以爲「道，即自然之道。」牟世金《文心雕龍》研究第四章〈文之樞紐〉第一節〈原道論的實質和意義〉，文中援引國內外很多學者的說法，最後同意日本興膳宏在〈文心雕龍與出三藏記集〉中的論調，認爲「道指宇宙原理，但不是抽象的，包羅萬象的宇宙原理，而是天地自然呈現其美的原理。」可見龍學界對「道」的詮釋人各異說，迄無定論。

註　五：《周易・繫辭下》：「古者庖犧氏之王天下也，仰則觀象於天，俯則觀法於地，觀鳥獸之文，與地之宜，近取諸身，遠取諸物，於是始作八卦，以通神明之德，以類萬物之情。」

註　六：《周易・繫辭上》：「是故易有太極，是生兩儀。」韓康伯注：「夫有必始於無，故太極生兩儀也。太極者，無稱之稱，不可得而名，取有之所極，況之太極者也。」

註　七：《周易・繫辭上》：「河出圖，洛出書，聖人則之。」《尚書・中候・握河記》：「河龍出圖，洛龜書威，赤文綠字，以授軒轅。」《淮南子・俶眞訓》：「至德之世，洛出丹書，河出綠圖。」

註八：於商周舉〈雅〉〈頌〉；〈雅〉〈頌〉借指《詩經》。因劉勰以四言行文，受到句法的限制，常有以部分代全體的例子，此其一證。

註九：據《毛詩・豳風・七月序》：「〈七月〉，周公所作。」據《尚書・金縢》：「〈鴟鴞〉，周公所作。」據《國語・周語》中，《呂氏春秋・古樂篇》、《昭明文選・王褒四子講德論》等，知〈小雅・常棣〉、〈大雅・文王〉〈周頌・清廟〉，並周公所製。又鄭玄〈詩譜序〉「周公致太平，制禮作樂，而有頌聲興焉。」

註一〇：此說見於宋唐庚《子西文錄》。

註一一：引文見《文心雕龍・原道》篇。

註一二：「道」與「經」各不相干，聖人以過人的智慧從中攝取，並汰蕪存菁後，將自然之文的菁華，轉化成人為之文的經典。此種情形近乎工廠釀酒，米麥是原料，酒是飲料，本無關係，但經過技師的蒸熟、加麴、發酵、過濾等各種處理的手續後，即由米麥原料，轉化成甘醇的美酒。

註一三：劉說見於《文心雕龍校釋》〈徵聖〉篇釋義。

註一四：引文見《文心雕龍・徵聖》篇。

註一五：引文見《文心雕龍・原道》篇。

註一六：此處撮引范甯《春秋・穀梁傳序》：「一字之褒，寵踰華衮之贈；片言之貶，辱過市朝之撻。」

註一七：引文「緦不祭」見《禮記・曾子問》。「小功不稅」見《禮記・檀弓上》篇。

註一八：聯章積句〈七月〉之詩，指《詩經・豳風・七月》篇。此詩一篇八章，章十一句，爲〈風〉詩中最長者。

註一九：縟說繁辭〈儒行〉之篇，指《禮記・儒行》篇，篇中歷敘十六儒之行爲準繩，故曰「縟說繁辭」。

註二〇：《周易・夬卦》：「乾下兌上，夬，揚於王庭，孚號有厲。」《周易・繫辭下》：「上古結繩而治，後世聖人易之以書契，百官以治，萬民以察，蓋取諸夬。」《周易・離卦・彖辭》：「離，麗也。日月麗乎天，草木麗乎土，重明以麗乎正，乃化成天下。」

註二一：《周易・繫辭上》：「易有四象，所以示也。」孔疏引莊氏說：「四象謂六十四卦之中，有實象，有假象，有義象，有用象，爲四象也。」

註二二：依據杜預《春秋・左氏傳序》：「爲例之情有五：一曰微而顯、二曰志而晦、三曰婉而成章、四曰盡而不汙、五曰懲惡而勸善。」

註二三：引文見於《周易・繫辭下》：「開而當名，辨物正言，斷辭則備矣。」

註二四：引文見《尚書・僞古文畢命篇》：「政貴有恒，辭尚體要，不惟好異。」

註二五：劉勰對顏闔的批判，〈徵聖〉篇說：「顏闔以爲仲尼飾羽而畫，從事華辭，雖欲訾聖，弗可得已。」

註二六：公孫朝、叔孫武叔、陳子禽之徒，非毀仲尼事，均見《論語・子張》篇。

註二七：自民國八年（一九一九）陳獨秀於《新青年》提倡解放運動，高唱打倒孔家店後，中國學術思想界邪說暴行氾濫，國人數典忘祖，舍己從人，以致內憂外患，國勢日趨不振。

註二八：引文見於《周易・說卦》。

註二九：此處言《春秋經》原文作：「春秋辨理，一字見義，五石六鷁，以詳略成文，雉門兩觀，以先後顯旨。其婉章志晦，諒已邃矣。」

註三〇：《文心雕龍・史傳》篇：「古者左史記言，右史記事，言經則《尙書》，事經則《春秋》。」班固《漢書・藝文志》：「左史記言，右史記事，事爲《春秋》，言爲《尙書》。」

註三一：此說見於宋李塗《文章精義》首條：「《易》《詩》《書》《禮儀》《春秋》《論語》《大學》《中庸》《孟子》，皆聖賢明道經世之書，雖非爲作文設，而千萬世文章從是出焉。」

註三二：此處《文心雕龍・宗經》篇原文作：「若稟經以製式，酌雅以富言，是即山而鑄銅，煮海而爲鹽也。」

註三三：此處《文心雕龍・宗經》篇原作：「夫文以立行，行以文傳，四教所先，符采相濟，邁德樹聲，莫不師聖，而建言修辭，鮮克宗經。是以楚艷漢侈，流弊不還，正末歸本，不其懿歟！」

註三四：引說見《隋書・經籍志・六藝緯類序》。

註三五：引文見於《論語・子張》篇。

註三六：引文見於《孟子・盡心章句下》。

註三七：此處持論係根據劉申叔先生乙巳年《國粹學報・文篇》著〈讖緯論〉之說。

註三八：此處立說之依據，同註三十五。

註三九：同註三十五。

註四〇：依據《隋書・經籍志・六藝緯類序》的說法：「案讖緯本非儒家言，故古文家不道。……至宋大明中，始禁圖讖，梁天監以後，又重其制，及隋高祖受禪，禁之踰切。煬帝即位，乃發使四出，搜天下書籍與讖緯相涉皆焚之。為吏所糾者至死，自是無復其學，祕府之內，亦多散亡。」劉勰立足於嚴禁讖緯之時代，竟然主張酌採緯書的優點，以為文學創作之張本，實乃大膽而別具隻眼。

註四一：此處說法見《隋書・經籍志・六藝緯類序》。

註四二：事見《後漢書・桓譚傳》，有桓譚論讖事。

註四三：事見《後漢書・儒林傳・尹敏傳》，載有尹敏與帝論讖事。

註四四：事見《後漢書・張衡傳》，載衡以圖讖虛妄，非聖人之法，乃上書檢覈偽跡。

註四五：事見荀悅《申鑒》。

註四六：事見司馬遷《史記・周本紀》。

註四七：《禮緯・斗威儀》：「君乘金而王，其政象平，黃銀見，紫玉見於深山。」

註四八：《文心雕龍・詮賦》篇：「賦者，鋪也。鋪采摛文，體物寫志也。」

註四九：《昭明文選》所選文體，共三十八類，賦、詩兩類以下，即設「騷」體。

註五〇：引文見《文心雕龍・通變》篇。

註五一：《文心雕龍・明詩》篇：「春秋觀志，諷誦舊章，酬酢以為賓榮，吐納而成身文。」

註五二：此處《文心雕龍・辨騷》篇原文作：「自〈九懷〉以下，遽躡其跡，而屈、宋逸步，莫之能追。」

註五三：引文見於《文心雕龍・序志》篇。

伍　從《文心雕龍．明詩》看「兩宋詩話」

一、前　言

我國先秦時代只有諸子之學，而無所謂「文論」；兩漢以後，諸子之學形將就衰，「文論」至魏晉六朝而大興。然只有「文論」而無所謂「詩論」；當時論詩評文者亦不拘一體，如曹丕《典論．論文》之用散文，劉勰《文心雕龍》之用麗辭，陸機〈文賦〉之用辭賦，早於此的毛亨作〈詩序〉用書序，晚於此的杜甫〈戲為六絕句〉用七絕，白居易〈與元九書〉用書信。時至兩宋，由於受傳統詩文評論和六朝筆記小說以及晚唐說唱文學的影響（註一），「文論」裂解，各成大國；於是文話、詩話、賦話、詞話、四六話，以及詩文小說評點之學大倡，遂衍為當代文壇的新形式。《文心雕龍》為齊、梁間產物，與鍾嶸《詩品》、蕭統《文選》，並列文學理論上三顆耀眼的明珠。當此「家有詆訶，人相掎摭」（註二）之時，《詩品》以評詩勝，《文選》以選文勝，《文心雕龍》則以論文勝出於騷壇而受士林矚目。

隋唐以後，文士著述之流傳於今者，多以文集名（註三），是以古之論文者，文論和詩論同科。論文即兼而論詩。故劉勰於「論文敘筆」時，設〈明詩〉篇。治上古以迄六朝三千年詩學於一爐，凡治文學理論者，莫不尊爲「體大而慮周」，「籠罩群言」(註四)。如持此與「兩宋詩話」合觀，兩者之於我國詩學之源流變遷，或因聲氣相通，而長短互見。諒亦爲研治詩文評論者所樂聞也。

二、「兩宋詩話」的源流變遷與特質

詩論雖興於三代，至六朝，論詩之說，始獨立成體。如劉勰《文心雕龍》中的〈明詩〉、鍾嶸的《詩品》。唐人因科舉取士，論詩多論詩格、詩法，或摘句爲圖；惟皎然《詩式》、司空圖《詩品》和孟棨的《本事詩》(註五)，旁採故實，備陳法律，推爲藝壇奇葩。

「詩話」創始於北宋中葉，轉化於南北宋過度之際，成熟於南宋末葉。其始也；歐陽文忠公退居汝陰時，以隨筆方式，集平生所得與詩有關之趣聞雋事二十八則，開創了一種自由活潑、談詩論藝的新形式，名曰《六一詩話》。自云寫作旨趣是「以資閒談」(註六)。自後依仿其體例，起而效顰者如司馬溫公的《續詩話》(註七)、劉攽的《中山詩話》(註八)、魏泰的《臨漢隱居詩話》(註九)等。迨蘇軾、黃山谷出，他們爲了賡續強化詩文革新的力度，廓清西崑體的荏弱靡麗的餘毒，於是高唱以才學爲詩、以文爲詩、以理爲詩；不但反對無病呻吟和陳腔濫調。並特別崇尚奇險古硬，講究奪胎換骨，形成了風靡一時的「蘇黃詩風」(註一〇)。當時詩話之作，像葉夢得的《石林詩話》（註一一）、張戒的《歲寒堂詩話》（註一二）、陳師道的《後山詩話》（註一三）、吳可的《藏海詩話》（註一四）、吳开的《優古堂詩話》（註一五）、許顗的《彥周詩話》（註一六）、呂本中的《紫微詩話》（註一七）、曾季貍的《艇齋詩話》（註一八）、葛立方的《韻語陽秋》（註一九）等。兩宋中晚期，詩話發展益臻成熟。此時的重要詩話而傳世可見者，有蔡正孫的《詩林廣記》（註二〇）、何谿汶的《竹莊詩話》（註二一）、魏慶之的《詩人玉屑》（註二二）、楊萬里的《誠齋詩話》（註二三）、陸游的《老學菴筆記》（註二四）、姜夔的《白石道人詩說》（註二五）、劉克莊的《後村詩話》（註二六）、嚴羽的《滄浪詩話》（註二七）等，其發展之迅猛，不啻雨後春筍，隨處生發。

根據羅根澤民國二十五年（一九三六）《師大月刊》三十期刊載的〈兩宋詩話年代存佚殘輯表〉的記載，當時詩話多達一百二十五種，其中存本五十一種，輯本三十四種，殘本十四種，已佚的有二十二種，未詳的計四種。民國六十六年（一九七九）中華書局印行郭紹虞《宋詩話考》和六十九年（一九八〇）又印行郭氏的《宋詩話輯佚》，兩書合計共收錄詩話一百三十九種之多，其中現尚流傳的有四十二種，部分流傳或他人纂輯的四十六種，至於已佚或雖有佚文尚未搜輯的五十一種，正因宋人詩話爲論詩風氣開此方便法門，所以在上列羅、郭兩家考得的百種以上的兩宋詩話中，記事閒談的佔著極大多數。

南宋末季，嚴羽著《滄浪詩話》一卷，全書分〈詩辨〉、〈詩體〉、〈詩法〉、〈詩評〉、

〈詩證〉五章，書後還附〈答出繼叔臨安吳景仙書〉一篇。〈詩辨〉可謂全書總綱，闡述作者的基本主張。〈詩體〉探討詩歌體製和作品的藝術特徵、作家流派，〈詩法〉言詩歌的寫作方法。〈詩評〉論具體的批評和審美方法。〈詩證〉從考據與鑑賞的角度，對詩作由文字、作者進行辨訂。最後所附的書信，等於作者的「自序」，說明詩話的理論宗旨、背景及針對性。全書五章一信，結構綿密，體系一貫，既有直截根源的理論，又有具體可行的步驟，尤其他以「識」爲主軸的理論概念，從「熟讀」「悟入」爲法門，然後經過「別材」「別趣」，針對「江西」「四靈」「江湖」（註二八）各派的流弊，提出「除俗體」「除俗意」「除俗句」「除俗字」「除俗韻」，進而達成「空中之音」「相中之色」「水中之月」「鏡中之象」（註二九），「言有盡而意無窮」的最高藝術境界，給讀者留下想像空間。我們可以這樣說：「兩宋詩話」到了嚴羽手裡，不僅標幟著故有詩論發展的總結，同時，也反映了我國詩歌藝術正面臨一個新時代即將來臨的轉捩點！

從學術上看，《滄浪詩話》既吸納了「蘇黃詩風」和「江西詩派」不弊的理論而加以推陳出新，且又企圖擺脫「兩宋詩話」「以資閒談」的特質；富有更強的學術性、系統性和針對性，爲後來金、元、明、清的詩話開展，奠定了堅實基礎。

三、從《文心雕龍・明詩》看「兩宋詩話」

從《文心雕龍・明詩》看「兩宋詩話」，基本上是以《文心雕龍》的四個條例，即「原始以表末」「釋名以章義」「選文以定篇」「敷理以舉統」（註三〇）爲主軸，再擴而充之於著述動機、取材態度、語言風格等，就「兩宋詩話」初、中、晚三期之中，具有代表性作品，尋繹彼此參伍因革之跡，以見我國文學理論，在源遠流長的歷史發展進程中，其「文律運周，日新其業」（註三一）的一面！

㈠從著述動機看：劉勰著《文心》的內在動機，希望樹德建言，名垂不朽。他鑑於「歲月飄忽，性靈不居」，「君子處世」，必須「樹德建言」（註三二），如能標心萬古，送懷千載，即令是「百齡影徂」，亦能使「千載心在」（註三三），永垂不朽。其次，外在的誘因，是聖人垂夢，堅定「敷讚聖旨」的決心。七歲時，曾夢「彩雲若錦，則攀而採之。」已初見才華天授的徵兆，增強了個人自信。三十歲以後，又「夜夢執丹漆之禮器，隨仲尼而南行」（註三四），以爲聖人垂夢，必非偶然，遂定下「讚聖述經」的宏願。後因馬融、鄭玄已遍注群經，自己難以成家；而六朝文學因去聖久遠，文體解散，加以當時形式主義，甚囂塵上，覺得挽狂扶傾，責無旁貸；於是搦筆和墨，成《文心雕龍》十卷五十篇，以〈原道〉、〈徵聖〉、〈宗經〉爲立說的樞紐，討論文學上的諸般問題。

〈明詩〉所以列爲「論文敘筆」的首篇，原因有二：從詩體起源來說，詩歌隨語言而俱來，乃感情的自然表現，爲文學式樣的濫觴。是以劉勰列爲韻文之首。從發揚詩道來說：三百篇係孔子刪訂的詩歌總集，六經之一。所謂「溫柔敦厚」「興觀群怨」之詩道，無不本之性情，協之聲音，振之文采，齊之法度，詩體雖因時移而有時稍變，但上繼風雅，下異謳謠之詩道，卻歷千載而不易。故劉勰推〈明詩〉爲韻文之首，實寓有「宗經」的深意在。

兩宋啓蒙時期的第一部《六一詩話》作者歐陽修，在談到著述的動機時說：「以資閒談」。繼而司馬光著《溫公續詩話》，自言「詩話尚有遺者，歐陽公文章名聲，雖不可及，然記事一也，故敢續書之。」時至後來，作者日衆，作品日多，究各家著述動機，彼此雖有小差，而其大體，可謂衆書一道，皆在「記事以資閒談」。

今持「兩宋詩話」與《文心雕龍》相較，兩者雖同爲論詩的作品，但一爲提供茶餘飯後，搏髀談笑的資料，一爲徵聖、宗經，立言不朽的學術盛業。其著述之動機形同天壤。

㈡從運材態度看：材料是充實作品內容的必要條件，運材態度是否正確，決定了作品的成敗。劉勰《文心雕龍》傳世一千五百多年來，之所以受到古今中外學術界重視，推爲文學理論的瑰寶，就在於作者運材態度。劉勰自述運材態度時說：「及其品評成文，有同乎舊談者，非雷同也，勢自不可異也；有異乎前論者，非苟異也，理自不可同也。同之與異，不屑古今，剖肌分理，唯務折衷。」（註三五）意思是說評詩論文時，持論有與舊說相同處，並非隨聲附和，而是舊說正確，不容標新立異；有和舊說不同處，也非故意標新立異，而是舊說不當，不能雷同一響。故同與不同，不分古論今說，是就是，非就非，折衷古今，求其至當。他以這樣客觀公正的態度，來錘鍊立說的本質。所以《文心雕龍》五十篇，篇篇如精金美玉，醇而少疵，歷久彌新。〈明詩〉篇由詩的名義，而詩的源流，詩的評騭，詩的作法，最後又於四言、五言之外，附列了三六雜言，離合回文，聯句共韻等，不僅使我國上古以迄六朝的詩作，得到適當的整理與安頓，就是較諸晚出的鍾嶸《詩評》，唐司空圖《詩品》、「兩宋詩話」，《文心》此篇也為他們開拓了一條創作的典範。

「兩宋詩話」百餘種，各家於著述時的運材態度，因為受到「以資閒談」的制約，大多採自由漫談的方式。信筆直書，長短不拘，既沒有嚴謹的考訂，也缺少翔實的論證。記事評詩的體例，大致是一事一則，沒有開頭結尾，更沒有起承轉合，傳統文章作法中所謂的「波瀾起伏，線索分明」，所謂的「對比映襯，尺水興波」，所謂的「畫龍點睛，窮形盡象」等，到了「兩宋詩話」作者們的手上，一切都形同具文。他們往往以和藹可親的口吻，平易輕鬆的筆調，意味雋永的情趣，淺俗通行的文字，來引人入勝。較之《文心雕龍》〈明詩〉篇的據事類義，援古證今，以少總多的內涵相比，眞不可相提並論矣。

㈢從語言風格看：作者為文，其語言風格，固與性情有關，但亦為時代的表徵。先秦作家，發言成文，或駢或散，率然而為；兩漢以後，漸重駢麗；時至魏晉，文風益臻豔麗；齊梁以下，聲律大興，更助長斯美。《文心雕龍》五十篇於語言風格方面，雖然因應六朝時文之需，以對仗、華麗、和諧、典故，作為他行文措詞的語言特色；但劉勰往往福至心靈，脫口而出，如大匠運斤，無斧鑿之痕。如〈明詩〉篇，言建安詩壇，說：「建安之初，五言騰踴，文帝陳思，縱轡以騁節，王徐應劉，望路而爭驅。並憐風月，狎池怨，述恩榮，敘酣宴，慷慨以任氣，磊落以使才。造懷指事，不求纖密之巧，驅辭逐貌，唯取昭晰之能。此其所同也。」又評南朝劉宋詩壇，說：「宋初文詠，體有因革，莊老告退，山水方滋，儷采百字之偶，爭價一句之奇；情必極貌以寫物，辭必窮力而追新。此近世之所競也。」當偶則偶，當奇則奇，駢中有散，散中有駢，給人一種「奇偶適變，不勞經營」（註三六）的美感！這種「理圓事密，聯璧其章，迭用奇偶，節以雜佩」（註三七）的語言風格，已將文字的使用，推向了藝術的顛峰，視覺的極致。

反觀「兩宋詩話」，無論是談詩壇軼事，評詩人作品，論詩體作法，講詩歌源流，完全採散體記敘的方式。語言平實，風格活潑，如老媼家常，娓娓道來，自有平易近人的情趣，而無生澀難懂之流弊。如劉攽《中山詩話》記載了一則生動有趣的故事，是「祥符，天禧中，楊大年、錢文禧、晏元獻、劉子儀以文立朝，爲詩皆宗李義山，號西崑體。後進多竊義山語句。賜宴，優人有爲義山者，衣服敗敝，告人曰：『我爲諸館職撏扯至此。』聞者歡笑。」這是記敘一名演藝人員扮演「衣服敗敝」的李商隱，嘲笑「西崑」「後進」對前人機械似的模擬，缺乏創新，很能發人深思的故事！又呂本中於《呂氏童蒙訓》裡，強調作詩要從「悟入」和「下工夫」處著手時，說：「作文必要悟入處，悟入必自工夫中來，非僥倖可得也。如老蘇之於文，魯直之於詩，蓋盡此理也。」

上引兩則詩話，雖出處不同，要旨在閒談瑣語中寓有深意。讀來俗而不俚，淺而不陋，雖比不上《文心雕龍・明詩》篇文字的雍容華貴，豔光照人。但亦如小家碧玉，自有一番婀娜之態。

㈣從釋名章義看：「釋名章義」是《文心》「文體論」條例之一，在詮釋文體的命名和定義。〈明詩〉是文體論的首篇，劉勰論詩的名義，特舉「詩者，持也。持人情性，三百之蔽，義歸無邪」爲訓。此不僅符合孔子刪詩之意，且爲評詩的準繩。至於「徵聖」「宗經」的文學思想，於此已不言可喻了。故文中舉三代時的「九序」歌禹，「五子」諫太康，謂「順美匡惡，其來已久。」於漢初「韋孟首唱」的四言詩，說是「匡諫之義」，足以上繼《詩經》作者的遺軌。至於《三百篇》之於春秋，以爲行人會同，諷誦舊章，與孔子「不學詩，無以言」（註三八），「誦詩三百，授之以政」（註三九）的意思相同。言「楚國諷怨，則〈離騷〉爲刺。」列屈原、宋玉的《楚辭》於三百篇之後、兩漢辭賦以前，更暗示「詩」「騷」的源流關係，以及「騷」在「詩」「賦」之間扮演的角色。此亦振葉尋根、觀瀾索源之論。

至於他在釋名章義時引《尚書・舜典》「詩言志，歌永言」，明「詩」與「歌」別，引《毛詩・序》「在心爲志，發言爲詩」，言「志」與「詩」異，持此再和〈樂府〉所謂的「樂辭曰詩，詠聲歌曰」，又說：「詩爲樂心，聲爲詩體；樂體在聲，瞽詩務調其器，樂心在詩，君子宜正其文」並論，則「詩」與「歌」，「詩」與「樂」的分際，其本同末異，互相關連，也只有在釋名章義時，才能看到劉勰「位理定名」的精準度。

兩宋詩話家眞正爲詩話下定義的不多，歐陽修著《六一詩話》時，也只說「以資閒談」，後來許顗作《彥周詩話》，開宗明義就說：「詩話者，辨句法，備古今，記盛德，錄異事，正訛誤也。若含譏諷，著過惡，誚紕繆，皆所不取。」後來黃永思跋黃徹《䂬溪詩話》時說：「詩話雜說，行於世者多矣；往往徒資笑談之樂，鮮有益於後學。」故黃徹提出「輔名教，論當否」，可是讀其所著《䂬溪詩話》，內容仍偏重於記事閒談。

當詩歌在唐宋高度繁榮時產生了詩話；而兩宋作者之爲詩話，又大多憑個人耳目所及，因此，如果和《文心雕龍・明詩》篇「釋名章義」，那種旁推交通相較，其在詩歌創作上的學術價值，就難免大爲減色了！

(五)從原始表末看：原始表末者，推求此一文體的起源和流變。這是劉勰《文心雕龍》「文體論」條例之二。過去鄭玄〈詩譜序〉論詩，以爲興起於大庭之世。沈約《宋書・謝靈運傳論》以爲「歌詠之興，宜自生民始。」而〈明詩〉篇以爲「人稟七情，應物斯感；感物吟志，莫非自然！」認爲詩起源於造化之初，並根據《呂氏春秋・古樂》篇，推葛天氏樂辭〈玄鳥〉，開我國詩歌之先河。以下於五帝時代，列黃帝〈雲門〉，堯有〈大章〉，舜造〈南風〉。三代之於夏有〈九序〉、〈五子〉之歌，商、周、雅頌圓備，四始彪炳，已有第一部詩歌總集的出現。秦雖不文，尚有〈仙眞人詩〉(註四〇)，漢初，韋孟首唱四言，武帝時有〈柏梁臺聯句共韻〉，成帝品錄，當時已有詩人二十八家，作品三百一十四篇(註四一)。而〈古詩〉佳麗，更是五言詩的冠冕。建安詩壇，五言大盛，由魏而晉以迨六朝，詩家風尚，隨著詩歌趨向，各具特色。所以劉勰說：「鋪觀列代，而情變之數可監；撮舉同異，而綱領之要可明。」（註四二）他從洪荒初闢之時的葛天氏，到六朝的劉宋，上下三千年詩歌的原始和流變，按照時代先後，條分縷析，如數家珍，這眞是詩歌中的鉅典，文學史上的傑構。

兩宋詩話家爲文以「閒談」爲主，於詩作、詩法、詩品和詩人墜聞遺事的鉤沈或考訂，多能渲染得淋漓盡致，至於窮原溯流，只有嚴羽《滄浪詩話》〈詩體〉篇差可比擬。他說：「風雅頌既亡，一變而爲〈離騷〉，再變而爲兩漢五言，三變而爲歌行雜體，四變而爲沈宋律詩。五言起於李陵、蘇武，七言起於漢武〈柏梁〉，四言起於漢楚王傅韋孟，六言起於漢司農谷永，三言起於晉夏侯湛，九言起於高貴鄉公。」嚴氏根據任昉的《文章緣起》爲說，雖然已較具學術性、理論性、系統性，但因仍舊說、不作深考，還是帶有濃厚的「閒談」色彩。

㈥從選文定篇看：選文定篇是劉勰「文體論」條例之三，旨在選出代表性作家作品，並評定其特色。如〈明詩〉篇之於西漢，言「辭人遺翰，莫見五言，所以李陵、班婕妤見疑於後代也。」於此雖未質定其眞僞，但從五言詩演變的流程，和《詩經・召南・行露》、《孟子》「孺子〈滄浪〉」、春秋〈暇豫〉優歌，成世〈邪徑〉童謠，則〈蘇李贈答〉與班姬〈團扇〉產生於西漢，並非絕無可能。評〈古詩〉爲「五言之冠冕」，以爲「比采而推，固兩漢之作也。」建安以下，詩風丕變，任氣使才，歸諸「建安」，詩雜仙心，屬之「正始」，西晉輕綺，江左溺玄，宋初追新等，數代詩壇，一一爲之評價，而且黜陟有據，進退無爽，千古詩心，如以目視掌，清楚可見。

篇末又分論平子、叔夜、茂先、景陽、子建、仲宣、太沖、公幹，或長四言，或擅五言，或得其雅，或含其潤，或凝其清，或振其麗，兼善偏美（註四三），各有造境，惟獨淵明身丁亂離，當典午易位之時，常著詩文自娛，頗示己志，而劉勰於〈明詩〉篇，卻隻字未提，遂令醇音閟響，壯采失鮮。評詩論文之士，於此不無深憾！

「兩宋詩話」作者對詩人、詩作的評述，大部分以唐詩爲主，上及漢魏，下至宋詩。從宋初西崑的楊億、劉筠，到王禹偁、歐陽修、梅堯臣、蘇軾、黃庭堅以及當時的「江西」「四靈」「江湖」詩家，無不涉及，他們評論的著眼點，是以漢魏唐詩的藝術，做宋詩發展的借鑑。如《六一詩話》評「孟郊、賈島以詩窮至死，而平生尤自喜爲窮苦之句。」司馬光《溫公續詩話》評「林逋〈梅花〉詩：『疏影橫斜水清淺，暗香浮動月黃昏』，曲盡梅花之體態。」許顗《彥周詩話》評杜牧之〈題桃花夫人廟詩〉：「『細腰宮裡露桃新，脈脈無言度幾春。畢竟息亡緣底事？可憐金谷墜樓人。』僅謂此詩爲二十八字史論。」

詩話作者之評詩，亦大多興之所至，隨感而發，事前既無完整的構思，臨文也沒有選評的標準，只是各抒己見，以資閒談。因爲他們只憑直覺，其是非然否，也唯有仰賴讀者自己去會心體悟了。

(七)從敷理舉統看：《文心雕龍》「文體論」第四個條例是「敷理以舉統」。所謂「敷理以舉統」者，是指有系統的列舉此一文體寫作的原理原則。〈明詩〉篇之於創作，大抵是「四言」「五言」分說，所謂「四言正體，雅潤爲本。」「五言流調，清麗居宗。」正見時至漢魏，四言詩的發展，雖呈強弩之末，但五言詩的蓬勃奮飛，亦尚未定型。故以「正體」屬諸四言，「流調」歸於五言。四言以「雅潤爲本」，五言則以「清麗居宗」，又說：「華實異用，唯才所安。」指四言詩作法主雅潤，五言詩作法主清麗，但詩的「雅潤」與「清麗」並不決定於體裁，主要還是由作家的才性來決定。

「兩宋詩話」在讕言兼存，瑣語必錄的情形下，其最可取處在於詩的作法。初期詩話如歐陽修《六一詩話》、司馬光的《溫公續詩話》、劉攽《中山詩話》，以及晚期的嚴羽《滄浪詩話》，在此姑且不論，單論當兩宋交替時期，以黃庭堅爲首的「江西詩派」，他們在唐詩輝煌的成就下，主盟兩宋詩壇，奏出了渾厚雄壯的時代樂章。被陸九淵譽爲「雖未及古之源委，而其植立不凡，斯亦宇宙之奇詭也。」（註四四）山谷作詩主張一見於〈答洪駒父書〉：「自作語最難，老杜作詩，退之作文，無一字無來歷，蓋後人讀書少，故謂韓、杜自作此語耳。古之能爲文章者，眞能陶冶萬彙，雖取古人之陳語入於翰墨，如靈丹一粒，點鐵成金也。」此即「靈丹一粒，點鐵成金」法。次見於〈冷齋夜話〉卷一引：「詩意無窮而人之才有限，以有限之才而追無窮之意，雖淵明、少陵不得工也。然不易其意而造其語，謂之『換骨法』，窺人其意而形容之，謂之『奪胎法』。」此外，他還有一首〈贈高子勉詩〉：「妙在和光同塵，事須鉤深入神，聽他下虎口著，我不爲生後人。」意在鼓勵詩人「求奇尚險」。因爲山谷有「點鐵成金」「奪胎換骨」和「求奇尚險」之法，於是贏得「江西詩派」的擁戴，如陳師道、潘大臨、徐俯、韓駒、呂本中以及後來的陸游、楊萬里均本其詩法，去陳腐、反流俗，力求發展和創新。

到了呂本中著《紫微詩話》，開始對黃氏詩法作了補充。他以道學思想強調作詩首須「涵養志氣」，以提昇「詩文境界」。並為有意於詩文者提出「活法」和「悟入」兩大理論。他認為定法易行，活法難知。如欲掌握「活法」，必由「悟入」入手。如何「悟入」？要從「工夫」中來。而「工夫」又分「勤」「惰」，「勤」而不「惰」，積久成智，自能「領悟」。而「領悟」之途徑，一是「讀書破萬卷」，二是「長期的實踐與苦練」。他對自己作詩之法十分自信，以為「近世江西之學者，雖左規右矩，不遺餘力，而往往不知出此。故百尺竿頭，不能更進一步，亦失山谷之旨也。」（註四五）

《文心雕龍．明詩》篇之論詩法只談原理原則。到了「兩宋詩話」家，不但講原則，而且講細節。像上述黃庭堅的論詩法，呂本中的補充說明，皆具體而微，給有意作詩為文的人，點亮了一盞腳前的明燈。

四、結論

章學誠《文史通義．詩話》篇，以為：「詩話源出鍾嶸《詩品》」，「《詩品》思深意遠，從《六藝》溯流別也。」我觀《文心雕龍》之論文與《詩品》之論詩，皆專門名家勒為成書之初祖，而中古文論與詩論同科，故劉勰「論文敘筆」以「原始以表末，釋名以章義，選文以定篇，敷理以舉統」四大條例來窮源溯流。所以《文心雕龍・明詩》篇之與鍾嶸《詩品》均爲文學理論之瑰寶、「兩宋詩話」之濫觴。

「兩宋詩話」以「閒談」爲本，憑文士之才能，逞口舌之快意，匯聚衆類，成藝文鑑賞上空前未有的奇觀。此亦宋人喜說理、好議論的表徵也。詩話的弱點和缺點，正是他的優點和特點。蓋詩話內容大別可以分爲論詩及事、論詩及辭，和論詩及事兼及辭。如果作者學識豐厚，持論公正，讀者自會受益不淺！所以讀兩宋詩話，不僅可增長知識，加強文學素養，提高審美能力，了解古代作家和各種文學體裁；且可以了解自《文心雕龍・明詩》篇以下，由六朝以迄隋唐兩宋，中國詩學理論在時運交移，質文代變中，「兩宋詩話」之所以應運生發的眞象。

明朝李東陽著《麓堂詩話》說：「唐人不言詩法，詩法多出宋，而宋人於詩無所得，所謂法者，不過一字一句，對偶雕琢之工。其高者失之捕風捉影，而卑者坐於黏皮帶骨；至於江西詩派極矣。」此說亦不盡當理，若歐陽修主張的「意新語工」，司馬光說的「意在言外」，魏泰強調的「餘味」，陳師道講的「守拙勿巧」，許顗的「用事要活」，張戒的「詩當言志」，呂本中的「活法」「悟入」，以及後來姜夔提倡的「四種高妙」，嚴羽在《滄浪詩話》中高標的「別材」「別趣」等，無一不是自出機杼的妙諦，發前人所未發。雖然如此，若較之《文心雕龍・明詩》篇論詩法時，說：「詩有恒裁，思無定位，隨性適分，鮮能圓通；若妙識所難，其易也將至，忽以為易，其難也方來。」看似不若詩話家具體，但卻圓融無礙，包羅衆長，黃侃《札記》以為：「數語似膚廓，實則為詩之道已具於此。」

今之言詩論者，似不知《文心雕龍》之有〈明詩〉，言史論者，似不知《文心雕龍》之有〈史傳〉，言賦論者，似不知《文心雕龍》之有〈詮賦〉，言通俗文學者，似不知《文心雕龍》之有〈樂府〉〈諧隱〉，言中國思想史者，似不知《文心雕龍》之有〈諸子〉，言中國佛教與文學關係者，似少提劉勰及其《文心雕龍》，言中國文學史者，似多略「兩宋詩話」。而人皆知鍾嶸《詩品》為詩話之祖，卻少知《文心雕龍・明詩》篇，推本經籍，追溯流別，實亦為兩宋詩話之濫觴也。

【註釋】

註一：說見劉明今、蔣凡、顧易生合著的《宋金元文學批評史》下冊第三編第一章〈緒論〉（上海古籍出版社一九九六年六月版）。

註二：引文見唐劉知幾《史通・自序》。

註三：此事只要參閱《四庫全書總目提要・集部・別集類》所著錄的個人文集可知。

註四：此處兩引皆見清章學誠《文史通義・詩話》篇。

註五：此處所引前兩書見何文煥訂《歷代詩話》第一冊（台灣藝文印書館民國四十五年六月版），後一書見丁仲祜訂《續歷代詩話》第一冊（台灣藝文印書館）。

註　六：引文見歐陽修《六一詩話》的書前自序。

註　七：司馬溫公《續詩話》見何文煥訂《歷代詩話》第一冊。

註　八：劉攽的《中山詩話》，見何文煥訂《歷代詩話》第一冊。

註　九：魏泰的《臨漢隱居詩話》見何文煥訂《歷代詩話》第一冊。

註一〇：蘇軾的詩歌理論與黃庭堅雖然不同，但在詩風上卻有共同之點：就是爲了廓清西崑體的柔弱、華豔的風氣，大量地以才學作詩，以文爲詩，以理入詩，反對陳腔俗調，尚奇險古怪，講究奪胎換骨，形成了風靡騷壇的風氣，這就叫「蘇黃詩風」。

註一一：葉夢得晚年自號石林居士，其《石林詩話》分上中下三卷，共九十則，見何文煥訂《歷代詩話》第一冊。

註一二：張戒著《歲寒堂詩話》上下卷。上卷綜述詩學理論，下卷專論杜甫詩，見丁仲祜訂《續歷代詩話》第二冊。

註一三：陳師道字無己，號後山居士，著《後山詩話》一卷，見何文煥訂《歷代詩話》第一冊。

註一四：吳可字思道，著《藏海詩話》一卷，久佚，今本係從《永樂大典》中輯出。見丁仲祜訂《續歷代詩話》第一冊。

註一五：吳開字仲正，靖康中官翰林承旨，誤國佞臣，其人不足道，其詩話尚可取。《優古堂詩話》凡一百五十四條，見丁仲祜訂《續歷代詩話》第一册。

註一六：許顗字彥周，其《彥周詩話》成於南宋建炎二年（一一二八），見何文煥訂《歷代詩話》第一册。

註一七：呂本中字居仁，著有《紫微詩話》一卷，另有今人輯佚《童詩訓》，其詩話見於何文煥訂《歷代詩話》第一册。

註一八：曾季貍字裘父，曾鞏的後人，有家學，其《艇齋詩話》一卷罕有傳者，今本從明鈔本錄出。見丁仲祜《續歷代詩話》第一册。

註一九：葛立方字常之，其《韻語陽秋》二十卷，見何文煥訂《歷代詩話》第二册。

註二〇：蔡正孫，字粹然，自號蒙齋野逸，著有《詩林廣記》前後集各十卷。

註二一：何谿汶，號竹莊居士，根據《宋史・藝文志》此書有二十七卷，《四庫全書總目提要》評此書乃「詩話之中絕佳者」。

註二二：魏慶之字醇甫，號菊莊，宋末江湖派，有《詩人玉屑》二十卷，裒集前人詩話而成，內容多錄南宋詩話。

註二三：楊萬里字廷秀，號誠齋，有《誠齋詩話》一卷，題曰詩話，內容卻多爲論文之語。見丁仲祜訂《續歷代詩話》第一册。

註二四：陸游字務觀，號放翁，有《老學菴筆記》十卷，《四庫全書總目提要》則著錄爲十二卷，屬子部雜家類，書中多論詩語。

註二五：姜夔字堯章，號白石道人，有《白石道人詩說》一卷，共三十則。主張「自然高妙」。見何文煥訂《歷代詩話》第二册。

註二六：劉克莊字潛夫，號後村居士，曾著〈江西詩派小序〉和《後村詩話》十四卷。包括前集二卷，後集二卷，續集四卷，新集六卷。

註二七：嚴羽字儀卿，一字丹邱，自號滄浪逋客，有《滄浪詩話》一卷。常以禪理解詩，他的詩話對後世影響極大。

註二八：江西，即江西詩派。呂本中作「江西詩社宗派圖」。自黃山谷以下，列陳後山、潘大臨、謝逸、洪明、洪芻、饒節、祖可、徐俯、林敏修、洪炎、江革、李錞、韓駒、李彭、晁沖之、江瑞本、楊符、謝薖、夏倪、林敏功、潘大觀、王直方、善權、高荷、呂本中等二十五人。至元代方回作《瀛奎律髓》，倡「一祖三宗」之說，言「古今詩人當以老杜、山谷、後山、簡齋爲一祖三宗。」力主師法杜甫，在當時而言，確是一股進步的潮流。四靈，即「永嘉四靈」，南宋末年詩人徐照（字靈輝）、徐璣（字靈淵）、翁卷（字靈舒）、趙師秀（字靈秀），皆世居永嘉，范晞文《對床夜話》說：「四靈，倡唐詩者也。」江湖，是南宋末年的詩派，派中多落第文士，飄泊江湖，靠獻詩賣藝爲生。杭州書商陳起，先後刻印了《江湖集》、《江湖前集》、《江湖續集》、《中興江湖集》，後遂稱其中的詩人爲「江湖詩派」。

註二九：說見嚴羽《滄浪詩話・詩辨》。

註三〇：四條例見劉勰《文心雕龍・序志》篇。
註三一：引文見《文心雕龍・通變》篇「贊曰」首句。
註三二：引文見《文心雕龍・序志》篇。
註三三：引文見《文心雕龍・徵聖》篇「贊曰」末句。
註三四：引文見《文心雕龍・序志》篇。
註三五：引文出處同注三十四。
註三六：引文見《文心雕龍・麗辭》篇。
註三七：引文出處同註三十六。
註三八：引文見《論語・季氏》篇。
註三九：引文見《論語・為政》篇。
註四〇：事見司馬遷《史記・秦始皇本紀・三十六年文》。
註四一：以上各事均見《文心雕龍・明詩》篇文。
註四二：引文出處同注四十一。
註四三：以上說明各代詩作，皆請參閱《文心雕龍・明詩》篇文。
註四四：陸九淵的說法，見《象山先生全集》卷七〈與程帥書〉。
註四五：此段文字所引分見於呂氏所作《童蒙詩訓》、〈與曾吉甫論詩第一帖〉。

陸　劉勰《文心雕龍》「養氣論」與道教

一、前言

爲文養氣之事，古人不言，或少言，或既言而與文學藝術無關。自齊梁之際的劉勰著《文心雕龍》，始暢言文人才士從事創作，必須重視「養氣」，並設專篇闡發其主張。文中首揭「王充制《養氣》之篇」，事實上，王充所制，不是《養氣》篇，而是《養性書》十六篇，其書今雖不可見；但讀道書如《老》、《莊》、《列》以及《淮南鴻烈》中的〈俶眞訓〉、〈精神訓〉、〈泰族訓〉，其中尤以〈精神訓〉，似可得其崖略。方知劉勰之「養氣論」，其眞正的本質，在論「養生」之學也。

魏晉南北朝是中國長期分裂動盪的時代，同時也爲宗教的傳播，提供了發展的溫床。尤其面對儒學式微、佛教西來的事實，更給道教信衆一可乘之機。他們首先吸收先秦、兩漢流行的「黃老道」（註一）、「天師道」（註二）、「太平道」（註三）的精華，繼而收拾魏晉時期玄學的叢殘，結合歷代神仙方術與民間口耳相傳的醫療單方；到了南北朝時，又經過著名而傑出的道士寇謙之

（註四）、葛洪（註五）、陸修靜（註六）、陶弘景（註七）等人的改造，汲取而融合佛教戒律、科儀與組織形式，於是道教始正式登上舞臺，和其他宗教分庭抗禮了。

道教既是由本土文化孕育而成，則其弘揚教義的道書（註八），亦隨之不斷集結。於先秦兩漢，則博採子書中的《老》、《莊》與稷下五家黃老之學（註九）、讖緯之說（註一〇）、《淮南鴻烈》，以及東漢晚期出現的《太平經》（註一一）、《周易參同契》（註一二）等，根據葛洪《抱朴子・內篇・釋滯篇》：「道書之出於黃老者，蓋少許耳！率多後世之好事者，各以所知見而滋長，遂致篇卷至於山積。」又〈遐覽篇〉更著錄了葛洪目睹的道經、符圖二五七種，一千一百七十九卷。可見東晉以前，道書已經多到不可勝計了！今更由《隋書・經籍志》的記載來看：當時即有〈經戒〉三百零一部、九百零八卷；〈服餌〉四十六部，一百六十七卷；〈房中〉十三部、三十八卷；〈符籙〉十七部、一百零三卷；共三百七十七部，一千二百十六卷。至於新著的道書，如《三皇經》、《靈寶經》、《上清經》，使教徒尊爲《三洞眞經》者，更加豐富了教義的內涵。

劉勰，東莞郡之京口（註一三）人，出生於南朝宋孝武帝大明八年（四六四），自幼篤志好學。從其生活的時代、居處的環境、交往的人物、《文心雕龍》成書時間、和該書「體大慮周、籠罩群言」（註一四）的內容方面比類推求，則其以「養生」爲本務，以「養氣」爲論述的表相，絕非憑空立說，肯定受到道教方面某種程度的影響。以下即據此一臆測，分別進行探索。

二、從劉勰「養氣論」設篇的動機探索

養氣者，閉明塞聰，愛精自保之謂也。此可由劉勰開篇引「昔王充著述，制養氣之篇」，得其旨趣。案仲任於《論衡・自紀篇》云：

章和二年（即東漢章帝二年，西元八十八年），罷州家居，年漸七十，時可懸輿。仕路隔絕，志窮無如。如事有否，然身有利害，髮白齒落，日月踰邁，儔倫彌索，鮮所恃賴。貧無供養，志不娛快。歷數冉冉，庚辛域際，雖懼終徂，愚猶沛沛，乃作《養性》之書凡十六篇。養氣自守，適食則酒，閉明塞聰，愛精自保，適輔服藥引導，庶幾性命可延，斯須不老。既晚無還，垂書示後。惟人性命長短有期，人亦蟲物，生死一時，年歷但記，孰使留之，猶入黃泉，消爲土灰……命以不延，吁嘆悲哉！

近代學者黃季剛札記《文心雕龍》時，以爲「此篇之作，所以補〈神思〉之未備，而求文思常利之術也。」劉永濟《校釋》亦云：「本篇申〈神思〉未竟之旨，以明文非可強作而能也。」莊適作《選注》時也說：「文貴循乎自然，強勉爲之，雖成勿美；本篇大意，肇基於此。」玩味上述三家之言，雖不全同，但均遵循著「〈養氣〉爲〈神思〉之餘義」而出發。殊不知《文心雕龍》自卷六〈神思〉，以迄〈總術〉，共十九篇「文術論」，或論創作的通則，如〈神思〉、〈體性〉、〈風骨〉、〈通變〉、〈定勢〉，或言內容形式的配合，如〈情采〉、〈鎔裁〉，或言修

辭技巧，如〈聲律〉、〈麗辭〉、〈比興〉、〈夸飾〉、〈事類〉、〈隱秀〉、〈指瑕〉，或言字句章篇結構，如〈章句〉、〈練字〉、〈附會〉，或言爲文養氣之重要，如〈養氣〉。〈總術〉篇本應介乎上篇二十五，與下篇二十五之間，作爲承先啓後的橋樑，是「文術論」的前言；古人基於行文「前言多書於文後」的慣例，故置於「文術論」之末，正見十九篇的內容，皆各有自己專屬的領域，此其一。〈養氣〉篇置於〈附會〉、〈總術〉之前，殿於「文術論」各重要創作環節之後，強調作者欲求文氣通暢，必須閉明塞聰，愛精自保，庶幾性命可延，斯須不老。其對從事創作者，一則曰「鑽礪過分」，再則曰「爭光鬻采」，三則曰「慚鳧企鶴」，四則曰「瀝辭鐫思」（註一五），其一方面鍼砭當代文士，苦思求工之非是，另一方面又提出「清和其心」，「調暢其氣」，做適當「節宣」的養氣工夫。其苦心孤詣之用心，絕非單純的所謂補〈神思〉篇之未備，或申述〈神思〉篇末竟之旨，亦可知矣！此其二。又〈養氣〉爲道教「養生」重要主張，「養生」一詞，始見於道書中的《南華眞經》和《呂氏春秋・貴生》篇（註一六），蓋我國最重視「預防醫學」，所謂「聖人不治已病，治未病；不治已亂，治未亂；夫病已成而後藥之，亂已成而後治之，譬猶渴而穿井，鬥而鑄兵，不亦晚乎！」（註一七）「氣」是催化天地萬物生長發展的能量，想要「煉精化氣」、「積精全神」，達到身強體健，氣脈通流的境界，首應在「氣」上下修養工夫。故「養生」的基本要求，在於「煉氣」（註一八）。劉勰「陶冶萬彙，組織千秋」，其《文心雕龍》被尊爲「六朝之高品」（註一九），其採道教「養生」延年之法，向文人才士從事創作者，諄切告誡，與〈神思〉篇「陶鈞文思」本屬一貫；但其本末之別，又是不可等量齊觀矣！此其三。

根據上述三點的說明，不但劉勰「養氣論」的設篇動機可得其詳；就是他採道家之說，假「養氣」之名，談「養生」之實的眞象，亦可得而明矣！

三、劉勰「養氣論」涉及的層面與道教

劉勰「養氣論」既是借「養氣」爲名，行「養生」之實，則其「養氣論」所涉及的對象，必有與衆說不同的層面。究其內容，他完全不涉及道教的各種宗派，完全和道教所崇奉的「神」、「仙」無關。純粹立足於文學理論的高度，假道教的「養生」理論，向從事創作的文人才士提出忠告。所以他的「養氣論」，全屬自己生活的寫照，體驗所得；看似平淺無奇，可是一經玩索，皆寓有深意。以下就其「養氣論」涉及的層面與道教關係，進行剖析：

㈠從寫作條件和運用上，論「氣」之須養

從寫作條件和運用上，論「氣」之須養時，他說：

昔王充著述，制〈養氣〉之篇，驗己而作，豈虛造哉！夫耳目鼻口，生之役也；心慮言辭，神之用也。率志委和，則理融而情暢；鑽礪過分，則神疲而氣衰，此性情之數也。

劉勰在此首引王充制〈養氣〉之篇爲證，以爲他「驗己而作」，絕非虛造。范曄《後漢書・王充

傳》載：

充少孤，鄉里稱孝。後到京師，受業太學，師事扶風班彪。好博覽而不守章句。家貧無書，常遊洛陽市肆，閱所賣書，一見輒能誦憶，遂博通眾流百家之言。後歸鄉里，屏居教授。充好論說，始若詭異，終有理實。以爲俗儒好文，多失其眞，乃閉門潛思，絕慶弔之禮，戶牖牆壁各置刀筆。著《論衡》八十五篇，二十餘萬言。年漸七十，志力衰耗，乃造《養性書》十六篇，裁節嗜欲，頤神自守。

此事又見於《論衡・自紀》篇，和《北堂書鈔・著述》篇引謝承《後漢書》，正見王充晚年制《養性書》十六篇，庶冀於年老體衰之時，能閉明塞聰，養氣自守，確屬事實。

人之能文，至少要具備兩個基本條件，一是生理上的「耳目鼻口」；二是心理上的「心慮言辭」，於此，劉勰引《呂氏春秋・貴生》篇說：「耳目鼻口，生之役也」、「心慮言辭，神之用也」，將生理上役使的器官，和心理上運用的工具，內外系聯，加以統一。正和道教養生工夫契合。紀昀評云「此非惟養氣，實亦涵養文機。」故劉勰之論養氣，以遵循自然爲原則，精神既寄託於形體之中，如形體役使太勞，則容易罷敝，精神運用過劇，則容易衰竭。所以劉勰在此特別強調，人之爲文，宜遵循情志的興發，若「鑽礪過分」勢必精神、血氣兩皆萎靡，這是感情活動上永久不變的成法。我們從事創作，不可不體悟「形」、「神」互用的關係，應根據「率志委和」的觀念，下「養氣」工夫，「形」、「神」健旺後，才能使文思用之不竭，發之常新。

㈡從古今作者行文的不同，論「氣」之須養

劉勰說：

夫三皇辭質，心絕於道華；帝世始文，言貴於敷奏；三代春秋，雖沿世彌縟，并適分胸臆，非牽課才外也。戰代技詐，攻奇飾說，漢世迄今，辭務日新，爭光鬻采，慮亦竭矣。故淳言以比澆辭，文質懸乎千載；率志以方竭情，勞逸差於萬里。古人所以餘裕，後進所以莫遑也。

劉勰運用歷史敘述法，對古今不同的時代、不同的作家、不同的作品進行觀察和剖析，以為三皇時代的作家，辭尚簡質，根本沒有想到文字的華麗。五帝時代，開始重視文采，當時的奏章，已採用鋪陳排比的方式；三代春秋之際，雖然隨著時代發展的趨勢，講求辭采華美，但作者們能因應天賦的才分，直抒個人襟抱，絕不牽強地追求才力不及的修辭技巧；戰國時代，喜歡運用詭詐的技倆，游談的策士們，專事精研權謀，修飾說辭；至於從漢朝到齊梁之際，一般人在行文措辭方面，更是花樣翻新，想盡辦法，出奇制勝；後來的李諤〈上隋高帝革文華書〉，對此期作品之浮濫，更是言之鑿鑿。他說：

江左齊梁，其弊彌甚，貴賤賢愚，唯務吟詠。遂復遺理存異，尋虛逐微，競一韻之奇，爭一字之巧。連篇累牘，不出月露之形，積案盈箱，唯是風雲之狀，世俗以此相高，朝廷據此擢士。

由於大家竭精盡思，搜刮枯腸，以致血氣衰竭。

我們在此試將上古淳厚的語言，和後世澆薄的文辭相較，文采質樸之間，可說懸隔千載。拿古人順遂志意的興發，和當前竭盡情思的情況來比，精神上的辛勞與安逸，其間更相差萬里。因此，古人著書立說之所以優遊自在，後世作者之所以疲累不堪，其中原因很值得我們深思！

劉勰在此絕不是勉人返回五帝三代，但卻希望能從古今行文不同的史實中體認養生的重要性。因爲生理與精神相關，血氣和志氣爲一，志氣又同才氣相通，「氣以實志，志之定言，吐納英華，莫非情性」（註二〇），足見作者行文運思，和血氣健旺，志氣清明之間，是表裡相資，相輔相成的。

(三)從作者因年齡少壯而異，論長艾「氣」之須養

劉勰以爲：

凡童少鑒淺而志盛，長艾識堅而氣衰，志盛者，思銳以勝勞；氣衰者，慮密以傷神，斯實中人之常資，歲時之大較也。

這是從年齡少壯，來看精氣盛衰和行文關係，暗指「長艾」必須注意養氣工夫。司馬談〈論六家要旨〉時說：「凡人所生者，神也；所託者，形也。神大用則竭，形大勞則敝；形神離則死。由是觀之，神者，生之本也；形者，生之具也。」（註二一），《抱朴子・至理》篇也說：「身勞則神散，氣竭則命終。」此處所言，正可作爲明證。蓋年輕的，見識膚淺而精力旺盛；年壯的，識

見精確而血氣易衰。精力旺盛的，想像敏銳，能勝任煩劇；血氣衰竭的，想像周密，卻容易損傷精神。實爲一般人通常資稟，在不同年齡的條件下大致的區隔。

此處從作者年齡的不同，看「精」、「氣」、「神」和爲文運思的關係。這雖然是「中人之常資，歲時之大較」，但如果年長的，忽略「精」、「氣」、「神」日衰的事實，不善盡裁節嗜欲的工夫，其最後定因大用大勞而傷神氣徂。

㈣從作者天賦資質不同，論「氣」之須養

劉勰說：

若夫器分有限，智用無涯，或慚鳧企鶴，瀝辭鐫思，於是精氣內銷，有似尾閭之波；神志外傷，同乎牛山之木，怛惕之成疾，亦可推矣。

這是說每個人稟承天賦的器識才分，各有一定限度，如對智慧的運用，完全不加節制時，有的便常恨自己才智短淺，仰慕他人識見高深，如水邊的鳧鳥一般，嫌自己的腿太短，企望有鶴足般的高長，於是在寫作時，竭盡心力，錘煉辭藻，刻盡情思，於是內在的精氣日漸消耗，如大海的尾閭，晝夜不停地渲洩，外在的神志，像牛山的樹木，不斷地砍伐，這樣久而久之，作者不知養氣自保的重要，必因憂傷過度而疾病纏身了。

經過對劉勰「養氣論」所涉及的四個層面分別剖析後，可以清楚得知，劉勰無處不是從文學理論的主體，創作的角度，採道教養生的精義，表述他的「養氣論」。

最後，他惟恐讀者不以他的說法爲然，又特別列舉實例，再作剴切交代。他說：

至如仲任置硯以綜述，叔通懷筆以專業，既暄之以歲序，又煎之以日時，是以曹公懼爲文之傷命，陸雲嘆用思之困神，非虛談也。

仲任，王充字，根據本文前面所引，說他：「閉門潛思，絕慶弔之禮，戶牖牆壁各置刀筆。著《論衡》八十五篇，二十餘萬言。」到最後「年漸七十，志力衰耗」，造「《養性書》十六篇」，來「裁節嗜欲，頤神自守。」叔通，曹褒字，《後漢書・曹褒傳》說他：「寢則懷抱筆札，行則誦習文書」，甚而「當其念至，忘所之適」，他們二人研精潛思，幾乎到了廢寢忘食的地步。這樣「既暄之以歲序，又煎之以日時」，久而久之，則曹操所擔憂的「爲文傷命」（註二二），陸雲所慨歎的「用思神困」（註二三），就絕非子虛烏有的空談！

我想劉勰把自己平日寫作的體驗所得，化爲簡而易行的理論，然後又從各個層面，向爲文者不厭其詳地加以剖析，其用心良苦，和剴切懃懇地勸勉，眞可謂無微不至了！

四、劉勰「養氣論」所提示的方法與道教

劉勰既以文士們爲了鬻聲名，釣利祿，以苦思求工，強作爲能，有「爲文傷命」、「用神困思」之虞。爲了鍼砭當世文風，補偏救弊，遂參酌道教「養生」開慧之法，冀人人都能達到心靈淨化、氣血通和、人與自然和諧統一的最高境界。他說：

夫學業在勤，故有錐股自厲；至於文也，則申寫鬱滯，故宜從容率性，優柔適會。若銷鑠精膽，蹙迫和氣，秉牘以驅齡，灑翰以伐性，豈聖賢之素心，會文之直理哉！且夫思有利鈍，時有通塞，沐則心覆，且或反常；神之方昏，再三愈黷。是以吐納文藝，務在節宣，清和其心，調暢其氣，煩而即捨，勿使壅滯。意得則舒懷以命筆，理伏則投筆以卷懷，逍遙以針勞，談笑以藥勸。常弄閑於才鋒，賈餘於文勇，使刃發如新，腠理無滯，雖非胎息之萬術，斯亦衛氣之一方也。

根據這段話的文義，首先是劉勰認爲讀書與寫作不同，並引蘇秦引錐刺股，血流至足的例子（註二四），證明學業的進修，在於勤勉苦讀而後有成。文章的寫作，自然以抒發抑鬱不申的感情爲主，故宜從容不迫地宣洩，優遊自在地寫作。其次，是指文章不可強力求工，假若作者因寫作過分摧殘精膽，壓榨靈氣，拿起紙筆來，就像要縮短自己的年壽，揮灑筆墨時，就如同戕害自己的性命，這哪裏是古聖先賢著書立說的本心，後世君子以文會友的正確道理呢？又其次，言作者的神志隨時機而有所不同，切忌過度使用，因爲作者的才思，有敏銳與遲鈍之分，時機有通暢和阻塞之別，比如洗頭時，由於頭部放低，血流反常，內心便感不安，相對的當神志昏迷時，若再三運用，也必定更加糊塗。爲此，劉勰對吐納文藝者，提示三則養氣之法，即「節宣」、「清心」與「調氣」，告誡作者，要遵行「率志委和」的自然法則，當寫作進行時，必須節制思考，疏散情感，使心地清明和豫，志氣條暢利達，感覺心煩意亂時，就馬上停止，絕不在心情壅塞沮滯時，妄加作爲，等心情愉快、盎揚有得時，再舒展懷抱，縱筆揮灑，一旦思路不通，就馬上擱筆，靜心潛修，以逍遙自在的心情，來解除勞累，用談笑自若的態度，去治療倦怠，常於意態安閒之際，運用筆鋒，展現才華，在優遊自在之中，鼓起勇氣，從事創作。於是他特別援引《莊子・養生主》庖丁解牛的故事，證明爲文者如果遵行自然規律和「養氣」的要領，一旦下筆爲文，其文氣的流暢，就像爲惠文君解牛的庖丁一樣，其「手之所觸，肩之所倚，足之所履，膝之所踦，砉然嚮然，奏刀騞然，莫不中音。」他解牛的尖刀，已經使用十九年了，解過的牛，更是不計其數，但刀刃之鋒利，還像新磨的一樣。劉勰以「庖丁解牛」的鮮活故事，說明爲文和養生的關係，生動感人！

五、結論

本人作劉勰《文心雕龍》「養氣論」既竟，綜覽全文可得以下三點結論：

㈠《文心雕龍》全書十卷五十篇，劉勰自云：「長懷序志，以馭群篇……位理定名，彰乎大衍之數，其爲文用四十九篇而已。」（註二五）指出〈序志〉是作爲控馭全書的樞紐，然後再根據各篇的內容，確定其篇題名稱。剛好符合《周易・繫辭上》推算天地生成的數目五十（註二六），但其中爲論文之用的，只有四十九篇而已。可見他這五十篇的《文心雕龍》，〈序志〉像太極，居中不動，其他各篇分別配置在天地、日月、五行、十二月、二十四氣和整個大自然的運行絲絲相扣，各得其位，各有職司。而又各在其固定的範疇內，與其他各篇，發生共生、共存、共行、共榮的結構體，而成劉勰文學理論的一大思想結晶，缺一不可。所以黃季剛、劉永濟、莊適，這些早期的「龍學家」們，以為〈養氣〉篇在補〈神思〉之未備，申其未竟之旨，說有可取，但於理難稱完具，不得視為見眞識切之論，此其一。

㈡劉勰《文心雕龍》的「養氣論」，表面看來，蓋有取於王充《論衡・自紀》，所以他開篇就說：「王充制〈養氣〉之篇，驗己而作，豈虛造哉！」檢《論衡・自紀》，王充所制者，乃《養性書》十六篇，以劉勰治學態度之嚴謹，「〈養氣〉之篇」與「《養性》之書」的不同，不可能不知，究其故意改作的動機，似又不得不加以分析：

當劉勰年踰而立之時，曾夜夢執丹漆之禮器，隨仲尼而南行，由於先聖的感召，於是決心讚聖述經，光大孔門，第思馬融、鄭玄於東漢已遍注群經在前，自己再有精深見解亦不足成一家之言。於是審時度勢，覺得「文章之用，乃經典枝條」，六朝「去聖久遠，文體解散，辭人愛奇，言貴浮詭」，且「周書論辭，貴乎體要，尼父陳訓，惡乎異端」，而近代論文者，若「魏文述典，陳思述書，應瑒文論，陸機《文賦》，仲治《流別》，宏範《翰林》」等，又不能「振葉以尋根，觀瀾而索源」，「不述先哲之誥，無益後生之慮」，所以在他追念先聖的囑託，自己又胸懷「正末歸本」的使命感的情況下，於是「搦筆和墨」成《文心雕龍》十卷五十篇，來討論文學上的諸般問題（註二七）。

實際上他在宗經矩聖的大纛下，受到魏文《典論・論文》「文以氣為主」的誘導和《孟子・公孫丑》上「我善養吾浩然之氣」的啓發，在是非不謬於聖道的原則下，專門從文學理論的角度，設〈養氣〉一篇，爲「吐納文藝」的作者說法。可是他骨子裏，卻充滿了道教的「養生」理論，如文中所謂的「率志委和」、「器分有限，智用無涯」、「慚凫企鶴，瀝辭鐫思」、「清和其心，調暢其氣」、「水停以鑒，火靜而朗」以及「胎息之萬術，衛氣之一方」等，無一不是從道書中蛻出，足徵劉勰的養氣論，雖是博綜各家，但道教「養生」之學，卻如影隨形活躍在字裏行間，此其二。

㈢道教重養生，且視「精」、「氣」、「神」爲人體生命存亡的關鍵，期能精足、氣充、神全，因而特別致意於服氣、行氣、胎息諸術，視其爲內修之法。在道書中論「養生」、「養性」之說裏，「胎息法」首見於載籍者，當推西漢《淮南鴻烈・精神訓》，其次是《太平經》，到范曄《後漢書・方術傳・王眞傳》，始正式記載其人行胎息之方，說他「登五岳名山，行胎息胎食之方，漱舌下泉咽之，不絕房室」，至於形成胎息法的系統理論，爲信衆開方便法門的是東晉葛洪的《抱朴子・內篇・對俗》引《仙經》，言「胎息的重要」時說：「服丹守一，與天相畢，還精胎息，延壽無極，此皆至道要言也。」後又在〈釋滯〉篇進一步分析胎息法之要訣、效果與禁忌，今讀北宋張君房撰的《雲笈七籤》，由卷五十六到卷六十，講的都是〈諸家氣法〉，在卷五十八的〈諸家氣法〉裏，專收〈胎息精微論〉、〈胎息根旨要訣〉、〈胎息離訣〉、〈胎息口訣〉，文中對閉氣、行氣、服氣、食氣以及煉氣等，均有詳實記載。足見胎息在道教「養生」理論中的重要性。劉勰《文心雕龍》「養氣論」，特別將自己體驗所得的「節宣」、「清心」、「調氣」三法，和道教的「胎息」作比較，推尊「胎息」爲道術中導引、行氣、健身、旺神、養精的萬應靈丹，則其假「養氣」爲名，行「養生」之實，更得到進一步的印證，此其三。

最後，容我對劉勰《文心雕龍．養氣》篇，在中國文學理論上的價值和重要性略作說明：自孟子於〈公孫丑上〉言「我善養吾浩然之氣」，魏文帝曹丕《典論．論文》言「文以氣爲主，氣之清濁有體，不可力強而致」後，世之言文學理論者，莫不以此爲馬首是瞻。即令大才如唐之韓、柳，宋之歐、蘇、曾、王以及著詩話、詞話、曲話、古文話、四六話、駢文話與小說評點諸君，亦未能越此樊籬，而獨出心裁，別樹高義者，民國初年吳曾祺著《涵芬樓文談》（註二八），承桐城派遺脈，於書中特立〈養氣〉之篇，但粗略無發明。其他若曾國藩《鳴原堂論文》、劉熙載《藝概》、陳衍《石遺室論文》、林琴南《畏廬論文》、《文微》，皆率由舊說，對此絕少深入探究。至於「五四」運動後，號稱文藝復興而以白話行文者，對「爲文重氣」之旨，更不見有誰對此發表高論，似根本不知從事創作和「氣」有關，更遑論「養氣」。

所以自劉勰《文心雕龍》「養氣論」，迄今一千五百多年來，在中國文學理論的大潮裏，除吳曾祺《涵芬樓文談》外，眞能追本窮源，探討文貴「養氣」者絕少，探討「養氣」與道教導引、行氣、服氣、食氣和胎息關係者，更難奢求，所以在此文運低迷之時，《文心雕龍．養氣》篇，固不能說是文貴養氣的先河，但在中國文學理論中，推之爲繼往開來，最值得關注的一篇論文，是當之無愧的！

【註釋】

註一：黃老道：西漢初年，當政者以黃老清淨之術治天下，黃老學說大興，同時黃老學中確實含有神祕主義的思想成分，爲神仙家提供了理論依據，於是便與黃老相結合，始則推崇黃帝，繼則尊奉老子。東漢初期，進一步與老子哲學結合起來，尊奉老子爲至高聖哲，與儒佛並立，便形成了所謂的「黃老道」。

註二：天師道：張道陵創五斗米道，以鬼神符籙之教以聚衆，實行政教合一，據有一方。後來陸續增加了一些經書，如《三天正法》、《正一盟威》等。都相傳爲太上老君降授。由於道教經書中說太上老君命張道陵爲天師，所以五斗米道，後來又稱爲「天師道」。

註三：太平道：太平道興起於東漢靈帝之世，當時社會上出現了三股較大的民間道教勢力：一、爲東方張角的太平道。二、爲漢中張修的五斗米道。三、爲三輔的駱曜，教民緬匿法。太平道者是依託爲人治病，由太平師作符祈禱，病者叩頭思過，類似懺悔儀式，然後食符水，心誠則靈，否則不靈。以《太平經》爲中心思想，故稱「太平道」。

註四：寇謙之：寇謙之（三六五～四四六），字輔眞，馮翊萬年（今陝西省大荔縣）人。北魏初著名道士，東漢寇恂十三世孫。父修之，前秦苻堅時任東萊太守。謙之少修張魯之術，服食餌藥，終年無效。十八歲時，隨仙人成公興遊華山，後又至嵩山石室中隱修七年。成公興得道尸解，寇繼續守志嵩嶽，專精不懈。後將五斗米道改造爲「新天師道」，並向北魏太武帝獻《籙圖眞經》。

註五：葛洪：葛洪，字稚川，丹陽句容（今江蘇省句容縣）人。東漢驃騎大將軍下邳僮縣侯葛盧後裔。洪祖父、父親均任吳，均爲顯官。十三歲喪父，家道中落。洪好道，師事鄭隱。著有《抱朴子》、《碑頌詩賦》百卷、《軍書檄移章表箋記》三十卷、《神仙傳》十卷、《隱逸傳》十卷，又雜抄五經七史百家之言、兵事方技短雜奇要三百一十卷。其中尤其《抱朴子・內篇》二十卷，集神仙、黃白煉丹術之大成，爲當前研究道教史和科技史的重要著作。

註六：陸修靜：陸修靜（四〇六~四七七），字元德，吳興東遷（今浙江吳興）人。爲南朝劉宋時期著名道士。出身江南士族家庭，少宗儒學，旁究讖緯，後以占候、經術不能致長生，乃棄儒學道，遺棄妻子，專精道法，遊各地名山，遇異人授以祕訣。晚年整理道經廣制齋義，並於廬山東南瀑布岩下構造精廬，隱居修道。其生平著述甚豐，凡撰記議論萬餘篇，齋戒儀範百餘卷，今《道藏》中尙存其著作。

註七：陶弘景：陶弘景（四五六~五三六），字通明，丹陽秣陵（今江蘇南京）人。南朝齊梁時著名道士。出身江南門閥士族家庭，東吳鎮南將軍荆州刺史陶濬七世孫。永明十年，入茅山建華陽館隱居，過修道生活。梁武帝蕭衍對陶弘景恩寵有加，國家每有吉凶征討大事，無不前來諮詢，月中常有數信，時人稱爲山中宰相。弘景學識廣博，對儒學、經術、道、佛二教，文章、詩歌、醫療、術數、兵書、騎射、工藝技巧等，莫不精通，著作多達七、八十種。

註八：道書：即道教奉行的經書，包羅甚廣，《道藏》中不僅包括道教的經戒、科儀、符圖、煉養等類的經書，也包羅道教哲學及有關儒、墨、名、法、陰陽、兵、醫、雜等諸家書籍，數量十分龐大。

註　九：黃老之學：此學乃北方黃帝崇拜和南方老子之學相結合的產物，起於戰國，盛於初漢。對上繼承了老莊之學而有新發展，對下開啓漢代道家，並影響到魏晉玄學。此學以虛無爲本，以因循爲用。又有廣義與狹義之別，廣義而言，凡以老莊爲主，兼採各家的綜合性學說或思潮者，皆可稱之爲黃老之學。狹義而言，只有正式以黃帝老子命名的學說，才是嚴格意義上的黃老之學。（可參看漢・司馬談《論六家要旨》）

註一〇：讖緯之說：「讖」與「緯」，皆由「陰陽五行」觀念爲中心推衍而成，也是災異符命說的變型。其學說內容包羅甚廣，舉凡解經、天文、曆法、神仙、史事、文字、典章制度，無所不包。六經皆有緯書，讖先起，緯後出。這兩者對兩漢政治的隆替發生極大的影響力。又讖緯因有圖、方書，所以這些書又稱圖讖、圖書、讖緯、讖記、緯書。

註一一：《太平經》：漢代《太平經》有三本：一、是西漢成帝時齊人甘忠可的《天官歷包元太平經》，二、是東漢順帝時問世的《太平清領書》，三、是順帝時張陵所得的《太平洞極經》。此處所謂的《太平經》，指的是《太平清領書》又稱《神書》。此書原爲一百七十卷，葛洪《神仙傳》作一百五十卷，但在《道藏》中的《太平經》已殘缺，只剩下卷三十五至卷一百十九的五十七卷。

註一二：《周易參同契》：此書係東漢魏伯陽著。葛洪《神仙傳》有著錄。《雲笈七籤》卷一百零九也著錄此書。陶弘景《眞誥》卷十二列作《易參同契》，現通名《周易參同契》。魏伯陽，東漢上虞人，出身貴族，但不樂仕宦，隱居修道，師事何人不可考。

註一三：京口：今屬江蘇省鎭江市。

註一四：此處引文，見章學誠《文史通義・謀詬篇》。

註一五：此處的四句話，均見於劉勰《文心雕龍・養氣》篇文。

註一六：此處言「養生」的主張，始見於莊周《南華眞經》和《呂氏春秋・貴生》篇。《南華眞經・內篇》第三，即以〈養生主〉爲題。且文中一則曰「保身」、「全生」，再則曰「養親」、「盡年」，三則曰「聞庖丁之言，得養生焉。」《呂氏春秋・貴生》篇，一再言「完身」、「養生」、「棄生」、「全生」、「虧生」、「道生」、「尊生」。均可知其重視「養生」。

註一七：此處引文見《黃帝內經素問》第一卷〈上古天眞論〉文末。

註一八：煉氣：《呂氏春秋・本生》篇：「世之人無賢不肖，莫不欲長生久視。」近年馬王堆三號漢墓出土之帛書資料，中有「導引圖」與《南華眞經・刻意》篇所謂的「吹呴呼吸，吐故納新」之說相合。所謂之「導引」，即「導氣令和，引體令柔」之「氣功」，或稱「煉氣」。煉氣養形之說與中醫理論有密切關係。

註一九：此處引文見於明原一魁《兩京遺編・後序》。

註二〇：此處引文，出劉勰《文心雕龍・體性》篇。

註二一：司馬談〈論六家要旨〉，見司馬遷《史記・太史公自序》引。

註二二：此處引文原作「曹公懼為文之傷命」，見《文心雕龍・養氣》篇，歷來注家均不詳「曹公」為何人，或曰曹操，或云曹植。

註二三：此處引文原作「陸雲嘆用思之困神」，陸雲說見其〈與兄平原書〉。

註二四：蘇秦引錐刺股事，見《戰國策・秦策》。

註二五：此處引文，出自《文心雕龍・序志》篇。

註二六：《易經・繫辭上》：「大衍之數五十，其用四十有九。」所謂「大衍之數」，歷來說法不一，此處採孔疏引馬季長的說法，他以為：「易有太極，謂北辰也。太極生兩儀，兩儀生日月，日月生四時，四時生五行，五行生十二月，十二月生二十四氣。北辰居位不動，其餘四十九轉運而用也。」是以太極之一，兩儀之二，日月之二，四時之四，五行之五，十二月之十二，二十四氣之二十四，合計之為五十，太極不動，除一則為四十九耳。」

註二七：以上所言皆依照《文心雕龍・序志》篇劉勰自己的話濃縮改寫而成。

註二八：吳曾祺《涵芬樓文談》，始出版於清宣統三年，民國五十五年商務印書館收入《人人文庫》中。〈養氣〉篇為該書四十篇中的第九篇。臺灣師範大學博士蔡美惠，著有《吳曾祺涵芬樓文談研究》，書中專設〈養氣〉一節，作專題討論。

柒 《文心雕龍》與中國古代散文創作

一、前　言

《文心雕龍》和「中國古代散文」，雖然各有自己專屬的領域，但如果從學術一元的立場來看，其在思想、體裁、創作、批評等方面，均有彼此依存、密不可分的關係。以下我單從中國古代散文創作的角度，來探討它和《文心雕龍》相輔相成的地方。

二、創作有成法可循

研究古代散文，不能不談創作，談創作就必須重視方法。兩漢以前的學者講散文寫作方法的不多，像孔子是首先注意文章作法的，其在當時也只強調「言以足志，文以足言」（註一），「言之無文，行而不遠」（註二）。但「言」如何「足志」？「文」如何「足言」？以及「言」又如何有「文」，還是「明而未融」，難稱具體。司馬遷的《史記》，向來被學術界尊爲中國古代散文的鼻祖，可是在他那一百三十篇五十二萬多言裡，卻從來沒有談過文章作法。在其自序中自敘寫作過程，講到自己述往思來的得力所在時，也只說到「年十歲則誦古文」，「二十而南游江淮……」和「意有所鬱結，不得通其道」而已（註三）。東漢王充在迷信神權的讖緯時代，著《論衡》八十五篇。此不僅是一部思想界的巨著，同時對文學創作也表現了不同流俗的慧眼，如所謂的「論發胸臆，文成手中」（註四），「筆集成文，文具情顯」（註五），「譽人不增其美，則聞者不快其意」，「毀人不益其惡，則聽者不愜於心」（註六）。較之當世華而不實、僞而不眞的文風，確有極進步的觀點，但畢竟缺乏全面，不成系統。魏晉之際的曹丕、曹植、應瑒、陸機、摯虞、李充等，活躍於文學覺醒的時代，騁辭辨說。他們各從不同的角度，臧否作家，詮衡作品，但因爲各執一偏，被劉勰批評爲：「未能振葉以尋根，觀瀾而索源，不述先哲之誥，無益後生之慮。」（註七）這一直要等到齊梁之際的劉勰出，他博采通人，益以己見，完成了十卷五十篇的《文心雕龍》後，才使得我們中國古代文學理論綻放異彩，並令有志於創作的文人才士，方知「控引情源，制勝文苑」（註八），確有成法可循。

三、《文心雕龍》論文章作法

劉勰《文心雕龍》論文章作法，除不分「文」「筆」之外，還有其他値得注意之點。一、是結構的整體性。《文心雕龍》十卷五十篇，《梁書》本傳上說它「論古今文體，引而次之」，或以爲上篇二十五論文體，下篇二十五論修辭，其實它全書就像常山之蛇，具有首尾相應的整體性格。二、是思想的一元性。從表面上看，劉勰以自爲法，分《文心雕龍》爲「文之樞紐」、「論文敘筆」、「剖情析采」、「崇替褒貶」和「長懷序志」五大門類。事實上他論文源、論文體、論創作、論鑒賞，無不恪遵「徵聖」「宗經」思想的指導，所以從思想上看，它具有體系完整的一元性。三、是理論的適應性。劉勰學兼中印，識通古今，《文心雕龍》十卷五十篇，三萬七千多字，不僅集往古文論的大成，且吐故納新，開天地未有之奇觀。所以他的理論，均能鑒往察來，切中時需，既發前賢的幽光，復啓後學之新運，有很大的適應性。

基於這些認知，我們以下把《文心雕龍》進行切割，則劉勰的文章作法論，應該由該書卷六的《神思》篇算起，到卷九的《總術》篇止，共十九篇。當前有些文學理論家稱此爲「創作論」或「文術論」。其中《總術》篇負有聯結《文心雕龍》上篇與下篇之間的橋樑作用，在此不計外，其他十八篇，依照內容重點，可以區分爲三部分。第一、是「剖情」，可稱之爲「通則」。包括卷六的《神思》、《體性》、《風骨》、《通變》、《定勢》等五篇。因爲這五篇內容，都從文章寫作的原理原則，進行概括，具體的指涉較少，故稱其爲「通則」或「通論」。第二、是「析采」，屬於「細目」。所謂「細目」者，皆實指構成作品形式的重要環節。如卷七以下的《情采》、《鎔裁》、《聲律》、《章句》、《麗辭》、《比興》、《夸飾》、《事類》、《練字》、《隱秀》、《指瑕》、《附會》等。其中有講內容和形式配合的，像《情采》、《鎔裁》；有講字（詞）句章篇結構的，像《練字》、《章句》、《附會》；有講修辭技巧的，像《聲律》、《麗辭》、《比興》、《夸飾》、《事類》、《隱秀》、《指瑕》等。其中《指瑕》一篇，蓋指創作時如何避免瑕疵，故將其納入消極性的修辭，作爲創作論的一篇。第三、是「養氣論」，此即卷九的《養氣》篇，劉勰認爲人之從事創作，因「器分有限」，而「智用無涯」（註九），容易產生「精氣內銷」，「神志外傷」（註一〇）的現象，所以「曹公俱爲文之傷命，陸雲嘆用思之困神」（註一一），因而特設「養氣」一篇，希望從事創作者，在瀝辭鐫思之時，能「清和其心，調暢其氣」（註一二），永遠保持「刃發如新，腠理無滯」（註一三）的寫作能量。

觀劉勰《文心雕龍》創作論，在「徵聖」「宗經」思想的指導下，從「內容」「形式」兩方面進行統合，將前人已言而言有未備者，利用他那慧心巧思，發揮得淋漓盡致，所以《文心雕龍》「創作論」十九篇，不僅可以藥治當世「辭人愛奇，言貴浮詭」（註一四）的文弊，就是對中國古代散文創作來說，也具有潛移默化的影響力。

四、《文心雕龍》與中國古代散文創作

詳觀我國古代散文之流變，可謂源遠流長。自殷墟甲骨以迄於今，三千多年來，以唐宋古文八大家爲軸心，上承春秋戰國的經典散文，史傳散文與諸子散文的遺軌，下開明代的前後七子、唐宋、公安、竟陵，清之桐城、陽湖、湘鄉以及近代白話文運動的先河。唐宋古文八大家，居於我國古代散文與繼往開來的地位，他們在當時懲前毖後，對我國古代散文有重大發展和突破，可

以說我國古代散文，至唐宋始完全擺脫學術的附庸而別開生面，走向純粹文學之林，成爲推動小說、戲曲和詩文評點的革新動力，迄今影響不衰！

所以談「《文心雕龍》與中國古代散文創作」，自當拿唐宋古文八大家作爲討論的重點。而唐宋古文八大家韓、柳、歐、蘇、曾、王，又以其中之韓愈、柳宗元、歐陽修、蘇軾四家，最具代表性。而四家之論散文創作，又因文多義廣，內容龐雜，特擇其與創作密不可分的四個重要環節，即「言之有物」、「言之有體」、「言之有序」、「言之有文」等，透過以下的剖析，來看其彼此的關係。

㈠從「言之有物」，看《文心雕龍》與古代散文創作

所謂「言之有物」，係指作品的內容言。唐宋古文八大家非常重視作品內容。他們爲求言之有物，特別強調「明道」「法古」與「立異」，而此三者又有本質上的差別。大致說來，「明道」是創作的理想，「法古」是踐履「明道」的過程，「立異」則是達成明道的目標。「明道」者，即倡明古聖先賢的仁義之道，發揚民族精神和傳統文化。蓋文章不能徒以錦心繡口爲能事，其基本要求，還是要有充實的內容，此內容爲何？傳統之精神文化是也，實際的生活體驗是也。唐・韓愈《送陳秀才彤序》說：「讀書以爲學，贊言以爲文，非以誇多而鬥靡也。蓋學所以爲道，文所以爲理耳。」其意就在說明學是爲了求道，作文爲了明理，明理求道，都是創作的內容。柳宗元《答韋中立論師道書》說：「始吾幼且少，爲文章以辭爲工。及長，乃知文者以明道；是故不

苟爲炳炳烺烺，務采色、誇聲音，而以爲能也。」提出「明道」是文章的重要內容。歐陽修《答吳充秀才書》時也說：「大抵道勝者，文不難而自至也」。如果把上述三家所講的「道」落實到文章上，指的就是內容。

「法古」是踐履「明道」的過程，即取法乎上之意。如韓愈博覽群籍，師承多方，在《進學解》裡講到「上規姚姒，渾渾無涯，周誥殷盤，佶屈聱牙。《春秋》謹嚴，《左氏》浮誇，《易》奇而法，《詩》正而葩，下逮《莊》《騷》，太史所錄，子雲、相如，異曲同工」。可見他的法古，不囿於一時、一家、一事、一地，乃在博采各方之長，鎔鑄一己之體。柳宗元勤奮好學，涉獵廣泛，儒家經典、諸子百家以及三教九流，書法音樂，都下過工夫。究其「法古」所得，見於《答韋中立論師道書》中的「五本」「六參」之說。「五本」即「本之《書》以求其質，本之《詩》以求其恒，本之《禮》以求其宜，本之《春秋》以求其斷，本之《易》以求其動，此吾所以取道之源也。」所謂「六參」，指「參之穀梁氏以厲其氣，參之《孟》《荀》以暢其支，參之《莊》《老》以肆其端，參之《國語》以博其趣，參之《離騷》以致其幽，參之《太史公》以著其潔。」然後再旁推交通而以爲文。至於蘇軾，他到老讀書不倦，初好賈誼、陸贄書，既而讀《莊子》，後又讀釋氏，接著參之孔、老。蘇轍稱他的學養是「浩然不見其涯」。足見他們的「法古」，旨在效法古人立言精神，並曲盡揣摩，企圖形成自己作品的獨特風格。

至於「立異」，實際上指的就是「創新」。韓愈《答劉正夫書》說：「能者非他，能自樹立，不因循者是也。有文字以來，誰不爲文，雖其存於今者，必其能者耳。」又說：「家中有物，皆賴而用也。然其所珍愛者，必非常物；夫君子之於文，豈異於是乎！」證明他反對因襲，不與世浮沉，有獨到見地，不落入俗套。歐陽修是繼韓、柳之後，獨享「六一風神」的散文家。他在《答吳充秀才書》裡指出：「學者未始不爲道，而至者鮮矣。非道之於人遠也，學者有所溺焉耳！蓋文之爲言，難工而可喜，易悅而自足，世之學者，往往溺之。」「溺」，迷失之意。如果作者迷失於眼前的小成，棄百事不關於心，必不能達到理想的成就，韓愈所謂之「不因循」，就是不學步古人，自我創發。歐陽修之「難工而可喜」，「易悅而自足」，指的是畫地自限，不求新變。所以如果作者之於創作，能不甘於所悅，不溺於所止，久而久之，自能卓爾不群，有聲出金石之樂。

劉勰以「宗經」爲創作的主導思想，他認爲經典和中國文學的關係，正像一顆根深柢固的老樹，盤根錯節，枝葉扶疏。它文辭簡約，意旨豐贍，敘事淺近，寄託深遠，所以經典雖流傳甚久，但它那豐盛的情味，卻歷久彌新。正因爲它具備這種特色，所以後進的學者研究學習，仍爲時不晚；前代的文士，雖長期襲用，亦永難超越。因此，經典之對中國學術文化的影響，就像泰山上的烏雲，遍雨天下；黃河的流水，沾溉無窮！文學是學術文化的一環，則經典之爲文學本源，便自然成了劉勰《文心雕龍》思想的核心（註一五）。

在創作方面，學者們如果秉承經典的規模，制定文章的體式，採取經典的雅言，豐富作品的辭藻，就如同靠礦山鑄銅，煮海水製鹽，其豐富的資源，是取之不盡，用之不竭的。所以從事創作如能祖述經典，其作品在內容和形式上有六大優點：一、是用情深刻而不詭異，二、是旨趣清新而不蕪雜，三、是取材眞實而不荒誕，四、是思想正確而不枉曲，五、是結構精當而不雜亂，六、是措辭華麗而不淫濫（註一六）。

故中國人之有經典，其關係於文學創作者，猶如釋教徒之與《阿含經》，耶教徒之與《新舊約》，回教徒之與《可蘭經》，當我們民族文化的生機快要竭蹶之時，他可以導引我們改弦易轍的進路，所以隋唐以下，凡在文壇上獨立成家者，若韓愈、柳宗元、歐陽修、曾鞏、王安石、蘇洵、蘇軾、蘇轍等，究其「明道」「法古」與「立異」的創作內容，哪一位不是得力於經典、史傳以及諸子百氏的作品，才能使其「言之有物」，享譽當代，傳奕來葉。回溯劉勰爲文宗經的要義和八大家「言之有物」的內容，其彼此之間，可謂氣諧神合，雖不明言此果彼因，但不能說其間毫無關係也。

㈡從「言之有體」，看《文心雕龍》與古代散文創作

所謂「言之有體」是說文章必須讓讀者透過一定的外在形式，能見其形，能聞其聲，能會其意，能品其味。未有其體不明、不當、不妥，而能與於文章之事者，宋・倪思說：「文章以體制爲先，精工次之。」（註一七）《孟子・離婁》篇也有「不以規矩不能成方圓」，「不以六律不能正五音」的話，所以歷來作家爲了達到命筆舒藻，體物寫志的目的，無一不講究「言之有體」。

唐宋古文八大家分別起於六朝和殘唐五代之後，當時重形式而輕內容的駢體，因爲時移勢異，早已不能適應社會需要；一時才傑之士，以韓愈、柳宗元爲核心，黜華崇實，破偶爲奇，以先秦兩漢之古文爲天下倡，企圖恢復運用自如的散文，創造一種不受駢儷形式束縛的新文體。於是上追孟、荀、班、馬，下開歐、曾、王、蘇，於是文風丕變，古文之體大立。綜其大較，成就有三：一、是化整爲散，革新文體；二、是無體不備，含英咀華；三、是破體爲文，心裁別出。以下分別言之。

先言化整爲散，革新文體：駢儷之體，倡於子建，盛於六朝。子建的作品，雖趨重於對仗工整，但猶不失志深筆長、梗概多氣的典型。迨後，由於四聲八病的發現，帝王將相的愛好，於是上行下效，則一切作品無不受其影響而富有駢儷色彩，專門講求屬對、數典、用事、華辭、麗句、和諧、靈動，整個文壇，掀起了駢儷是尙的狂熱。隋文帝揚堅統一南北後，不喜駢儷，詔令天下，凡公私文書，一律實錄，不許使用華詞藻采。可見重形式而輕內容的駢儷文體，有亟須更張的必要。唐初，陳子昂首先以雅正的散文，發表改革文弊的主張（註一八）。接著有蕭穎士、李華、元結，以及與韓愈有師生關係的獨孤及，提倡文章宗經的梁肅、柳冕等，先後揭櫫以復古爲創新的大纛，做了韓、柳、歐、曾、王、蘇古文運動的先驅。

接著有韓愈、柳宗元二位傑出的古文家出而領導，又有大批聲氣相投的同志推波助瀾，所以在主客觀的有利條件下，已迫使駢儷的文體，走向沒落的窘境。韓、柳兩家不僅具有系統完備的創作理論，且在實際創作方面，更能依據理論，繼承先秦兩漢散文的精華，汲取當代可以雅化的俚詞俗語，創造出一種特有的散文新體制，並席捲文壇，取代了通行往代，歷時數百年的駢儷。他們這種化整爲散，革新文體的成就，不但獲得了唐宋兩代古文運動的勝利，同時，由文風影響政風，由政風影響世風，並進而改變了全國學者爲文取徑的創作態度。

次言無體不備，含英咀華：魏晉六朝文體之學初興，若曹丕、陸機、摯虞、劉勰、任昉、蕭統等，對各種文體的命名、定義、流變、作法、特點等均精理密察，得出文體演進的規律。以爲兩漢以前作者越世高談，文成體立，故多創體。魏晉以後作者沿襲成規，因體爲文，故多因體。唐宋古文八大家，身處六朝之後，其化駢爲散的作品，不僅無體不備，且含英咀華，妙造自然。

唐之韓愈，無論於詩於文，均爲開宗立極的大師。在他現存的三百五十篇左右的散文裡，包括辭賦、雜著、書、序、哀辭、祭文、碑志、表狀、雜文等各體皆備。而內容充實，感情眞摯，有血有肉，語言新穎。如非言之有體，怎能及此。

柳宗元與韓愈齊名，在柳氏短短四十七年的人生歲月裡，留下了五百多篇散文，除去部分應景的表、啓、碑、銘外，一般而言，最具代表性的作品，莫過於議論、傳記、寓言和遊記了。例如「論辯文」方面的《封建論》、《桐葉封弟辯》、《論語辯》、《辯晏子春秋》等。「傳記文」方面的《種樹郭橐駝傳》、《梓人傳》、《蝜蝂傳》、《童區寄傳》等。「寓言」是柳氏最富創造性的作品，《三戒》即《臨江之麋》、《黔之驢》、《永某氏之鼠》，此三篇主題貫串，各有側重，反映思想，宣揚哲理，寄託深遠。至於「遊記」，可謂柳氏散文中的一絕。《永州八記》，不但展現山水之美，還寫出自己在感情上的微妙變化，達到文中有詩似畫的境界。其「文之有體」也，於此可知。

北宋歐陽修的散文，流傳至今的有五百餘篇，無論是史論、序跋、書信、雜記、隨筆等各體，都大膽創新，形成自己特有的風神。他的散文是在「西昆體」的典重華實，和「太學體」的生冷僻澀中發韌滋長而成的一種平易紆徐、柔婉跌宕之筆。如《與高司諫書》、《真州東園記》、《相州晝錦堂記》、《醉翁亭記》、《豐樂亭記》、《有美堂記》、《養魚記》、《祭石曼卿文》、《江鄰幾文集序》、《秋聲賦》等，明白曉暢而又曲盡其妙，節奏舒緩而又氣勢旺盛，吳充《歐陽文忠公行狀》說他「文備衆體，各極其工」，信非虛談。

蘇軾是北宋繼歐陽修之後的文壇領袖。他一生由於不隨俗流俯仰，屢遭貶謫。也正因爲仕途蹭蹬，使他有機會轉徙四方，加深閱歷，擴大視野，體悟社會大衆的苦樂，累積豐富的人生經驗。他流傳至今的散文約一千四百多篇，刷新了記、序、跋、碑、銘、贊、志、尺牘、小品、寓言、隨筆等各種文體藝術形式的面貌；且融理、敘事、抒情於一爐，衆體兼長，不拘一格，成就了他一代文豪的美譽。

再言破體爲文，別樹一格：任何文體，通行既久，染指遂多後，必成習套，自然會有膽識絕倫的才人出，而在「大體則有，定體則無」的原則下，突破定體的束縛，爲文壇開創新局面。

韓愈散文最不可及處，是融舊創新，變化無端。劉大櫆《論文偶記》講他「一集之中，篇篇變；一篇之中，段段變；一段之中，句句變。」現在就拿《伯夷頌》來說吧，「頌」原爲《詩》中一體，與風、大小雅並稱四始，劉勰《文心雕龍・頌贊》篇稱：「頌者，容也。」又說：「古來文體，促而不廣，必結言於四字之句，盤桓乎數韵之辭，約舉以盡情，照灼以送文，此其體也。」故知頌屬韵文，作法是先序而後結韵，很少用散語。但韓氏於本篇卻以散代韵，打破了《詩》頌的傳統體式。其次是《進學解》，歷來學者均以爲是仿東方朔《答客難》、揚雄《解嘲》，屬辭賦體。但韓氏卻以記敘文體的框架，雜糅駢體的句式，採掇詩歌的韵律，運用駁詰的語言，進行情志的分析；綱舉目張，爲宋人「文賦」開一新紀元。

柳宗元的散文，光耀當世，稱美後代者，莫過於「遊記」和「寓言」。《永州八記》便是他「漱滌萬物，牢籠百態」的代表作。文中於尋幽探勝的同時，又將感情鎔鑄於青山碧水，游魚細石之間。讀時眞有「心凝形釋，與萬化冥合」（註一九）之感！柳氏的遊記既與酈道元的「流連光景」不合，也和六朝人的「雕繢滿眼」異趣，他把遊記從以往的書札小品，《水經》細注中解放出來；在中國文學史上，爲它爭得了獨立成體的地位，這更是超過破體爲文的局限了。「寓言」是柳氏採取眞人眞事和禽獸草木爲題材，以嬉笑怒罵的語言，作起興寄情的憑藉。如《三戒》的《臨江之麋》《黔之驢》《永某氏之鼠》等，文中記述蠢弱無知的麋、呆笨無能的驢、貪得無厭的鼠，或依勢以干同類，或出技以怒猛虎，或竊時以肆暴戾，他們經歷的過程雖有不同，而下場的悲慘，卻如出一轍。回顧先秦諸子的寓言，大多只是整體文章中的一個片斷，非獨立的文體；可是到了柳氏手裡，卻別創一種結構嚴謹、內容完備的文學新形式。

歐陽修的散文邏輯嚴謹，其辭賦、序跋、雜記是最具特色的。辭賦是流傳已久的文體，作法應是「鋪采摛文，體物寫志」（註二〇），講究文采、典故，並兼具詩歌和散文的性質。可是歐公的《秋聲賦》卻完全打破這種成規定格。以散爲主，和傳統的體制不同。至於歐公的筆記體散文《歸田錄》，內容無所不包，現存的一百一十五則，如記「豫浩造開寶寺塔」、「賣油翁觀陳堯咨射箭」、「猢猻入布袋」、「三上」等，皆文筆活潑，情趣盎然。後來沈括的《夢溪筆談》、蘇軾的《東坡志林》、嚴季裕的《雞肋篇》等，無不受其沾溉。還有值得一提的是歐公退居汝陰後，以隨筆方式，集平生所得和詩有關的趣聞雋事二十八則，以成談詩論藝的《六一詩話》。以後文家繼起，依體仿作者如雨後春筍。正見此書對當時及後世文體發展的影響程度爲如何了！

蘇軾是位集大成的作家。他自稱：「吾文如萬斛泉源，不擇地皆可出。」（註二一）像他以賦爲記的《前赤壁賦》和《後赤壁賦》，以論爲記的《醉白堂記》，似乎傳統的文體遇上了他，就完全失去拘束力。所以讀他的文章，要從他那類似天風海雨般的文字裡，來看他「破題爲文」的手段，不管是題跋、書札、碑傳、哀祭，觸處皆是。如《稼說送張琥》，「說」，文題名，與「論」近似，此體古有成規，本來不容逾越；可是他卻以「雜說」爲「贈序」，內容又類乎「寓言」故事，以虛爲實，生動有趣，可說是最奇特的一篇作品。他的書札、題跋，更是隨手拈來，皆成妙諦的「破題」之作。因爲蘇軾通曉詩、文、書、畫，再加上他的筆鋒細膩，描摹入微，或品詩，或評畫，或談書，或論文，往往將個人創作成敗的經驗，流露於簡短精賅的字裡行間。如《書吳道子畫後》、《書蒲永升畫後》，持論簡練深刻。「題跋」乃文章中的短兵，一般多指對書籍、字畫、碑帖的題識。此一文體，魏晉六朝之前不曾有，唐人有而未加重視，至宋歐陽修《集古錄跋尾》方才開宗立極。蘇軾師事歐公，得其神助，其本人又會得詩、書、畫個中三昧。所以題識到了他的手上，就縱橫捭闔，如丸走盤，上啓往古，下凌歐陽，成一代開山。蘇軾才大若天，其爲文看似與常體不合，但「法寓於無法之中」，端視讀者能否妙手偶得了。

劉勰於《文心雕龍》之論文體，強調的是繼承傳統，變化舊體，使之推陳出新。《風骨》篇說：「鎔鑄經典之範，翔集子史之術，洞曉情變，曲昭文體；然後能孚甲新意，雕畫奇辭」。意思是說從事創作，首先要鎔鑄經典的寫作模式，採集子史的行文技術，體認感情的變化，明瞭文章的體式，然後才能孕育清新的意境，雕畫奇瑰的辭采。所以他一再提醒作者要注意文章寫作的門徑雖屬多種多樣，但運用之妙，存乎一心。正因爲如此，劉勰對各體文章作法，分別提出原則性的規範。如於詩，四言以「雅潤」爲本，五言以「清麗」居宗（註二二）。於賦：「文雖雜而有質，色雖糅而有儀」（註二三），於頌：「頌惟典懿，辭必清鑠，敷寫似賦，而不入華侈之區，敬愼如銘，而異乎規戒之域；揄揚以發藻，汪洋以樹義，雖纖曲巧致，與情而變。」（註二四）於碑：「其敘則傳，其文則銘。標序盛德，必見清風之華；昭紀鴻懿，必見峻偉之烈。」（註二五）

于哀祭：「必使情往會悲，文來飲泣。」（註二六）於論：「義貴圓通，辭忌枝碎，必使心與理合，彌縫莫見其隙；辭共心密，敵人不知所乘。」（註二七）於表：「必雅義以扇其風，清文以馳其麗。」（註二八）於書記：「宜條暢以任氣，優柔以懌懷；文明從容，亦心聲之獻酬也。」（註二九）唐宋八大家當「時運交移，質文代變」（註三〇）之際，他們奮平生所學，砥柱中流，以達「革新文體」爲目標，完成了劉勰在數百年前徵聖宗經、正末歸本的未竟心願。正所謂「原始以要終，雖百世可知也」（註三一）。

㈢從「言之有序」，看《文心雕龍》與古代散文創作

「言之有序」指文章的結構布局：結構布局是呈現內容的具體形式，因爲再充實的內容，如果沒有具體的形式來呈現，等於是失去軀殼的靈魂，有何文章之可言！按結構布局原爲建築上的術語，過去李漁在他的《閑情偶記》裡，專設《結構》一篇，他說作文就像「工師建宅，基址初平，間架未立，先籌何處建廳，何方開戶，棟需何木，梁用何材，必俟成局了然。始可揮斤運斧。」爲文之道，亦復如此。結構布局既是爲內容服務，則爲文就應以意爲先。唐宋八大家才高學博，看似信筆揮灑，其實無一不經過辛苦經營。下面以韓、歐二家之作，進行印證。

韓愈是「刊落陳言，橫騖別驅，汪洋恣肆」（註三二）的大手筆。譬如《送李愿歸盤谷序》，表面上是友人李愿懷才不遇，退隱山林，臨行時，韓愈爲序送別。其實，他是在借題發揮，企圖通過李愿之口，刻劃當時權貴們的專橫跋扈，奢侈浪費；既諷刺庸俗小人的巴結豪門，手段卑鄙，

厚顏無恥；又突顯了山林隱士清高恬淡，無憂無慮的情操。全文結構即根據此一主題設計布局。開頭寫李愿歸隱盤谷，及盤谷周圍環境，文末以歌辭贊嘆盤谷優美安適，表示自己的嚮往情懷。中間「愿之言曰」，依其旨要，分別描述三種人的生活態度。首先言知遇於天子，志得意滿、窮奢極欲的達官貴人，是賓。次言不遇於時，優遊山林的高人隱士，是主。賓主分明，前後輝映，給讀者一個鮮明的對比。末爲餘論，寫寡廉鮮恥，奔走於權貴之門者。這一種人，自不可與前面兩者並論，尤其刻劃這種人阿諛奉承、奴顏婢膝的醜態，惟妙惟肖，入木三分。最後並以「其爲人賢不肖爲何如也？」只問不答的方式，讓讀者自己去判斷比對；而作者本人卻置身局外，隱含不屑一顧的態度。

從全文的行文措辭和伏應、提頓上來看，本文兼具辭賦、駢儷和散體的特徵，並合鋪敘、議論、抒情於一爐。又大量運用對偶、排比句法，長短錯落，鏗鏘有節。蘇軾曾說：「唐無文章，惟退之《送李愿歸盤谷序》一篇而已。」（註三三）論者或以此說爲後人妄托，但於此亦可略知本文在立意、謀篇以及行文技巧上被後人欽慕的程度了！

歐陽修的序跋、雜記，最被後人推重的是《醉翁亭記》、《豐樂亭記》、《眞州東園記》、《相州畫錦堂記》、《有美堂記》。其中《醉翁亭記》，創意立法，前所未有。茅坤說它是「文中之畫」，儲欣更以爲「有畫工所不能到者」（註三四）。以下即以此文爲例，看歐公「言而有序」的眞相。

文章既以「亭」名，照一般寫法，應將全部精力貫注在「亭」上，但作者絕不在「亭」字上用力，而是首先立下一個「與民同樂」的主題，將千鈞筆力集中於「醉翁」二字，然後在自然風貌與「亭」的結合下，淋漓酣暢的抒發了「醉翁」的心態與風神。因此本文在結構布局時，確實下過一番去腐生新的工夫。

全文首段，寫「亭」的位置、來由，並以景引情，言「與客來飲於此」的怡然自得。他寫「亭」從大處、遠處落筆，「環滁皆山也」，五個字便將滁州周圍的自然環境勾勒而出，接著用移步換形手法，把目光轉到「西南諸峰」，用「林壑尤美」作評價，而一筆帶過。在「西南諸峰」中，作者又用畫龍點睛之筆，標出「望之蔚然而深秀者，琅琊也。」簡潔生動，具有傳神之妙。自此以下，寫入山。「山行六七里」，映眼的景物不少，而作者均置之不顧，卻直赴「醉翁亭」，路上，先「聞水聲潺潺」，繼見「釀泉」「瀉出於兩峰之間」。然後「峰回路轉」，「醉翁亭」即「翼然臨於釀泉之上」，此時，作者又不在「亭」子周遭浪費筆墨，而直接由「亭」轉到人。「作亭者誰？山之僧智仙也；名之者誰？太守自謂也。」採問答方式，把「亭」的來歷略作交代後，即刻引出「太守與客來飲於此，飲少輒醉，而年又最高，故自號醉翁也。」行文至此，文義似已完足，如果就此打住，很容易遭人誤解，「亭」之取名，係由於太守貪杯之故。且與本文的主旨亦欠吻合。於是緊跟著補充兩句：「醉翁之意，不在酒，在乎山水之間也。山水之樂，得之心而寓之酒也」。寓酒得心，山水之樂是形跡而已。全文精義至此已和盤托出。眞所謂「連山萬里，必有主峰；匯水百川，必有正派」（註三五）。所以整個的第一段，是由遠而近，由山而水，由水而亭，由亭而人，由人的外在行爲，到人的內心世界，逐層推展，序次井然不紊。

次段，雖是具體的描摹，但並非鉅細靡遺，而是緊抓著朝暮與四時的景色，歸結到「樂亦無窮」。如「日出而林霏開」，言朝陽初上，林霧消散。「雲歸而岩穴瞑」，言傍晚雲聚，山谷轉暗，「野芳發而幽香，佳木秀而繁陰，風霜高潔，水落石出」，分別寫春、夏、秋、冬四季景色的特徵。一句一景，一景一季，語不多，卻傳達出作者對山中景色和季節變化的感受。並以「樂亦無窮」四字點醒主旨。

三段，寫滁人遊宴之樂。這裡又分兩層：先寫滁人之遊，雖然寥寥數句，那種和平安閑的情調，已隱含作者「與民同樂」的文旨。次寫太守飲宴，於此先言宴飲之物，次言歡愉場面。其中並無太多枝節，只幾句話便把歡樂的熱情推向高潮。最後以「蒼顏白發，頹然乎其間者，太守醉也。」逼眞地寫出作者縱情自適，超然物外的神態，如見其形，如聞其聲！

末段總結，先敘賓主歡盡而歸，接著用「然而」提振下文，呼應主旨。所謂：「禽鳥知山林之樂，而不知人之樂；人知從太守遊而樂，而不知太守樂其樂也。」三種快樂，三種層次，三種境界。「禽鳥之樂」是無知之樂，「衆賓之樂」是從遊宴飲之樂；禽鳥不知人之樂，人不知太守之樂；那麼太守之樂何在乎？太守以遊人之樂爲樂。行文至此，已將「與民同樂」的主題充分宣泄，意味雋永，値得玩味。

全文在結構上，繞著一個「樂」字，紆徐婉轉，極盡波瀾起伏之能事。在作法上，駢散結合，有整齊的對偶，有奇零的散句。過去吳楚材《古文觀止》評此文：「通篇逐層脫卸，逐步頓跌，句句是說山水，卻句句是記亭，句句是記太守。」其「文之有序」已不言可喻了。

劉勰對文章的結構布局，提出結構的任務、結構的原則兩要件。在結構任務方面，《文心雕龍・附會》篇以為有五大任務：一、「總文理」，指總攬全篇的辭采和內容，使其言而有序，避免支離破碎。二、「統首尾」，指統合全文的開頭和結尾，使其前呼後應，一脈相連。三、「定與奪」，指決定材料的增加和刪削，使其「眾美輻輳，表裡發揮。」四、「合涯際」，指上下句和段與段之間的聯繫，使其穿針引線，無懈可擊。五、「彌綸一篇，雜而不越」，指綜合全文的內容與形式，使其有物有則，綱領昭暢。在結構原則方面，劉勰以為結構應為內容服務。首先、是「務總綱領」，即務必要總攬本文的寫作主旨，然後再依照主旨，去聚材排比，鋪陳辭藻。其次、是「驅萬塗於同歸，貞百慮於一致」，即一切行文措辭，均應以表達主旨為要義。使理論雖富，而無本末倒置的乖戾；言辭雖多，而無思緒紛擾的雜亂。這就是說結構布局的方法，是在辭句未成，而意已先立，既立之後，於是乎始，於是乎終，於是乎前，於是乎後，萬變不離其宗。

至於如何開頭？如何收尾？如何下字？如何造句？如何分段鋪陳？如何安排義脈？《文心雕龍》中的《章句》、《練字》、《附會》等篇均有系統性的說明，如果讀者能深思體悟，則唐宋古文八大家的散文，其「言之有序」處，似又與劉勰之說遙相契合，如出一轍。

四從「言之有文」，看《文心雕龍》與古代散文創作

「言之有文」係指「辭采」說的。六朝人崇尚駢儷，尊之為「文」，反是，則抑之為「筆」。唐宋古文八大家以為「言之有文」不限於修辭之工，一字之巧；只要能達意傳情，內容精闢，語言簡練，就是文采。像賈誼之論過秦，史遷之報任安，劉向之讎校，匡衡之獻疏，語雖單行，不雜駢儷，但或造語雄奇，或行文平實，咸能騰躍文壇，令人讀之忘倦，味之雋永。八家皆講求文采，無論是說理、言事、抒情、正像百花成密，新芽釀酒，無不言近旨遠，自成一家。

先以韓愈論說文的《說馬》為例。《說馬》或稱《馬說》。本為論政之作，但他卻以寓言出之，這是作者懷才不遇的名篇。文章雖發之個人感慨，同時也揭露了當時政治黑暗和摧殘英才的實況。通篇以「馬」為喻，首句「開門見山」的點明主旨，接著運用剝筍法，借「馬」寫「人」，極盡轉折的能事：如「世有伯樂，然後有千里馬，千里馬常有，而伯樂不常有。」一轉。「故雖有名馬，只辱於奴隸人之手，駢死於槽櫪之間，不以千里稱也。」二轉。「馬之千里者，一食或盡粟一石。食馬者不知其能千里而食也。」三轉。「是馬也，雖有千里之能，食不飽、力不足，才美不外見，且欲與常馬等，不可得，安求其能千里也。」四轉。「策之不以其道，食之不能盡其材，鳴之不能通其意；執策而臨之曰：天下無馬。」五轉。「嗚呼！其眞無馬邪？」六轉。文長一百六十字，就有六次轉折，其中有一、二句轉，有三數句轉，精練雄奇，變化莫測。且在語言上，氣勢決斷，充滿動人的情感。在敘事上，穿插反語與感喟，使本文有深邃的感染力。在主

題意思上，作者雖從「世有伯樂」下筆，但其影射的主題，卻爲當時社會上並無「伯樂」之殘酷事實。尤其文末幾句，更是寄慨遙深，令人長哭！

此文既以「折筆」取勝，再加上文字清警脫俗，內容一針見血，爲那些沉淪下僚、懷才不遇者，一吐胸中不平之氣，於此亦可以了解爲什麼杜牧要說「杜詩韓筆愁來讀，似借痲姑癢處搔」了。

蘇軾的《記承天寺夜遊》，短篇入化，儲欣說「讀之，覺玉宇瓊樓，高寒澄澈」（註三六）。尤其文字色澤，語言聲韵，措辭精準，比喻奇詭，氣勢奔瀉，想像特出。全文雖寥寥八十五字，卻將初冬月夜的景色，寫得十分細膩。如寫庭中月色，只十幾個字，就描繪出一個冰清玉潔的透明世界，令人神往。他用「積水空明」四字形容庭中融融的夜月，又將「積水」與「空明」加以幻化，落筆到「水中藻荇交橫」，正當讀者想像「藻荇」形態時，他又輕輕點破，「蓋竹柏影也」。把那靜態的月色，寫得婀娜多姿，令人爲之神往！文章之妙，還不在此，而是於結尾處，加上抒發感慨的句子：「何夜無月？何處無竹柏？但少閑人如吾兩人耳！」因爲不閑，則無暇亦無趣，難以領略寺院中特有的月色。但此時的「閑」，亦並非生活中的「眞閑」，而是「夜不能寐」，想當時蘇軾因「烏台詩案」繫獄後，被謫黃州，寓居承天寺，這是何等心情！讀了這篇短文，不禁使我們想起近人錢基博的話：「字裡行間，自然韵流。」其「言之有文」也，亦可徵矣。

接著介紹歐陽修抒情名篇《祭石曼卿文》。在歐公不多的哀祭文中，最動人者當推此篇。石曼卿生前爲人率直任氣，因一生境遇不佳，才幹始終未能施展，所以養成了憤世嫉俗、蔑視禮法的個性。由於歐陽修對他的詩文極爲贊許而成至交。曼卿死時，歐陽修爲撰《墓表》；二十六年後，又追思舊友，特作此一感情眞摰、音節哀婉的祭文。文中突出的特點，是以極簡練的筆墨，渲染出極濃厚的抒情氣氛，並且通過三呼曼卿的幾層意思，對哀痛的深重，表達了三種不同的內心世界。

一呼曼卿，明說生死無常之理，隱贊亡友即令簡册未載，但也聲名不朽。所謂：「生而爲英，死而爲靈」，「不與萬物共盡，卓然其不朽者，後世之名。」表達了作者對石曼卿的無比景仰、贊頌之情。足可慰亡靈於九泉。二呼曼卿，先盛贊他「軒昂磊落，突兀崢嶸」，是位出類拔萃的人物；然後，寫墓地「荒煙野蔓，荆棘縱橫，風淒露下，走磷飛螢」的蕭瑟景象，借景生情，沉痛至極。然後卻以「自古聖賢亦皆然」的超脫思想，來自慰慰人。三呼曼卿，感念其生前的深厚友情，固知生死之理如此，本不足以繫念，但是感情上卻不能進入忘情無我的境界。行文徐緩委曲，直接抒發在老友去世二十六年之後，還能念念不忘，思之落淚的心境。因此，形成了這篇祭文淒清哀婉的特殊風格。至於他用韵文句法來寫散文，通篇除末段外，大都押韵。音節愴快，讀時彷佛聽到歐公臨風隕泣之聲！

劉勰對「言之有文」十分重視，《文心雕龍》於《序志》篇開宗明義就說：「古來文章，以雕縟成體。」其以「雕龍」名書的原因，也就在暗示爲文要具有雕鏤龍紋的華美。更專設《情采》、《鎔裁》二篇，分文采爲「形文」、「聲文」、「情文」三種，認爲「聖賢辭書，總稱文章，非采而何？」聖賢書辭多屬散文，可見散文必須講求文采。而樹立文章的本源在於情，所以他又強調文章以「述志」爲本，如果「言與志反」，「文豈足徵」？唯其如此，劉勰論文學創作，特別設《聲律》、《麗辭》、《比興》、《夸飾》、《事類》、《隱秀》、《指瑕》等篇，論文章修辭技法。同時他在《總術》篇講到一篇理想的作品，必須呈現四種境界，那就是「視之則錦繡，聽之則絲簧，味之則甘腴，佩之則芬芳」，其所謂之錦繡、絲簧、甘腴、芬芳，亦指「言之有文」說的。

前輩學者暢論《文心雕龍》內容時，往往以爲劉勰於上篇二十五論文體，下篇二十五論修辭，此說雖不盡妥當，亦足以說明其重視「言之有文」的情形。至於《文心雕龍》本身，清黃叔琳稱其爲「藝苑之祕寶」（註三七），根據前文所引，唐宋古文八大家無不重視以文傳情，以文述事，以文達理，與劉勰《文心雕龍》論創作，可謂異代同聲，不謀而合！

五、結論

我國散文發展約有三大高峰期：春秋戰國，百家競鳴，處士橫議，很多學者越世高談，自開戶牖，給我們留下許多光耀史乘的名著，迄今傳誦不衰，是爲第一次高峰期。唐宋古文八大家，起於六朝五代之後，因睹國家的長期分裂，傳統文化行將式微，佛教內傳後思想混亂的現象，於是上繼劉勰、李諤和初唐先驅者革新文體的號召，以恢復先秦兩漢之古文爲天下倡，並經過長期的拼搏，開創了學術文化上劃時代的新局面，是爲第二次高峰期。近代由於內亂外患的長期紛擾，天災人禍的接踵不斷，國病民貧，行將難以爲繼，加以帝國主義者乘機入侵，此時無論政治、軍事、經濟、社會、教育、學術、文化等都已運轉失靈，不得不變。有識之士不忍坐視，遂掀起「新文化運動」的浪潮，以救國自救爲己任，以民主、科學爲號召，主張廢文言、興白話，造成我國文學思想上一大變革，是爲第三次高峰期。

在第二次散文發展高峰期中，以韓、柳、歐、蘇、曾、王爲首的唐宋古文八大家，他們餐經饋史，融會百家，又飽更世故和生活上的淬煉，創作了大量的優秀作品，建立了系統完備的理論，再加上大批聲氣相投人士們的推波助瀾，因此，他們在文論、文體、文風、文術、文評以及語言藝術各方面，均作出重大貢獻。此一貢獻，不僅對當世學術思想界造成震撼，就是單從我國散文發展的層面來看，也可以說是光前裕後，獨樹一幟。至於他們在散文創作方面，所以能「言之有物」、「言之有體」、「言之有序」、「言之有文」，成爲後代學者仿效的金科玉律者，雖然他們絕口不言和劉勰《文心雕龍》的關係，但由於八大家於書無所不窺，信已將《文心雕龍》的內容融會貫通於腦海之中，一旦運詞行文，便不假思索，用舊合機，如同口出。又何況古人視學術乃天下之公器，此與當前西方資本主義國家視學術爲商品，強調一切要講求所謂「智慧財產權」者，不可同日而語也。唯有了解此點，方可以進一步體認《文心雕龍》和中國古代散文創作彼此關係的眞正底蘊。

【註釋】

註一：這是孔子稱贊子產的話，見《左傳・襄公二十年》。

註二：引文出處同註一。

註三：見司馬遷《史記・太史公自序》。

註四：引文見王充《論衡・佚文》篇。

註五：引文見王充《論衡・佚文》篇。

註六：引文出處見王充《論衡・藝增》篇。

註七：引文出處見劉勰《文心雕龍・序志》篇。

註八：引文出處見劉勰《文心雕龍・總術》篇。

註九：此處兩引均見劉勰《文心雕龍・總術》篇。

註一〇：引文出處見劉勰《文心雕龍・養氣》篇。

註一一：引文出處見劉勰《文心雕龍・養氣》篇。

註一二：引文出處見劉勰《文心雕龍・養氣》篇。

註一三：引文出算見劉勰《文心雕龍・養氣》篇。

註一四：引文出處見劉勰《文心雕龍・序志》篇。
註一五：這一段話，均從劉勰《文心雕龍・宗經》篇譯出。
註一六：這裡所謂的爲文宗經六大優點，原文均見劉勰《文心雕龍・宗經》篇。
註一七：宋・倪思的話，轉引自明徐師曾《文體明辨・序說》。
註一八：唐陳子昂改革文弊的主張，見其《與東方左史虬修竹篇序》。
註一九：引文見柳宗元《始得西山宴遊記》。
註二〇：引文見劉勰《文心雕龍・詮賦》。
註二一：引文出自蘇軾的《文說》。
註二二：此處言四言詩、五言詩作法，見《文心雕龍・明詩》篇。
註二三：此處言辭賦文作法，見《文心雕龍・詮賦》篇。
註二四：此處言誄碑文作法，見《文心雕龍・誄碑》篇。
註二五：此處言頌贊文作法，見《文心雕龍・頌贊》篇。
註二六：此處言哀祭文作法，見《文心雕龍・哀弔》篇。
註二七：此處言論說文作法，見《文心雕龍・論說》篇。
註二八：此處言章表文作法，見《文心雕龍・章表》篇。
註二九：此處言書記文作法，見《文心雕龍・書記》篇。

註三〇：引文出處見《文心雕龍・時序》篇。
註三一：引文出處見《文心雕龍・時序》篇。
註三二：引文出處見《文心雕龍・韓愈傳》。
註三三：此處引蘇軾語，見《東坡題跋》卷一《跋退之送李愿歸盤谷序》。
註三四：此處引茅坤說，見《唐宋八大家文鈔・宋大家歐陽文忠公文鈔》卷二十一。儲欣的說法，見《唐宋八大家類選》卷十一。
註三五：引文出處見吳曾祺《涵芬樓文談・命意第十一》。
註三六：引儲欣說，見《唐宋十大家全集錄・東坡先生全集錄》卷九。
註三七：清・黃叔琳《文心雕龍輯注・序》。

捌　劉勰文學批評的理論與實際

一、前　言

劉勰是中國文學思想家，批評只是他思想的演繹。《文心雕龍》是以「經學」爲出發點，然後博采諸子，泛濫百家，凡與文學有關，而又足以發明經義者，劉勰無不爬羅剔抉，窮搜冥索，然後再融會貫通，推陳出新；以他在中印學術上的高度成就，又至少化費了六年的時光，才爲中國學術界寫下了這部空前的傑作。他自己說：「摛文必在緯軍國，負重必在任棟梁；窮則獨善以垂文，達則奉時以騁績。」其思想，其抱負，不難從這裡得到消息。

本文以《劉勰文學批評的理論與實際》爲題，對劉勰——這位中國偉大的文學思想家而言，僅僅抽繹其理論中的一部分，而且是最少的部分，介紹他在距今一千五百多年前的批評水平。

二、中國文學的兩個特點

先說明中國文學的兩個特點，然後再介紹劉勰的文學批評，這樣讀者才知道劉勰《文心雕龍》全書立說的基準點，以及在這個基準點上，發展而成的批評理論。

第一個特點：是中國文學大多採取折中的文學定義。採折中的文學定義，既包含了有韵的「韵文」，也涵蓋了無韵的「散文」，以及介乎韵散之間的「駢文」、「小說」與「戲劇」。

第二個特點：是「文」與「學」不分，再明確一點兒說，「文學」為「學術」的一環。只有把文學放在學術的天平上，才能看出文學的比重，和文學的本源活水。

所以離開折中的文學觀，和完全撇清學術的立場，來談中國「文學」或「文學批評」，絕不是「中國文學」或「中國文學批評」，更非「劉勰文學批評」的本色。

三、劉勰的文學批評理論

劉勰的文學批評理論，大致保留在《時序》、《物色》、《才略》、《知音》、《程器》五篇中。假使我們對這五篇內容加以研究，便發現他的文學批評，又可分為理論與方法兩部分。這裡先介紹他的「文學批評理論」。

劉勰以為「作品」是抽象的，如果批評家不從各方面去觀察分析的話，很容易產生誤解。他爲了消除作者與讀者在觀念上的差距，特別建立他的「文學批評理論」——一、是文學批評的五個層面；二、是文學批評的三種蔽障。

文學批評的五個層面是甚麼呢？那就是「時序」、「物色」、「才略」、「知音」、「程器」。

所謂「時序」，是從時代潮流的角度，論作品的優劣。因爲任何作品，無不受時代潮流的影響和局限，不同的時代潮流，產生不同的文學作品，所以他說：「文變染乎世情，興廢繫乎時序，原始要終，雖百世可知也。」這種「一時代有一時代文學」的看法，影響後人的文學觀很大，更由於他把「蔚映十代，辭采九變」的情況，作了具體的評估，而確立了「時序」在文學批評理論中的地位。

所謂「物色」，是從自然環境的角度，論作品的優劣。因爲自然環境是文學的母體，任何文學作品，必須和自然環境密切契合，才能反映現實，而不與環境脫節，讓作者於寫氣圖貌，既隨物以宛轉，屬采附聲，亦與心而徘徊？因爲「歲有其物，物有其容，情以物遷，辭以情發，一葉且盛迎意，蟲聲有足引心，況清風與明月同夜，白日與春林共朝哉！」作家與自然環境有如此密不可分的關係，則自然環境在文學批評中的重要性，亦不言可喻矣。

所謂「才略」，是從作家才能識略的角度，論作品的優劣。因爲個人的學識與才具，往往是決定作品成敗的重要因素。所以他說：「九代之文，富矣盛矣；其辭令華采，可略而詳也。」於是自二帝三王以迄劉宋，上下兩千年的作品，統歸於一篇之中。經他評論的作家，更多達九十七位。雖然從虞夏到劉宋，九代英才，何止此數，但後人想要了解各家在文學上的造詣，及彼此相激相蕩的關係，恐怕也只有藉著本篇，才能窺其大略了。

所謂「知音」，是從讀者鑒賞的角度，論作品的優劣。讀者具有豐富的學養，再依照客觀的標準、公正的態度，然後貼緊作品的內容，揣摩其構思的層次，這樣才能體現寫作的苦心，而與作者謦欬相通、精神不隔。所以文學批評要想達到「深識鑒奧，必歡然內懌」的境界，一個夠資格的讀者是很重要的。

所謂「程器」，是從作家道德修養的角度，論作品的優劣。其實道德修養不僅是對作者的要求，同時更是批評家必守的信條。諸如欣賞的態度，持論的立場，措辭的分寸，往往和道德修養發生關係。否則「會己則嗟諷，異我則沮棄。」又何貴乎文學批評呢？魏文帝以爲「文人相輕，類不護細行」，我們在感慨之餘，越發理解「程器」對文學批評的重要性了。

拿他說的這五個層面，來作進一步分析，「時序」是指時間而言，「物色」是指空間而言，「才略」是指作家而言，「知音」是指讀者而言，「程器」是指器識或道德而言，以此來較論當前文學批評家所要求的條件，固然其精密的程度不夠細膩，可是回溯一千五百年前，當中國文學批評尚處於一片荒原之際，他首先在此一論點上，披荊棘，斬蒿萊，樹立此等規模和卓識，我們不能不稱讚他是「開洪荒未有之奇」啊！

其次，文學批評的三種蔽障又是甚麼呢？劉勰以爲文學批評所以不能客觀公正的原因，是由於批評家受了各種障礙的蒙蔽，因此師心自用，信口雌黃，造成作品無價的慘局。他之所謂「蔽障」，現在歸納起來，是一、一般常見的蔽障；二、作品本身的蔽障；三、批評家個人的蔽障。

一般常見的蔽障，又可分爲三類：就是貴古賤今，崇己抑人，信僞迷眞。這三類如果再行細分，又有性質上的差別。貴古賤今，屬於觀念方面，凡主觀地認定古是今非，古優今劣，以爲古代的樣樣皆好，現在的一無是處，這種固執成見的現象，就是犯了食古不化的毛病。崇己抑人，屬於情感方面。文學批評不能犯溫情主義，如果有了溫情或私心，便很容易失去公平、公正的態度。所謂「黨同門，伐道眞。」「闇於自見，謂己爲賢。」如此又怎能評鑒得中呢？信僞迷眞，屬於知識方面，一個知識貧乏，學養不夠的人，往往有是非混淆，眞僞莫辨的情形。這不僅自欺盜名，更容易欺人盜世，妨害學術的正常發展。所謂「時無識寶，世乏知音。」這兩句話反映出一個夠資格的讀者之可貴，以及學養不足，濫竽批評的可怕。

至於作品本身的蔽障，劉勰是運用麟鳳和麏雉，珠玉和礫石，兩兩比較來說明的。他以爲在兩種事物彼此極端懸殊的情況下，而魯臣還誤麟爲麏，楚人尙以雉爲鳳，魏民錯把夜光當怪石，宋客竟認燕礫爲寶珠。他援用這些鮮活的例子，主要在說明有形的器物，還會發生如此的錯誤，抽象的文情，豈不更辨識困難，遭人誤解嗎？所以作品本身的抽象難解，也是文學批評的重要蔽障。

什麼是批評家個人的蔽障呢？因爲批評家本身能力不足或心存偏愛，使批評進行困難。因爲作品的種類很多，而人們又學有專攻，性有偏好，凡迎合自己脾胃的，就反覆咏嘆，擊節讚賞，否則，便心灰意懶，不屑一顧。似此，假使每一位批評家都堅持一己的所好，去評論千頭萬緒的作品，他可能就犯了劉勰說的「東向而望，不見西墻」的毛病。於此可證，由於批評家本身能力的不足，以及愛憎的不同，以至造成種種錯覺，使批評的進行發生蔽障。

根據上述各點，我們類聚群分，可以列出下面一個簡表。不僅看起來條理分明，且更容易理解劉勰文學批評理論的眞相：

劉勰文學批評理論表解

- 文學批評五個層面
  - 一、時序：從時代背景潮流論作品優劣——時間。
  - 二、物色：從自然環境論作品優劣——空間。
  - 三、才略：從作家才能識略論作品優劣——作家。
  - 四、知音：從讀者品鑒欣賞論作品優劣——讀者。
  - 五、程器：從雙方道德修養論作品優劣——器識。
- 文學批評三種蔽障
  - 一、一般常見的蔽障
    - 1. 貴古賤今—觀念方面—食古不化
    - 2. 崇己及人—情感方面—文人相輕
    - 3. 信僞迷眞—知識方面—學養貧乏
    - 一切皆由於私心作祟——私心
  - 二、作品本身的蔽障：文情難鑒，誰曰易分。—內容抽象——抽象
  - 三、批評家本身的蔽障
    - 會己則嗟諷，異我則沮棄 所謂「東向而望，不見西墻」
    - 知多偏好人莫圓該——偏心

四、劉勰的文學批評方法

劉勰的文學批評方法，是根據批評理論產生的。他以爲文學批評既然需要通過「時序」、「物色」、「才略」、「知音」、「程器」五個層面進行；而進行之時，又經常受到個人的「私心」、「偏心」以及「作品內容抽象」三方面的影響，發生種種蔽障；使抽象的作品內容，往往如霧中看花，模糊不清，所以他對批評方法，提出以下的建議：

(1)突破批評家本身的蔽障，樹立公正客觀的批評態度。

(2)制定具體可行的方法，作爲實際批評進行的依據。

關於前者，他說：

> 凡操千曲而後曉聲，觀千劍而後識器，故圓照之象，務先博觀。

所謂「博觀」的目的，在於破「愚」。因爲只有充實學養，儲備知識，然後在批評進行的時候，才能批隙導窾，切中肯綮，有一言破的眞知灼見。他又說：

> 無私於輕重，不偏於憎愛，然後能平理若衡，照辭如鏡矣。

所謂「輕重無私」的目的，在於破「私心」。私有多方面，有崇己抑人的「私情」，有貴古賤今的「私見」。「私情」、「私見」都是文學批評的大敵。批評家如果能破除「私情」、「私見」的私心，然後才能愛人之所愛，惡人之所惡，不致發生「愛之欲其生，惡之欲其死」的現象。

所謂「憎愛不偏」的目的，在於破除「偏心」，因爲具有圓滿觀照的學養，才能避免「各執一隅之解，欲擬萬端之變」的流弊。

關於如何破除作品內容的抽象，劉勰設有「六觀之法」。他說：

> 將閱文情，先標六觀：一觀位體，二觀置辭，三觀通變，四觀奇正，五觀事義，六觀宮商。斯術既行，則優劣見矣。

這段話最重要的部分在前面兩句。所謂「將閱文情，先標六觀」。文情指內容，是說欲知作品內容眞相，必須從以下六點觀察。可見他標舉的「六觀」，完全是在透過作品的形式，來進入作家的感情世界的。因爲：

> 綴文者情動而辭發，觀文者披文以入情。

「綴文者」指作者，作者之爲文，按照過程，是情先動於中，然後辭再發乎外。而讀者之評文剛好相反，是先披閱文辭，然後才能走入作者的感情世界。所以作者與讀者，雖然都是藉著作品爲溝通的橋梁，但是雙方卻是做著相反相成的活動。我們把這種情形，畫一個簡單的示意圖，以見梗概：

作者、讀者與作品關係示意圖

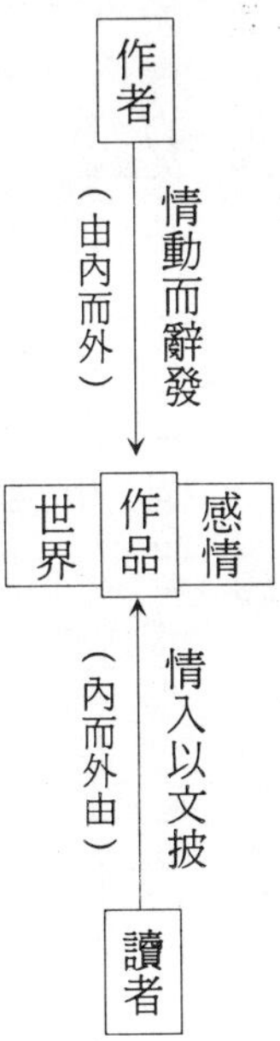

明白了這個道理，我們再進一步談他的「六觀」，意思就非常明顯了。

「一觀位體」：在觀作品的規模布局。因爲作品包括內容、形式兩部分，形式是表達內容的藝術架構，沒有內容的作品，等於一個沒有靈魂的軀殼。所以完美的作品，必須藉著完美的結構布局加以呈現，此「位體」所以列於「六觀」之首者在此。

「二觀置辭」：在觀作品的文辭藻采。因爲文辭之爲用，在於表達作者的感情。作者有了豐沛的情感，還得靠著適當的辭藻，精準的文字，順暢的語句來突顯。所以繼「位體」之後，次列「置辭」。

「三觀通變」：在觀作品的通古變今。因爲文學與時更新，時代不同，文學亦不同。但更新由於推陳，所謂「變則堪久，通則不乏」。作家既須繼承傳統的優點，又須因通求變，由變創新，所以在「置辭」之後，繼列「通變」。

「四觀奇正」：在觀作品的表情語態。因爲作品表達的方式，既需要新奇，又必須雅正。新奇有別於陳舊，雅正不同於庸俗，作家行文造語如能新奇而不流於庸俗，實具有匡濟文風，提升寫作水平的作用。

「五觀事義」：在觀作品的資料安排。因爲材料的揀擇，必須與作者所持的中心思想相配合，如此既能在行文方面得到有力的佐證，又能加強讀者閱讀的信心，增益作品的感性。所以「觀事義」是相當重要的批評方法。

「六觀宮商」：在觀作品的音節語調。因爲中國文字具有單音獨體的特色，不知音節的疾徐高下，抑揚抗墜，不獨有韻的韻文爲之減色，就是無韻的散文，也失去口吻調利，鏗鏘有節的優美。所以用「觀宮商」做爲評文的方法，是必要的。

現在總結所言，把劉勰的文學批評方法，也泐成一個簡表，其情形如下：

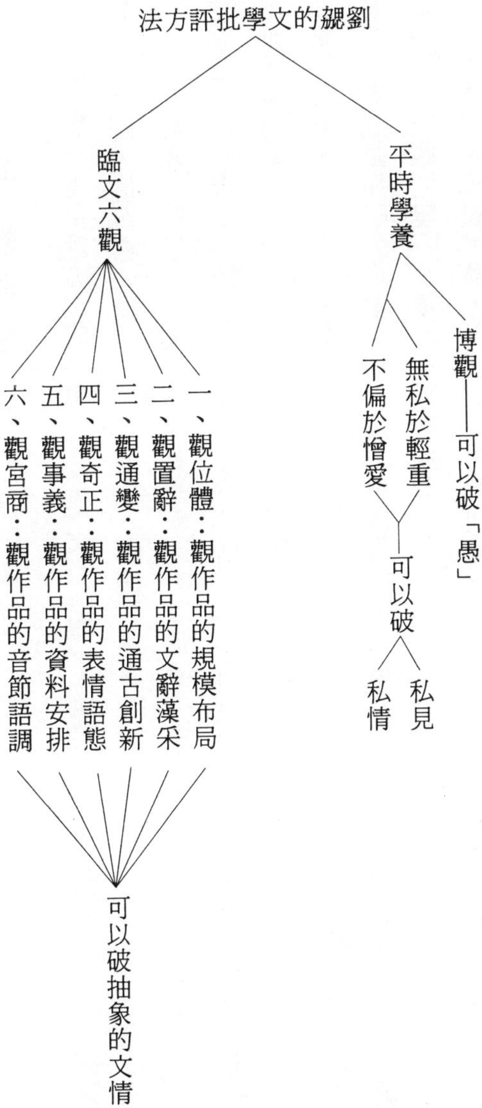

五、劉勰文學批評方法的應用

劉勰對文學批評方法的應用，見於《文心雕龍》全書五十篇，我們現在以「文原論」中的《辨騷》篇爲例，便可舉一反三，得其梗概。劉勰評屈原的騷賦云：

楚辭者，體憲於三代，而風雜於戰國，乃雅頌之博徒，而詞賦之英傑也。

意思是說屈子行文，乃取法三代的經典訓誥；其作品風格，又帶有戰國時代縱橫家的口吻。可說是雅頌中的博奕之徒，詞賦裡的英雄豪傑啊！在這幾句話裡，他一方面講屈賦的法古，一方面講屈賦的創新，無形之中，突出屈賦在中國古文學發展史中，由詩經到漢賦，這個過程裡的地位。試想，劉勰對屈賦通古變今的評價，不僅彰顯了屈賦的時代背景，在批評方法上，更是他臨文六觀中的「三觀通變」一項的具體實踐！

劉勰在《辨騷》篇，對屈賦又賡續評論說：

觀其骨鯁所樹，肌膚所附，雖取鎔經意，亦自鑄偉辭。

是說屈賦所樹立的中心思想，及其所附麗的文藻辭采；雖然熔鑄了經典的義旨，但從那瑰麗的辭采來看，卻又是獨抒胸臆，自創一格。接著劉勰對屈原的《離騷》、《九章》、《九歌》、《九辯》、《遠遊》、《天問》、《招魂》、《大招》、《卜居》、《漁父》等二十五篇作品分門別類地加以賞析。最後總結說：

故能氣往轢古，辭來切今，驚采絕艷，難與並能矣。

意思是說屈賦氣勢邁往，凌駕古人，辭開來世，切合今用。尤其他那驚人的辭采，絕代的風華，後人無論如何，都難以和它並駕齊驅了。劉勰於此處完全從文辭藻采方面立說，這不僅和他臨文六觀中的「二觀置辭」，完全吻合，就是從作家的立場來看，對屈原個人的才具識略，也提出了正面的肯定。所謂「屈宋以楚辭發采」，正指此而言。

同篇之中，劉勰又從行文的語態方面評述屈賦。他說：

敘情怨，則鬱伊而易感；述離居，則愴快而難懷；論山水，則循聲而得貌；言節候，則披文而見時。

是說當屈原敘述哀怨的情感時，就抑鬱不伸，令人為之心動；描寫去國的憂思時，就愴涼含悲，使人難以卒讀，談到山光水色的美景時，能使讀者循著文章的聲采，窺見青山綠水的全貌；講到節令氣候時，又能使讀者展卷觀覽，彷彿看到四季的變化。其取材的適當，比況的生動，正如王逸《楚辭章句離騷序》上說的：

善鳥香草以配忠貞，惡禽臭物以比讒佞，靈修美人以媲於君，宓妃佚女以譬賢臣，虬龍鸞鳳以託君子，飄風雲霓以為小人。其辭溫而雅，其義皎而朗。

這種「眾美輻輳，表裡發揮」的現象，正是以適當材料充實內容，用華麗形式烘托材料；使文章金相玉質，完美無瑕。此即「五觀事義」的一證。

其次，劉勰從文學創作的角度，一方面說明屈賦對後世影響，另一方面說明屈賦的本質。他說：

枚賈追風以入麗，馬揚沿波而得奇，其衣被詞人非一代也。故才高者菀其鴻裁，中巧者獵其艷辭，吟諷者銜其山川，童蒙者拾其香草。若能憑軾以倚雅頌，懸轡以馭楚篇，酌奇而不失其貞，玩華而不墜其實；則顧盼可以驅辭力，欬唾可以窮文致。

枚乘、賈誼、司馬相如、揚雄皆兩漢辭賦家，前者「追風以入麗」，後者「沿波而得奇」，一效屈賦的「麗」，一採屈賦的「奇」，各執一偏，未得其全，所以劉勰把後之學者分為四類：所謂「才高者」、「中巧者」、「吟諷者」、「童蒙者」，然後各以自己才智需用的不同，對屈賦作適當的選擇和模仿。但是最重要的還是「酌奇而不失其貞，玩華而不墜其實。」貞，正；華，麗。因為屈賦奇而合正，華而有實，奇正並存，華實互用，這才是屈原在「蓄素以弸中，散采以彪外」的器識下，所呈現的作品本質。然而枚賈馬揚四家，或奇而不正，或麗而無實。這就是何以我們在臨文之際，要「四觀奇正」的原因了。

子長繼志，甄序帝勣。比堯稱典，則位雜中賢，法孔題經，則文非玄聖，故取式呂覽，通號曰紀。紀綱之號，亦宏稱也。故本紀以述皇王，世家以總侯伯，列傳以錄卿士，八書以鋪政體，十表以譜年爵。雖殊古式，而得事序焉。

這段話先說明《史記》的成因，次言《史記》的命名，又次言《史記》的規模結構，最後兩句總評《史記》與左史體制的不同點。類聚群分，綱舉目張。這可以說是他臨文六觀中「一觀位體」的印證。

《宗經》篇評《詩經》說：

> 詩主言志，詁訓同書，摛風裁興，藻辭譎喻，溫柔在誦，故最附深衷矣。

其所謂「溫柔在誦，正指詩三百篇協合宮商，辭溫韻流的。於《哀弔》篇評揚雄《反離騷》，說是「辭韻沈膇」，指辭藻韻律皆累贅板滯，不夠靈動。《聲律》篇中評陳思、潘岳的作品為「吹籥之調」，是說二人的作品雅正，好比吹奏籥管，音調純出自然。評陸機、左思的作品為「瑟柱之和」，指他們二人的文筆，內雜方音，如同膠柱鼓瑟，和聲牽強。這些評語都是劉勰臨文六觀中「六觀宮商」的實例。

根據以上各點的說明，如果學者能就《文心雕龍》五十篇而深究博考，相信對劉勰文學批評方法的應用，必會得到滿意的答案。可見劉勰不僅是一位文學思想家、理論家，更是一位眞正從事批評的實行家。同時最爲可貴的，是他的文學理論，乃他生平實踐的心得，絕非坐而論道，不能起而力行者可比。

六、結　論

在中國文學批評的園地裡，向來沒有西方所謂的「思潮」或「主義」之說，更缺乏「批評」

與「創作」二者針鋒相對的局面。回顧中國學術界，雖然有「文學批評」之實，但很少有人侈談「文學批評」，所以「批評」一詞的眞正存在與流行，實在是中西文化交流下的產物。

目前講「文學學」的人，已經突破「文學」的瓶頸，透過與作者和作品相關的社會人類學、普通心理學、經濟學、政治學、生物學、建築結構學、精神病學、哲學以及音樂、美學等各種專科知識，企圖從不同的角度，來詮釋作品的眞相。

至於批評方法，也已由原來主觀的批評，走向客觀的、演繹的、歸納的、比較的、印象的、甚而象徵的、心理的、歷史的，以及目前結構主義的批評。門類不僅複雜，就是運用的方法，也愈來愈精密。

假使我們拿現代的文學批評理論和批評方法，來和劉勰的理論和方法相較量，當然在精粗詳略之間，是不可同日而語的。但是身爲一個中國的學者，如果年光可以倒流，將我們置身於距今一千五百多年前的時光隧道中，當時劉勰除了接受中國傳統的學術思想，和印度佛學的洗禮以外，整個社會都完全處於半封閉式或幾近封閉的狀態，而他卻能在獨立蒼茫，空無依傍的情況下嘔心瀝血，寫出這樣一部歷久彌新的著作。而這部著作，不僅總結了中國往古文學理論的菁華，更爲我們當前的文學批評，樹立了一個正確的指標。這不僅是令人興奮，而且更應該光大其成就。

玖　中國文學批評發展規律蠡測

一、前言

文學批評之在國內，久已受到學術界人士密切注意，而深究當前所謂之「文學批評」內涵，如從其使用方法與所持理論、態度去考察，多半是運用西方文學批評之模式，來判釋我國文學作品。可是文學有通性、別性之分，因而有日本文學、美國文學、英國文學、俄國文學等，雖然都叫文學，但從作品的形式和內容，以及作者所藉以表現的思想、風格與技巧加以較論，則不容諱言的，又是各具情態，互不相侔。我中國文學博大精深，更由於受到特殊的民族習性、歷史文化、語言文字、表現技巧，以及社會環境之影響，自與他國文學有斷然不同之特質。因此我們對西方文學批評理論和方法，如不善加抉擇，即驟爾移植採用，便顯然會削足適履，為識者竊笑。抉擇之法甚多，而認識中國文學理論之眞相，為其中首要途徑。

中國文學批評的內涵包括實用批評和理論批評兩大類型（註一）。實用批評指運用美學、文藝學之理論原則，對具體文學作品的閱讀、理解、詮釋與評介的一種應用性的文學實踐活動；理論批評指在一定之哲學、美學和文學觀念的制約下，運用概念、判斷、推論的理論形式，對文學批評的規律進行總結，並確定其發展方向的理論研究活動。蓋「天地間有那一種文字，便有那一種評贊」（註二），所謂的「一定之哲學、美學和文學觀念」，實際上是思想問題。一個夠資格的批評家，必具備一定之思想（註三）。

筆者由於平時和諸生往還討論，及教學研究上之實際需要，深知中國文學批評之精深博大，源遠流長，特以文學批評發展規律爲題，略誌蠡測所得，就教於同道先進。

二、中國文學之有批評，為時甚早

通觀中國文學發展的全局，可知中國文學之有批評，爲時甚早。中國文學之有批評，首見尙書舜典「詩言志，歌永言」之語，肯定「詩」、「歌」二者之定義與區別。文字雖簡，寓義深長，如水之濫觴，絲之端緒，可謂文學批評之萌芽矣。時至春秋，有孔子之論詩，所謂「《詩》三百，一言以蔽之，曰思無邪」（註四）。「〈關雎〉樂而不淫，哀而不傷。」（註五）至於「子夏鑒絢素之章，子貢悟琢磨之句（註六）」，夫子許二子可以言詩，又說：「修辭立其誠」，「辭達而已」等（註七），這些不但實際的批評，其言論丰采，往往影響民族精神，亙千百年而不替。此其人雖不必以文學批評名家，但沾溉之廣，較一般批評家尤有過之。

逮及戰國，孟子退而與萬章之徒，序《詩》《書》，述仲尼之意。其自稱知言，以爲「詖辭知其所蔽，淫辭知其所陷，邪辭知其所離，遁辭知其所窮（註八）」。其讀《詩》，則有知人論世之說，以爲「誦其詩，讀其書，不知其人可乎？是以論其世也」（註九）。其論「詩」，則有「以意逆志」之見，所謂「說詩者不以文害辭，不以辭害志，以意逆志，是爲得之（註一〇）。「使我國上古文論，更向前邁進一步。至於論〈凱風〉，以爲親之過小；論〈小弁〉，以爲親之過大；舉〈公劉〉，謂公劉好貨；舉〈綿〉，謂大王好色，一言窮理，見地卓絕，自可想像（註一一）。荀子引詩雖多，而論詩之語甚少。〈儒效〉篇云：「聖人也者，道之管也。天下之道管是矣，百王之道一是矣，故《詩》《書》《禮》《樂》之道歸是矣。」〈正論〉篇云：「凡議必將立隆正，然後可也。無隆正則是非不分，而辯訴不決。……故凡言議期命以聖王爲師。」此即後人論文主張徵聖、宗經的先聲。至於論及詩樂之關係，見於〈樂論〉（註一二），辨大小雅頌之別，見於〈儒教〉（註一三），言皆精闢，爲中國文學批評，樹立了規模。

先秦顯學——儒、道、墨、法，其中惟儒家尚用、尚質，亦尚文辭。道家主玄妙，對後世文學之旨歸，則與儒家相近。法家詆訶文學，以爲文學之士「喜淫而不因於法，好辯說而不求其用，濫於文麗而不顧其功（註一四）」。班固《漢書・藝文志・諸子略》云：「天下同歸而殊途，一致而百慮。今異家者各推所長，窮知究慮，以明其指。雖有蔽短，合其要歸，亦《六經》之支與流裔。」故本文於先秦文學批評僅詳儒家，以見先哲之稱道《詩》《書》，側重修身淑世之主旨所在。

欲知兩漢文學批評，當知武帝以前，學術尚未一統，故論文者，張皇幽眇，各逞己見；及武帝罷黜百家以後，立說之士，始折衷儒術，文學與道統逐漸合一。其中如司馬遷之論文，以爲文學是苦悶的象徵。故稱「《詩》《書》隱約者，欲遂其志之思也（註一五）」，又云：「《詩》三百篇，大抵皆聖賢發憤之所爲作也。此人皆意有所鬱結，不得通其道也。故述往事，思來者。」（註一六）〈屈原傳〉評〈離騷〉，以爲「屈平之作〈離騷〉，蓋自怨生也。〈國風〉好色而不淫，〈小雅〉怨誹而不亂，若〈離騷〉者，可謂兼之矣」。又云：「其文約，其辭微，其志潔，其行廉，其稱文小而其指極大，舉類邇而見義遠。其志潔，故其稱物芳。其行廉，故死而不容自疏。濯淖汙泥之中，蟬蛻於濁穢，以浮游塵埃之外，不獲世之滋垢，皭然泥而不滓者也。推其志也，雖與日月爭光可也。」其對屈原發憤著述之原因，〈離騷〉之價值，用「文約、辭微、志潔、行廉」八字賅之，千古定評，彌足珍貴。

史公之後，元成之間有劉向；新莽之際有揚雄。向領校中祕，凡所校書錄，皆本儒家立場，以合於經傳爲典則。雄工於辭賦，所著《法言》，每有論文之語，如「詩人之賦麗以則，辭人之賦麗以淫，孔氏之門用賦也，則賈誼升堂，相如入室也（註一七）」，其以《六經》爲本，與劉向同。

東漢一代文學批評家，首推桓譚、班固，其後則有王充。譚作《新論》，盛稱子雲，充作《論衡》，出之君山，而孟堅持論，大抵本根於揚雄。故謂東漢文學批評，全由揚雄之說推衍而出可也。惟其中王充摭論文事，獨具慧眼。其評文之言，詳於《論衡》的〈超奇〉、〈佚文〉、〈書解〉、〈案書〉、〈對作〉、〈藝增〉、〈自紀〉諸篇。如其於〈超奇〉篇區別學者爲四類，曰儒生、曰通人、曰文人、曰鴻儒。而「儒生過俗人，通人勝儒生，文人踰通人，鴻儒超文人」，「文人」與「鴻儒」並駕，不僅提高了「文人」的地位，且對「文人」行文亦有嚴格要求。如〈超奇〉篇主張文實並茂（註一八），〈對作〉篇之「黜虛妄」（註一九），〈自紀〉篇之「言文一致」與「不求純美」、「不尚模仿」（註二〇）。總之，仲任以科學家眼光，衡文學之得失，雖大體不脫先秦儒家的窠臼，但由於其「好博覽不守章句」的個性，對傳統文學觀確實作了突破性的修正和開展。

魏晉以後，中國分裂，胡人南下，世亂民貧，思想紛雜，於是以向受儒家思想支配之文學，始嶄然特出，有空前發展。至蕭梁而極盛，迄李唐中國復歸一統，開此四百三十二年之局者，曹氏父子實乃主持風會的盟主。其間文學批評之盛，可由《文心雕龍》．《序志》篇得知梗概。如云：「詳觀近代之論文者多矣：至如魏文述《典》、陳思序〈書〉、應瑒〈文論〉、陸機〈文賦〉、仲治《流別》、宏範〈翰林〉，各照隅隙，鮮觀衢路。或臧否當時之才、或詮品前修之文，或汎舉雅俗之旨，或撮題篇章之意。魏《典》密而不周，陳〈書〉辯而無當，應〈論〉華而疏略，陸〈賦〉巧而碎亂，《流別》精而少功，〈翰林〉淺而寡要。又君山、公幹之徒，吉甫、士龍之輩，汎議文意，往往間出。並未能振葉以尋根，觀瀾而索源。不述先哲之誥，無益後生之慮。」

按《隋書・經籍志》及史傳所載，兩晉以下，論文的專門著作極多，彥和所舉，不過犖犖大端而已。自此以下，經唐歷宋，中國文學又別開新局，批評之事，亦分道而揚鑣矣。

中國文學批評之演進，可上溯五帝三代，追源《六經》，宣尼以下，孟荀繼踵增華，雖其持論尚明而未融，但由於「窮高以樹表，極遠以啓疆」（註二一）（註二二），對後世之影響，可謂既深且遠矣。時至兩漢，司馬遷、揚雄對峙翰苑，而子雲徵聖、宗經之論，卻能遙接孔孟，開啓後學。劉彥和起於南齊之末，因夢述作，成《文心雕龍》十卷五十篇。三千多年的文學理論精華，至此不但得到一次大整理、大結合；就是唐宋以後，一千五百年來的中國文學批評走向，也因而有了明確的座標與南針。所以我說中國文學之有「批評」，爲時甚早。

三、中國文學批評之名，得之很晚

中國文學之有批評，既可上溯五帝三代，而文學批評之名，卻得之很晚。此可由以下兩點得到證明。

首先由歷代圖書分類方面觀之：班固《漢書・藝文志》可謂我國現存最早的一部圖書目錄。條列六藝九流，總賅文學百家。其中〈詩賦略〉，更是文學著作目錄。內容包括〈屈原賦〉二十家，〈陸賈賦〉二十一家，〈孫卿賦〉二十五家，〈雜賦〉十二家，〈歌詩〉二十八家，凡詩賦百六家，千三百一十八篇。不見有文學批評或類似批評之著作。自此以下，若晉祕書監荀勗，因魏祕書郎鄭默著《中經簿》，分天下圖書爲四部，一曰甲部，二曰乙部，三曰丙部，四曰丁部。其中丁部收詩賦圖讚、汲冢書，亦無文學批評之目。宋王儉採荀勗之《中經》，刊李充之四部，依劉歆《七略》，更撰《七志》。《七志》者，〈經典志〉、〈諸子志〉、〈文翰志〉、〈軍書志〉、〈陰陽志〉、〈術藝志〉、〈圖譜志〉。七志分類法，僅見於梁阮孝緒《七錄．序》中。因爲原書失傳，〈文翰志〉內容之分部別類情形如何，今已不可得知。及梁武帝普通元年，處士阮孝緒，好搜遺書墳典，遂總衆家而爲《新錄》。錄分內外兩篇，內篇有〈經典錄〉、〈史傳錄〉、〈子兵錄〉、〈文集錄〉、〈術技錄〉；外篇有〈佛法錄〉、〈仙道錄〉。其中〈文集錄〉內，更分〈楚辭〉、〈別集〉、〈總集〉、〈雜文〉四部。唐太宗貞觀十五年，詔于志寧、李淳風、韋安仁、李延壽同修五代史記，于、李二氏遂上甄《七略》、下釆《七錄》，成《經籍志》。高宗顯慶元年後，併入《隋書》，故通稱《隋志》。其〈《經籍志》，考見存之書分爲四部四十種，凡四十篇。計〈經部〉、〈史部〉、〈子部〉、〈集部〉。〈集部〉分三種，即〈楚辭〉、〈別集〉、〈總集〉。亦未有文學批評的類目。此後書目，多由私人藏書家撰集，如晁公武之《郡齋讀書志》，尤袤之《遂初堂書目》，陳振孫之《直齋書錄解題》，馬端臨之《文獻通考．經籍考》，黃虞稷之《千頃堂書目》，莫不一遵《隋志》四部之分疆畫野。至清紀昀奉敕總纂四庫，從乾隆三十八年起，到四十七年止，十年之間，成《四庫全書》。每書首頁皆有〈提要〉，又單行《四庫全書總目提要》二百卷。四庫書目異於前人類列者甚多，而以〈集部〉增加

〈詩文評類〉最堪注意。我國文學之有「評」，到此才驗明正身，受到學術界重視。

其次，由歷代著作之命名方面觀之，魏晉以前，我國著作以「評」字名書者絕少。書之以「評」取名，蓋始於南朝梁代之鍾嶸《詩品》。據《梁書・鍾嶸傳》云：「嶸嘗品古今五言詩，論其優劣，名曰《詩評》。」《南史・鍾嶸傳》亦云：「嶸品古今詩爲評，言其優劣。」今《隋書・經籍志・集部・總集類》即著錄有「鍾嶸《詩評》三卷」，細注「或曰《詩品》」，可見書至唐初，已經同目兩名。《唐書・藝文志・文史類》仍稱「鍾嶸《詩評》三卷」，不曰《詩品》。至宋，從此公私藏目多稱《詩品》。鍾嶸《詩評》既行於前，後世作者繼踵於後，於是唐釋皎然即著有《詩評》三卷，宋吳處厚有《賦評》一卷，方道醇有《集諸家老杜詩評》五卷。迨《四庫全書總目提要》集各代論文之作，專設〈詩文評類〉以後，這種討論瑕瑜，別裁眞僞，以「評」名書的風氣，才如雨後春筍，局面爲之一新。

總之，我國雖少有以「批評」命名之專著，但並不代表中國沒有「文學批評」的事實。尤其四庫中的子、史兩部，其中蘊藏的批評資料，多不勝舉。只要有志之士勤奮耕耘，定有畫破青天的發現也。

四、中國文學批評形成的基點

中國文學批評所由形成的主要關係，不外兩方面：一是作品的關係，即對文學本身的自覺。

二是思想的關係，即所以佐其批評的根據。由前者言，文學批評常與文學創作發生關係。由後者言，文學批評又常與學術思想發生關係。因此中國文學批評，亙古以來，就在創作與學術的交互影響中，形成了它思想的基點。

中國文學批評的基點果爲何乎？過去呂思勉作「文學評判之標準」一文，開宗明義便引孔子的話說：「道，仁與不仁已矣。」並云：「斯言也，實評判一切事物之標準也。」呂氏以「仁」與「不仁」作判別文學美醜之標準，並以爲：

自來治文學者，亦因其個性、好尚各有不同，然文之美者，無間於其體制、時代，若作者之個性，而卒不得不同謂人爲美。是則此等不廢江河萬古流之文字，其中必有一共同點存焉。此共同點爲何？美是已。美之質爲何？仁是已。

「仁」既是至聖孔子的思想，也是我們經典要義所在。劉勰《文心》云：「文章之用，實經典枝條，五禮資之以成文，六典因之以致用，君臣所以炳煥，軍國所以昭明，詳其本源，莫非經典。」則經典爲中國文學批評之基點，從而可知矣。以下特以歷代批評家若西漢揚雄、東漢王充、南朝劉勰、唐代白居易，金元之際的元遺山等數人爲例，予以印證。

揚雄的文學批評見於《法言．吾子》篇：「或曰，賦者可諷乎？曰：諷乎！諷則已；不已，吾恐不免於勸也。問景差、唐勒、宋玉、枚乘之賦也，益乎？曰：必也淫。淫則奈何？曰：詩人之賦麗以則，辭人之賦麗以淫，如孔氏之門用賦也，則賈誼升堂，相如入室矣。或問屈原智乎？

曰：如玉如瑩，爰變丹青，如其智！如其智！」

在這段文章裏，問答之間，涉及到他對辭賦的看法，以爲辭賦如不能吟詠情性，以諷其上，只是雕蟲篆刻，組麗成采，此不僅「文麗用寡」，且爲勸而不止。繼而論景差、論唐勒、論宋玉、論枚乘四家作品的特色，以爲辭賦雖巧，但不免淫文破典。若孔門用賦的標準，賈誼升堂、相如入室。至於屈原之智，子雲以爲大智者通達天命，審知行藏，應如玉如瑩，磨而不磷，今屈原放逐，感情丕變，雖有文彩，不過是丹青之倫，何以稱智。可見他品藻各家，皆依孔門之教作尺度。至於論書的話，見於〈問神〉篇：「書不經，非書也；言不經，非言也；言書不經，多多贅矣。」也是以五經爲本。五經有何可本乎？〈吾子〉篇云：「舍舟航而濟乎瀆者末矣；舍《五經》而濟乎道者末矣。棄常珍而嗜異饌者，惡睹其識味也。委大聖而好乎諸子者，惡睹其識道也。」他拿舟航、飲食二事爲例，說明大道若江海，若常珍，諸子爲河漢，爲異饌，如舍《五經》之大道而習諸子之雜學，就等於棄常珍而食異饌，委舟航而行江河，永遠不會達到理想的彼岸。所以他認定離開經不能得道，離開孔子不能識道。因爲五經經孔子刪述，思想正確，所以揚雄用爲文學批評的最高原則。

王充一生學問本領，受班固、桓譚的影響很大，而論文一本於「眞善」二字。所以他在〈自紀〉篇云：「蓋實言無多，而華文無寡，爲世用者，百篇無害；不爲世用者，一章無補。」又〈對作〉篇云：「言苟有益，雖作何害。故夫有益也，雖作無害。若其無益，雖造何補。」他這「實用」、「有益」的態度，在當時陰陽五行之說，鬧得烏煙瘴氣的時候，令人有耳目一新的感覺。〈佚文〉篇云：「文人宜遵《五經》六藝爲文，諸子傳書爲文，造論著書爲文，上書奏記爲文，文德之操爲文。立五文在世，皆當賢也。造論著說之文，尤宜勞焉。何則？發胸中之思，論世俗之事，非徒諷古經，續古文也。」他將「文」分爲五種，而推《五經》六藝爲第一，並特別強調「造論著說」。這雖然仍本求眞求善的態度，但鼓勵創作，發抒胸臆，不主張一味因襲的意思十分明顯。仲任於此固未明顯宗經，可是其「實用」與「有益」之見，卻從經典中來。

南朝劉勰的批評論是從宗經思想出發的，他對魏晉六朝的文論，曾作過強烈的指責。〈序志〉篇說：「詳觀近代之論文者多矣，至如魏文述《典》，陳思序〈書〉，應瑒〈文論〉，陸機〈文賦〉，仲治《流別》，宏範〈翰林〉，各照隅隙，鮮觀衢路。或臧否當時之才，或詮品前修之文，或汎舉雅俗之旨，或撮題篇章之意。魏《典》密而不周，陳〈書〉辯而無當，應〈論〉華而疏略，陸〈賦〉巧而碎亂，《流別》精而少功，〈翰林〉淺而寡要。又君山、公幹之徒，吉甫、士龍之輩，汎議文意，往往間出。並未能振葉以尋根，觀瀾而索源。不述先哲之誥，無益後生之慮。」從他的評騭裏，可見魏、晉、六朝文論之盛，與彥知深表不滿的情緒。並從而獲悉《文心雕龍》之論文，是從經學思想出發，去衡鑑往日作家的，如評揚雄〈百官箴〉：「揚雄〈百官箴〉，頗酌於《詩》、《書》（註二三）。」評陸賈《新語》：「若夫陸賈《新語》，咸敘經典（註二四）。」評潘勗〈册魏公九錫文〉：「潘勗〈錫魏〉，思摹經典，群才韜筆，乃其骨髓唆也（註二五）。」可以說凡模經範典的作品，都給予很高的評價，對厭舊取新之作，認爲是違背民族傳統，不足爲訓。正見透過彥和的目光，已把經典推爲中國文學批評的崇高標準。

唐代白居易，字樂天，與元稹名相埒，所作詩文，天下傳誦，號曰「元白」。元白的時候，安史之亂雖平，而農村經濟凋弊，朝廷士大夫驕奢荒惰，再加藩鎮跋扈，臣庶苟且，天下攘攘岌岌，不可終日。故白居易在傷民病痛，希望裨補時闕的情形下，對當時的文壇，曾提出嚴正的呼籲。〈與元九書〉說：「人之文，《六經》首之，就《六經》言，《詩》又首之。何者？聖人感人心而天下和平。感人心者莫先乎情，莫始乎言，英切乎聲，莫得乎義。詩者，根情、苗言、華聲、實義。上自賢聖，下至愚騃，微及豚魚，群分而氣同，形異而情一；未有聲入而不應，情交而不感者。」他以《六經》爲首要，並從詩的本質，「根情、苗言、華聲、實義」爲出發點論詩。他評李白云：「李之作，才矣，奇矣，人不逮矣。索其風雅比興，十無一焉（註二六）。」評杜甫云：「杜詩最多，可傳者千餘首，至於貫串今古，覼縷格律，盡工盡善，又過於李（註二七）。」評張籍〈古樂〉篇：「爲詩意如何？六義互鋪陳。風雅比興外，未嘗著空文（註二八）。」各論無不貼著經典立說。這雖然是感時濟世，有爲而發，但也足以說明當中國隨著時事的轉變，傳統思想形將式微的時候，必有一二主持風會的高才大家，起而運用六經的弘規，糾正不良的傾向，白居易便是個中代表。

金元之際的元遺山，是當時文壇領袖，他對南宋末年的所謂江西、四靈、江湖諸派的作風一律掃除，提倡遒健宏敞明朗的風氣。他的〈論詩絕句〉三十首，可說是繼老杜〈論詩六絕〉後，難得的佳作。他在此大概是主張要有風骨，有宏偉的氣勢，多任自然，要撇開兒女之情，多蘊含風雲之意。如詩云：「東野窮愁死不休，高天厚地一詩囚。江山萬古潮陽筆，合在元龍百尺樓（註二九）。」「謝客風容映古今，發源誰似柳州深，朱絃一拂遺音在，卻是當年寂寞深（註三〇）。」這是他推尊韓愈、柳宗元的話。一則曰「江山萬古潮陽筆」，再則曰「發源誰似柳州深」，其家國之思，深遠之意，託七言以爲寄，令人自然覺得他那種針砭的風味，於高樓悲風，彌覺其厲的背後，還隱藏著他詩論的本源。其本何在？遺山《小亨集・序・論唐詩》云：「唐人之詩，其知本乎？溫柔敦厚，藹然仁義之言者多，幽憂憔悴，寒飢困憊，一寓於詩，而其阨窮而不憫，遺佚而不怨者故在也。」又說：「唐詩所以絕三百篇之後者，知本焉爾矣。何謂本？誠是也。故由心而誠，由誠而言，由言而詩也，三者相爲一。」可見遺山論詩，根源《三百》，所謂發乎情，止乎禮，醇然得人性之正。此不僅唐人之詩知本，亦遺山評詩之所本。

時至明清，小說戲曲已成中國文學的主流，文人心力所萃，全部精神學問，集中在小說戲曲的人不計其數。所以當時的小說戲曲，不但不是小道，而且還有第一流的批評家，盡一生心血，憑獨到的膽識，進行批評。其中以人繁事多，筆者不再列舉。

作品不能沒有「批評」，批評家必須有依據的思想，沒有思想依據的批評，即如盲者摸象，既不能見其全，尤不能識其眞。更不能尊之爲批評家。文學批評既然和學術思想密切相關，則中國文學批評的基點，當然是經典，而經典的思想歸趣便是「仁」。

五、中國文學的分期與文學批評

中國文學批評之發展，如長江大河，經典特其巴顏喀拉山之星宿海，源遠流長，不可竭蹶。然其所以波瀾壯觀、奔騰澎湃，成掀天動地之勢者，特由於其匯聚百川，容納衆流之故。文學批評者，中國文學之一環耳。有人從時代的走向看中國文學的發展，以爲一時代既有一時代的文學，則一時代必有一時代的文學批評，此即窮源究委，以見歷代文評的趨勢也。有人從作品的走向看中國文學的發展，以爲文學作品有各種不同的體裁，體裁不同，風格即隨之而異，此由正名辨物，以見歷代文學批評的趨勢也。又有人從主持風會的作家，看中國文學的發展。以爲文學之所以發揚光大，造成時代主流者，其初往往有主持風會，發蹤指使的人物；其終亦復有折衷群言，論列得失，析疑辨難的作家，於是以史的線索爲經，橫推各家的義蘊爲緯，以見歷代文學批評的趨勢。

上列三說，皆持之有故，言之成理，然而未識中國文學的分期，與文學批評發展之眞正關鍵所在。蓋文學理論係屬哲學或接近哲學範疇的一種學問，而中國文學理論的發展，除了本身的內在運作外，往往受到外來文化的衝擊而改變故態，是以我們從學術文化演進的觀點，看四千多年來，中國文學的走向，大別因爲以下三大變化，形成了三個不同的時期：

(一)是純中國文化時期的中國文學，自邃古以迄東漢之末，爲我民族本其自身的創造力，由原始部落而封國建君後，北方的詩經文學，與南方的楚辭，經相互吸收而融合，匯為以辭賦為主流，以樂府、古詩為旁支的時期。

㈡是中印文化交流時期的中國文學，自魏晉以迄清代中葉，為印度佛教文化輸入我國，與我固有文化初由牴牾，進成以唐詩、宋詞、元曲、明清小說與戲曲為主流，以民歌、傳奇、散文、辭賦為旁支的時期。

㈢是中、印兩種文化均已就衰，西方帝國主義挾其船堅砲利的淫威，敲開了我閉關自守的藩籬，經過激烈震盪而迄今尚未合流，但在東施效顰，融舊取新的情況下，將文學支解為古典與現代。因此，白話文、新體詩、新體小說形成了現代文學的主流，以文言書寫的韻文、散文、駢文、小說、戲曲等，凡屬古典性作品為旁支的時期。

我中國文學批評，就在這整個文化發展的大熔爐中，隨著南北融合，中印交流，東西結合，孕育了它與時俱進，生生不息的契機。

六、純中國文化時期的文學批評

㈠文學批評的萌芽

從中國學術文化傳統的特質為立足點，無論是採廣義的文學或折中義的文學定義（註三一），則中國文學批評，其發展理應上溯先秦，至兩漢而粗具規模。這可以說是中國文學批評的萌芽期。

假如文學是指作者藉著文字的組織，以表達其思想與情感的話，則《易》、《書》、《詩》、《禮》、《春秋》五經，《史記》、《漢書》等莫非文學的作品。所以劉勰在《文心雕龍・原道》篇云：「至若夫子繼聖，獨秀前哲，鎔鈞《六經》，必金聲而至振；雕琢情性，組織辭令。」其所謂「雕琢情性，組織辭令」，指的就是藉著辭令華采，表達眞情實性。何況孔子博學於文，好古敏求，視文為四教之首（註三二），文章可得而聞（註三三）。又說：「志足而言文，情信而辭巧（註三四）。」特別重視內容、形式的並重，所以劉勰說：「徵之周孔，則文有師矣（註三五）。」孔子晚而好《易》，史稱「韋編三絕」（註三六）。其所著〈文言傳〉，被清代阮文達譽為：「妙思天成，為萬世文章之祖。」又云：「聲偶相生，音韻和諧，如青白之成文，如咸韶之合節，非清言質說者比也，非振筆縱書者比也，非詰屈澀語者比也。」為此，以下我們對孔子作〈十翼〉以贊《易》之事加以考察，證明它和我國早期文學批評的關係。

甲、〈十翼〉就是《周易》的註解：如果連同前述的〈文言傳〉，再加上〈彖傳〉、〈象傳〉、〈繫傳〉、〈說卦傳〉、〈序卦傳〉、〈雜卦傳〉等，即成通稱的〈十翼〉。翼者、輔翼，輔翼《周易》之意。司馬遷《史記》以〈十翼〉就是《易大傳》。「傳者，轉也，轉受經旨，以授於後，實聖文之羽翮，記籍之冠冕也（註三七）。」則〈十翼〉為《周易》的註解，不待辨而明。

乙、〈十翼〉的作用：〈十翼〉既是《周易》的大傳，則解釋卦辭的叫〈彖傳〉。其作用或論一卦之體，或說一卦之德，文辭最稱醇美。〈象傳〉分〈大象〉〈小象〉，論一卦之象的叫〈大象〉，如〈乾卦〉，象曰：「天行健，君子以自強不息。」論一爻之象叫〈小象〉，如〈乾卦〉初九「潛龍勿用」，象曰：「潛龍勿用，陽在下也。」又〈大象〉多從某卦所示之象，以想像推論人事，〈小象〉則從某爻所示之象，以想像推論人事，此於文學創作「意受於思，言受於意」的「思」「意」「言」想像三層次，有啓發性的作用。〈繫辭傳〉分上下二篇，結構不整，首尾不完。其作用，有論〈乾〉〈坤〉二卦的，如「天尊地卑，乾坤定矣。」有釋《周易》術語的，如「卦」、「象」、「辭」、「剛柔」、「吉凶」、「悔吝」、「无咎」、「彖」、「爻」、「陰陽」、「奇偶」、「卦位」等；有釋各卦爻辭的，如〈乾卦〉上九：「亢龍有悔」，〈繫辭〉引子曰：「貴而无位，高而无民，賢人在下位而无輔，是以動而有悔也。」有雜論數卦的，如〈繫辭〉下：「古者包犧氏之王天下也，……」節，則就〈離〉，〈益〉、〈噬嗑〉、〈乾〉、〈坤〉、〈渙〉、〈隨〉、〈豫〉、〈小過〉、〈睽〉、〈大壯〉、〈大過〉、〈夬〉等十三卦而論其象，以爲古來事物的發明，都是先由意象的啓發而後製器成形。又有總論《周易》全書的：如論作易的時代，作易的宗旨，作者的身世，易道的詮釋等，無不精到詳備。〈說卦傳〉的作用，在釋重卦的理由，八卦的方位，時序、性情、法象等。〈序掛傳〉的作用，在六十四卦先後承受的意義，或以兩卦發展的趨勢爲序，或以反對的原理排列，皆怡然理順，沁人心目。〈雜卦傳〉的作用，在釋衆卦雜沓，其義錯綜，有以同相類的如「臨、觀之義，或與或求。」有以異相明的如「乾剛坤柔，比樂飾憂。」言近旨遠，發人深思。

丙、〈十翼〉的重要性：統觀孔子〈十翼〉和《周易》彼此相依相附的關係，後人便強調說：「不讀〈說卦〉，無以明八卦的法象德業；不讀〈繫傳〉，無以知經的全體大例；不讀〈彖文言〉，無以明爻象承應，和陰陽變化之理；不讀〈序卦〉，無以得六十四卦先後相次之義，以見此消彼長，相互迭倚的眞象；不讀〈雜卦〉，則六十四卦彼此反對，剛柔相雜，是非錯綜，言行一端之道，不能通曉（註三八）。」

中國先秦時代的文學批評，當然不限於《周易》的〈十翼〉，如相傳孔子爲《尙書》作的〈書序〉，子夏爲《詩經》作的〈大序〉，毛公作的〈小序〉，以及公羊、穀梁、左氏爲《春秋》作的三傳，所謂：「事莫備於《左氏》，例莫明於《公羊》，義莫精於《穀梁》（註三九）。」無不是運用知性分析的方法，對原書作品的字、詞、句、篇的特點，和作品的主旨，思想、感情，以及行文的技巧作廣泛地考察。這對後世研究《周易》、《尙書》、《詩經》、《春秋》的學者，產生了直接而深遠的影響，就文學批評而言，也樹立了一個基本雛型。

東漢末年，鄭玄撰《毛詩箋》，總結了先秦兩漢的詩解與經解。書中對《詩經》的形式、內容以及語言表現藝術、作了進一步的闡發。如：

甲、對「互辭見義」與「重章疊句」修辭方法的發現。如〈小雅・采芑〉：「鉦人伐鼓，陳師鞠旅」，箋曰：「鉦也，鼓也，各有人焉。言『鉦人伐鼓』互言爾。」再如〈小雅・楚茨〉：「楚楚者茨，言抽其棘，」箋曰：「茨言楚楚，棘言抽，互辭也。」互言、互辭就是互文。互文者，二文之意互通互補。今人馮詁菲《毛詩訓詁研究》認為鄭箋是首次對《詩經》中的「互文」這一修辭技巧立名的。此外，鄭玄對詩中的重疊「占」和「重言」的修辭技巧及作用也曾有解說，如〈周南〉．〈樛木〉」二章：「南有樛木，葛藟荒之；樂之君子，福履將之。」箋曰：「此重申殷勤之意。」殷勤，指反覆吟誦以抒發情意。又如〈周頌．有客〉首章：「有客有客，亦白其馬。」箋云：「有客有客，重言之者，異之也。」前者對重疊的修辭法進行審美意義的解說，後者揭示該詩重言的表現技巧，以突顯來客身分不同，又〈召南．采蘋〉首章：「于以采蘋，南澗之濱；于以采藻，于彼行潦。」箋曰：「蘋之言賓也，藻之言藻也。婦人行為柔順，自潔清，故取名以為戒。」這又是從諧音的修辭手法，指出詩中的「蘋」「藻」兩物，即「賓」「澡」兩義。漢語具有同音不同義，一字多音的特點，《詩經》三百篇作家利用漢語語音，語義上的錯位，諧音取義，以增強詩歌的表現效果，鄭玄就看到了此一語言特點而作詩箋。

乙、對詩篇結構布局的解說：《詩經》三百篇在結構布局上，或倒敘，或順敘，或首尾相應，對此鄭玄箋詩均曾加以發明。如〈周頌．時邁〉：「明昭有周，式序在位。」箋曰：「言此者，著天其子愛之，右序之效也。」又：「載戢干戈，載櫜弓矢。」箋曰：「此又著震疊之效也。」這首詩的首章有「時邁其邦，昊天其子之，實右序有周。薄言震之，莫不震疊。」等語。試對照以上所錄的兩條鄭箋，剛好揭示了其前呼後應的聯絡關係。再如〈秦風．駟驖〉三章，首章言出獵時馬良，御善、親賢；二章言襄公善射有獲；三章言「遊於北園，四馬既閑。」又云：「輶車鑣，載獫歇驕。」此倒敘或追敘出獵前訓練犬馬之事。箋對這種敘事手法也有說明：「始田犬者，謂達其博噬始成之也，此皆遊於北園時所為。」

丙、對詞義的訓釋：清方玉潤《詩經原始》〈凡例〉說：「《六經》中唯《詩》難說，因為詞旨隱約，每多言外意，不比他書明白易顯也。」鄭箋詞義隱晦者，常有簡賅的詮釋。如〈豳風・七月〉：「七月流火，九月授衣。」箋曰：「大火者，寒暑之候也。火星中而寒暑退，故將言寒，先著火所在。」實有助於學者對詩意的理解，同時由他的詮釋，也可進一步了解在漢語詞匯的彈性組合中，所具有的豐富表現力。

由於鄭玄《毛詩箋》有上述多方面的成就，以後許多學者對《詩經》文學的分析，無不受其影響。

㈡文學批評的自覺

當東漢王充高談〈問孔〉、〈刺孟〉的時候（註四〇），中國文學批評同時也在自我的園地上向前邁進。由於王充主張寫實、重內容、輕修辭，所以在《論衡》的〈超奇〉、〈對作〉、〈藝增〉諸篇中，對文人地位的提昇，對作品華實並茂，言文一致，不摸擬、黜虛妄的要求，不僅和兩漢辭賦家所持的態度迥異其趣，更給政衰文敝的建安論壇起了鼓勵作用，而走上文學自覺之路。此時的理論批評顯然擺脫了一己的意見，詮釋作家作品的批評範疇，像一匹脫韁的野馬，在曹氏兄弟的領導下，運用歸納的、判斷的、考訂的、歷史的以及比較的等各種方式所獲致的結論，作整體直觀的鑑賞。劉勰在《文心雕龍．時序》篇，對這個時代文學發達的背景，曾有所分析。他說：「自獻帝播遷，文學蓬轉，建安之末，區宇方輯。魏武以相王之尊，雅好詩章；文帝以副君之重，妙善辭賦；陳思以公子之豪，下筆琳瑯；並體貌英逸，故俊才雲蒸。仲宣委質於漢南，孔璋歸命於河北，偉長從宦於青土，公幹徇質於海隅；德璉綜其斐然之思；元瑜展其翩翩之樂；文蔚、休伯之儔，于叔、德祖之侶，傲雅觴豆之前，雍容衽席之上，灑筆以成酣歌，和墨以藉談笑。觀其時文，雅好慷慨，良由世積亂離，風衰俗怨，並志深而筆長，故梗概而多氣也。」建安以來，不在客觀環境方面因爲「世積亂離，風衰俗怨」，在主觀因素方面，由於曹氏父子的獎掖人才，不遺餘力，於是作家輩出，單篇作品日多，個人文集出現，論文之風，亦隨之大行其道。

觀各家論文內容，其中有作家論，如曹丕《典論》、曹植〈與楊德祖書〉之評建安七子及今世作者的得失。有文體論，如曹丕《典論》、陸機〈文賦〉、仲治《流別》、宏範〈翰林〉，雖不全面，卻爲文體論之萌芽。有文術論，如曹丕《典論》之論文氣、陸機〈文賦〉之論文章寫作技巧，仲治《流別》之分論各體文章作法。有價值論，如曹丕《典論》：「文章經國之大業，不朽之盛事。年壽有時而盡，榮樂止乎其身，二者必至之常期，未若文章之無窮。」言文學有永垂不朽的價值。蓋以往經史子集不分，至此始肯定文學於經史子外，爲一個獨立學科，只要在文學創作上卓有成就，亦可與經學家、史學家、思想家同登著作之林，而照耀千古了。

文學的自覺，是先由文學理論的自覺作先導，開啓了創作者的心智。所以純中國文化時期的文學批評，以經典文學為重心，隨著文學自覺的步伐，掙脫了學術的枷鎖，與經、史、子齊足並馳之後，文學批評也經由原先直觀解釋的批評，邁入客觀推理批評的坦途。

七、中印文化交流時期的文學批評

魏晉時期的文學批評，將中國文學理論推向了一個新高峰，但從文學作品內容與形式兩方面加以觀察，顯然在「文」、「學」、「文學」、「文章」，以及「文」與「筆」各方面意義與關係常存在著混然不分的情勢。自東漢明帝永平十年（西元六七年）印度佛教傳入中國後，和中國傳統思想發生尖銳地爭執，但由教義的宏揚，到內典的翻譯，在說理、敘述、故事、聲韻各方面對中國文學的深遠影響，姑且不論，單就文學批評而言，卻突破了傳統範疇。如雨後春筍般的層出不窮。現在分析如下：

㈠文學批評三條主線的形成

佛教在中國，由東漢而魏晉，其間經過長期地傳布、醞釀，時至南朝，社會各個領域已普遍受到他的影響。此時文學批評界，不僅作家輩出，諸如在思想方面，有裴子野的〈雕蟲論〉、蕭綱的〈與湘東王書〉、徐陵的《玉臺新詠・序》。在體裁方面，有顏延之的〈庭誥〉、任昉的〈文章緣起〉。在聲律方面，有范曄的〈獄中與諸甥侄書〉」、沈約的〈四聲譜〉、《宋書・謝靈運傳論》。在創作方面，有蕭子顯的《南齊書・文學傳論》。在這些如林的著述中，卻出現了震古爍今的三顆慧星，那就是劉勰、鍾嶸與蕭統。他們三位在中國文學批評的大地上，標誌著文學批評發展中，三條主線的形成。

劉勰字彥和，齊梁時人，自幼篤志好學，家貧不婚娶，既長，曾依沙門僧祐抄撰要事，遂博通經論，成了當代中印兼通的學者。三十歲以後，感夢述造《文心雕龍》。書分十卷五十篇。前二十五篇爲上篇，後二十五篇爲下篇，每篇以二字標題，文長由五百餘字到一千三百餘字不等，全書共三萬七千多字，根據《文心雕龍・序志》篇，劉勰自述寫作的旨趣，在糾正文學流弊，歸本經典體要（註四一）。其內容共分五大類：卷一五篇申明自己的文學思想，即所謂「文學基本原理」是也。卷二到卷五，二十篇，是論文敘筆，所謂「文學體裁論」是也。卷六到卷九，九篇，是剖情析采，所謂「文學創作論」是也。卷九末篇和卷十前四篇所謂「文學批評論」是也。最後一篇是「長懷序志，以馭群篇」，所謂「緒論」是也。他還說：「位理定名，彰乎大衍之數（註四二）。」可見全書在謀篇布局的時候，都經過苦心經營和縝密設計的工夫，然後再運用六朝通行的麗辭，予以有系統、有條理、有方法的加以宣洩。每立一說，每下一字，無不像黃金美玉，叫人目不暇給，所以章學誠《文史通義・詩話》篇稱：「《文心》體大而慮周，籠罩群言。」確實當之無愧。隋唐以下所有文學理論，固然都和劉勰的《文心雕龍》發生血肉相連的關係，對後出的「文話」而言，劉勰《文心》更是它不祧之祖。

鍾嶸字仲偉，潁川長社（今河南省許昌縣）人，與劉勰並駕士林，著有《詩品》三卷。《詩品》之於論詩，視《文心雕龍》之論文，皆專門名家，勒爲成書之初祖。而《詩品》從六藝溯流別，則可以探源經籍，而進窺古人之大體。《詩品》品詩，除了反對聲病、反對用典，反對用詩說理之外，也有系統地評論了歷代五言詩的特色、風格，綜其立說內容，大別有二：一是詩的流別，二是詩的淵源。在詩的流別方面，他由漢之李陵到梁代沈約，共錄百二十人，其中上品十一，中品三十九，下品七十二。他自信是「網羅古今」。在詩的淵源方面，如謂古詩「其體原出於國風」，李陵「其原出於楚辭」，王粲「其源出於李陵，沈約憲章鮑明遠」，有的雖未定其淵，但亦指出與以前詩人的關係，如謂嵇康「頗似魏文」，江淹「觔力於王微，成就於謝朓」。大致說來，其範圍不出〈國風〉、〈小雅〉、《楚辭》三種。章學誠《文史通義．文理》篇云：「鍾嶸《詩品》或偶舉精字善句，或品評全篇得失。令觀之者得意文中，會心言外。」同時，他更爲我國文學理論和批評工作，開創了一條新途徑。儘管後人對他的品第和論點不完全同意，但鍾嶸《詩品》在中國文學批評史的研究上，及其對以後產生的詩話、詞話、曲話而言，有絕不容忽視的影響力。

我國第一部詩文選集的編纂者蕭統，字德施，南蘭陵人（今江蘇武進縣屬），梁武帝蕭衍的長子。自幼博覽群書。《文選》是他在東宮時，延集當代文士如劉孝綽、王筠、殷芸、劉洽等共同編訂的（註四三）。書分三十卷，共收錄了由二周至六朝，將近八百年之間，一百三十位知名作家和少數佚名作者之作品。分文體爲三十八類，有些體類下面又再分若干小類，類分之中，各以時代先後爲序。三十八類大致概括爲詩歌、辭賦和雜文三門。計詩歌四百三十四篇，辭賦九十九篇，雜文二百一十九篇，共七百五十二篇。在這些篇目中，就作者論，大致是詳近略遠，時代越近，入選的作品越多，如於周取四家，兩漢取十八家，晉代便有四十五家。就作品論，晉代以前，屈原十篇，宋玉十一篇，司馬相如七篇，曹植的作品最多，也只有三十二篇；可是到了晉代，陸機的竟高達一百十三篇，謝靈運四十一篇，江淹三十五篇，顯然是以時代遠近作爲選材的標準。尤由於古人得書不易，所以《文選》成書後，即刻成爲家弦戶誦的讀本，流傳極廣，影響極遠。尤其從隋代起，研究《文選》成了專門學問。唐以詩賦取士，士子更以精讀《文選》爲登庸仕途的門徑。詩人杜甫告誡他的兒子要「熟精《文選》理」，宋人也有「《文選》爛，秀才半」的諺語。自《文選》行世以後，引起學術界模效，類似的選本，層出不窮，如北宋李昉等纂修的《古文苑》，呂祖謙編選的《古文關鍵》和《宋文鑑》，以及元蘇天爵編的《元文類》、明程敏政編的《明文衡》、茅坤編選的《唐宋八大家文鈔》等，無一不受蕭統《文選》的影響。所以《文選》不僅是我國詩文選本的開山，再就文學批評而言，它也起了領導的作用。

㈡文學批評的分道揚鑣

在中國文學批評發展的流程上，六朝是文學理論的黃金時代，當時百花齊放，文論競鳴，其間重要的文論，絕不限於劉勰、鍾嶸、蕭統三家；但這三家卻給中國文學批評，確立了三條發展的主線，它既是唐宋以後文學批評的先導，更是魏晉六朝文論的奇葩。

唐宋以下至清末，在文學批評的園地裏，雖然百家競鳴，著述山積，但紀曉嵐《四庫全書總目提要》〈詩文評類〉序論中，只把它們分爲五類：⑴究文體之源流而評其工拙者：劉勰《文心雕龍》。⑵第作者之甲乙而溯厥師承者：鍾嶸《詩品》。⑶備陳法律者：皎然《詩式》。⑷旁採故實者：孟棨《本事詩》。⑸體兼說部者：歐陽修《六一詩話》。並云：「後所論著，不出此五例中矣。」事實上依照詩文兩分的原則，則鍾嶸《詩品》、皎然《詩式》、孟棨《本事詩》、歐陽修《六一詩話》，可合併爲一類，而以鍾嶸《詩品》統其首。蓋有鍾嶸詩品之成書於前，始有皎然、孟棨、歐陽修等之著述於後，且皆屬論詩之體。以下從詩論，文論的分道揚鑣，看中國文學批評發展的盛況。

甲、詩論：鍾嶸詩品是勒爲成書的初祖，則唐宋以下的詩話、詩格、詩句圖和詩本事都屬詩論的一環。因詩歌爲有韻之體，詞爲詩之餘、曲又爲詞之餘，故有詩而後有詩話，有詞而後有詞話，有曲而後有曲話。詩話理論的特點，根據許顗《彥周詩話》的說法，其思想內容是「辨句法、備古今、紀感懷、錄異事、正訛誤」，其體製形式，是偶感隨筆，信手拈來，片言中肯，簡煉親切；同時又讓人覺得零亂瑣碎，不成系統（註四五）。這些從筆記雜錄中脫胎而出的詩話理論，鍾嶸《詩品》之後，歷代不絕，且有愈來愈盛之勢。清何文煥編《歷代詩話》，自梁至明共收二十八種，近人丁福保又繼何編加以增補，成《續歷代詩話》，收錄由唐迄明二十八種，迨後丁氏復輯《清詩話》四十三種，郭紹虞著《宋詩話考》上中下三卷，《宋詩話輯佚》二卷，僅兩宋一代之詩話，數量就高達一三九種，其中完整保存至今的計四十二種。又根據《中國叢書綜錄》的記載，明代以詩話命名的有十七種，未以詩話命名而屬於詩話體製的約有三十一種。至於清代詩話之多，由郭紹虞《清詩話續編．序》的統計，約三四百種。綜上各說加以統計，自唐至清，千年以來之詩話，如去其複重，最保守的估計，爲數也有六、七百種。這份龐大的文化遺產，爲文學批評增加了豐富的內涵。

乙、詞論：詩論之後而有詞論，詞論的淵藪在詞話，詞話起於宋室南渡之後。民國初年唐圭璋纂《詞話叢編》，其中收得宋人詞話七種，元人詞話二種，明人詞話四種，清人詞話四十一種，民國以來的詞話六種，綜計六十一種。以後趙萬里根據宋金元人詞著，又補輯宋人詞話三種。在這現存六十多種詞話裏，又以宋王灼的《碧雞漫志》五卷、張炎的《詞綜》兩卷，沈義父的《樂府指迷》一卷，最具新意。爲了方便考察，今人如張思岩等編有《詞林紀事》，王熙元編有《歷代詞話敘錄》，此外民國二十三年（西元一九三四），哈佛燕京學社引得編纂處，編有《詞林紀事人名索引》雖非詞話，但對詞話的檢索，卻給予極大方便。

丙、曲論：曲論是兩宋雜劇、南戲興盛下的產物，比詩論、詞論、文論成熟的都晚，但算起來爲時亦將近千年。在這漫長的發展過程中，由於無數藝術工作者的卓越創造，積累了無比豐富的遺產。民國六年（西元一九一七）董康的《讀曲叢刊》問世，匯刻了鍾嗣成的《錄鬼簿》、徐渭南的《南詞敘錄》、魏良輔的《曲律》、王驥德的《曲律》、騷隱居士的《衡曲麈談》、沈德潛的《顧曲雜言》和焦循的《劇說》等七種古典戲曲論著。以後陳乃乾編印《曲苑》，又在原有的基礎上加以擴充。民國十年（西元一九二一）初印的《曲苑》收錄十四種，十四年（西元一九二五）再出《重編曲苑》，增爲二十種，除《錄鬼簿》外，與《讀曲叢刊》重複的有六種，實際上新增了十三種。十一年（西元一九二二）上海聖湖正音學會以「古書流通處」名義，重出排印本《曲苑》，收錄十二種。十五年（西元一九二六）第二版，增爲二十種，二十一年（西元一九三二）題名《增補曲苑》，冉增補爲二十六種，較前二書重複十五種，新增了十種。二十九年（西元一九四〇）任訥再編《新曲苑》，另行收錄曲論、曲話、曲品、曲韻等三十四種，大都從成書中輯錄匯編而成，均爲前列各書所未收。一直到四十八年（西元一九五九），中共中央戲曲研究院在前人的基礎上，又編輯出版了《中國古典戲曲論著集成》，選輯搜錄歷代重要戲曲論著四十八種，除二十六種與前列各書重複外，其餘均爲新增。全書共分十集，爲目前最完備的一部古典戲曲論著叢編。後來北京大學齊森華即根據上開各著，抽繹其最具代表性的作品十種，如元代鍾嗣成的《錄鬼簿》、明代徐渭的《南詞敘錄》、王驥德的《曲律》、潘方恆的《鸞嘯小品》、祁彪佳的《遠山堂曲品劇品》、金聖歎的手批《第六才子書》、李漁的《閒情偶記》、焦循的《花部農譚》、梁廷振的《籐花亭曲話》、王國維的《宋元戲曲考》，成《曲論探勝》一書（註四六），享譽海內外。各家之中，有作家論、有發展論、有創作論、有戲曲評論、有戲曲史論。古典戲曲理論之豐富內涵，構成了中國文學批評的重要環節。

丁、文論：《文心雕龍》為文論的初祖，後世文論專著，按照內容所屬又可分為散文話、四六話與辭賦話三大類。文論著作以「文」名書的，蓋起宋唐庚的《子西文錄》。陳邦禎著《兩宋文話初探》(註四七)，收得散文話六種，除前述《子西文錄》外，又有《荊溪林下偶談》、《捫蝨新話》、《餘師錄》、《文則》、《文章精義》等。四六話四種，如《四六談麈》、《容齋四六叢話》、《四六話》、《雲莊四六餘話》等。薛瑩瑩著《陳繹曾先生之生平及其文論》(註四八)，收錄元人陳繹曾的《文說》、《文筌》及《古文矜式》，三種皆屬散文話。李四珍著《明清文話敘錄》(註四九)，其中收得的散文話，於明有王文祿的《文脈》、朱荃宰的《文通》、宋濂的《文原》、高琦的《文章一貫》、李叔元的《新鍥諸名家前後場肄業精訣》、王世貞的《文評》等六種。於清人有張次仲的《瀾堂夕話》、王夫之的《夕堂永日緒論外編》、劉青芸的《續錦機》、張秉直的《文談》、梁章鉅的《退庵論文》、丁晏的《文彀》、曾國藩的《鳴原堂論文》、薛福成的《論文集要》、阮福的《文筆考》、黃宗羲的《金石例》、顧炎武的《救文格論》、魏際瑞的《伯子論文》、魏禧的《日錄論文》、汪灝的《掄元彙考》、黃興堅的《論學三說》、馬榮祖的《文頌》、田同之的《西圃文說》、劉大櫆的《論文偶記》、路德的《仁在堂論文》、李元春的《四書文法摘要》、方宗誠的《論文章本原》、朱景昭的《論文芻說》、方以智的《文章薪火》、呂留良的《呂子評語餘編》、楊繩武的《論文四則》、范泰恆的《經書卮言》、吳德旋的《初月樓古文緒論》、方宗誠的《讀文雜記》、劉熙載的《文概》等二十九種。四六話、於清有陳維崧的《四六金鍼》、孫梅的《四六叢話》兩種。林妙芬著《中國近代文話敘錄》（註五〇），得散文話：於清有包世臣的《藝舟雙楫論文》、唐才常的《論文連珠》、陳康黼的《古今文脈述略》等三種，於民國有林紓《畏廬論文》、吳曾祺的《涵芬樓文談》、劉師培的《論文雜記》、《文說》、章廷華的《論文瑣言》、胡懷琛的《文則》、徐昂的《益修文談》、馬敘倫的《修辭九論》等八種。辭賦話，於清有魏謙升的《賦品》、劉熙載的《賦概》、浦銑的《復小齋賦話》等三種。香港大學何沛雄一九八二年編著《賦話六種》（註五一），這六種除了和林妙芬所收的三種相同外，又增加了王芑孫的《讀賦卮言》、饒宗頤的《選堂賦話》，以及他本人的《讀賦拾零》。綜理上述，於散文話，得五十五種，四六話，得六種，賦話，得六種，它們或散文、或四六、或辭賦，文體雖有不同，但都屬文論方面的專門著作，如果持之與《文心雕龍》相較，也許在博大精深方面略顯單薄，可是隨著文學形式和內容的轉變，立說一定別具新意，爲研究中國文學理論者的重要資源，不可不加之意。

戊、小說論：小說論原是文論的附庸，晚清以來，由於小說對社會的影響擴大，小說研究方面的專門著作不斷湧現，於是由附庸蔚爲大國，除下文於評點一節介紹的小說評點外，像蔣瑞藻輯的《小說考證》、《小說枝談》，錢靜芳撰的《小說叢考》，孔另境編的《中國小說史料》，鄭振鐸撰的《中國小說提要》、張行撰的《小說閒話》、天籟閣《談小說》、孟森撰的《小說題跋》、魯迅撰的《稗邊小綴》、阿英編的《晚清小說目》、《清末小說志略》、《國難小說叢話》，不著撰人姓名的《小說小話》，邱煒萲著的《客雲廬小說話》、寅半生撰的《小說閒評》、覺我撰的《小說管窺錄》、新庵撰的《說小說》等。民初梁啓超作〈小說與群治的關係〉一文，刊載於他創辦的《新小說雜誌》，他從社會、政治、人生的種種層面，大膽地說明小說的重要性，他說：「今日欲改良群治，必自小說界革命始，欲新民，必自新小說始。……故欲新道德，必新小說，欲新宗教，必新小說，欲新政治，必新小說，欲新風俗，必新小說，欲新人格，必新小說。何以故？小說有不可思議之力支配人道故。」他既極力主張小說與群治關係密不可分，又肯定「小說爲文學之最上乘」，所以經他奮力倡導後，小說便由大家向來誤以爲是「殘叢小語」，不登大雅的小玩意兒，頓時成了創作的熱點。小說理論也擺脫了明清評點的積習，有了問世可觀的專門著作。此處所列，不過一例而已。

己、評點：評點是文學批評另一種表現形式，人言北宋蘇洵的《蘇評孟子》最早出，《四庫提要》以爲「此不但非蘇洵之說，亦斷非宋人之語」。假使此說成立，則南宋呂祖謙編的《古文關鍵》二卷，可說是此道之開端。張雲章序云：「有宋一代，文章之事盛矣。而集錄古今之作，傳於今者，僅三、四家。夫亦以得其當者鮮哉。眞西山《正宗》、謝疊山《軌範》，其傳最顯。格製法律，或詳其體，或舉其要，可爲學者準則。而迂齋樓氏之標注其源流，亦軌於正，其傳已在隱顯之間。以余考之，是三書皆東萊先生開其宗者。東萊《古文關鍵》既爲評點的開宗，迨後，眞西山編《文章正宗》，謝疊山編《文章軌範》、樓昉編《崇古文訣》。三書皆仿效《關鍵》，閱讀時，隨手在正文旁圈點或批註，於會心有得處箋以數語，點睛取髓，既側重篇章詞句之結構，又留意爲文造藝的本原。所以有人認爲這種評點方式，對作品的「構局造意，標舉靡遺，實能灼見作者之心源，而開示後人以奧窔」。又說：「作者之心得骨髓，一一抉出，不啻口講手畫，以指示學者（註五三）。」風氣既開，於是宋末元初有方逢辰批點的《止齋先生奧論》，劉辰翁更以全副精神從事評點，明人匯刻其所評各書爲《劉須溪批評九種》，內容包括《班馬異同評》三十五卷，《老子》、《莊子》、《列子》上下卷，《世說新語》三卷，《李長吉歌詩》四卷，《王摩詰詩》四卷、《杜工部詩集》二十卷，《蘇東坡詩》二十五卷，另外於今可見的，還有《放翁詩選》八卷、《別集》一卷，《王荊文公詩集》五十卷。時至明清，於文如歸有光的《文章指南》、茅坤的《唐宋八大家文鈔》、沈德潛的《唐宋八家文讀本》、姚鼐的《古文辭類纂》，於詩如方回的《瀛奎律髓》，於小說如許自昌評的《樗齋漫錄》、金聖歎評的《水滸傳》、李贄評的《三國演義》、《西遊記》，徐文長評的《隋唐演義》、陳繼儒評的《列國志傳》等。於戲曲有李贄批點的《琵琶記》、《西廂記》、《幽閨記》和《玉合記》，王思任批點的《牡丹亭》，沈泰編的《盛明雜刻》一、二集，各收雜劇三十種，大都明嘉靖以後作品，還有明末湯海若《玉茗堂批評》、清初金聖歎評的《西廂記》，皆有批語、有眉批、有總評，予讀者很多啓發。

庚、選本：《文選》之後，類似的選本大量湧現，爲文學批評帶來一股活力。蓋選本的編纂方式可以顯示編著者鑒別去取的眼光，這正是批評理論的具體呈現。方孝岳《中國文學批評・導言》云：「凡是輯錄詩文的總集，都應該歸在批評學之內。選錄詩文的人，都各人顯出一種鑒別去取的眼光，這正是具體的批評之表現。再者，總集之爲批評學，還在詩文評專書發生之先。摯虞可以算得後來批評家的祖師。他一面根據他所分的門類，來選錄詩文；一面又窮源溯流，來推求其中的利病。這是我國批評學的正式祖範。……我們如果再從勢力影響上來講，總集的勢力，又遠在詩文評專書之上。像《文心雕龍》、《詩品》這種括囊大典的論斷，雖然是人人所推戴，但是事實上實在不曾推動某一時代的作風。像《文選》、像《瀛奎律髓》、像《唐宋八家文鈔》，這些書就不同了；他們曾經各演出一番長遠的勢力，都曾經拿各人自己特殊的眼光，推動一時代的詩文風氣。所以「總集」在批評學史中，實占著很重要的部分，這一層我們不可不注意（註五四）。」若干年來研究文學批評的人，往往只理會詩話、文話、詞話、曲話及評點之類的論著，卻忽略了這些重要的總集，像郭茂倩撰的《樂府詩集》，茅坤編的《唐宋八大家文鈔》、吳楚材編的《古文觀止》、姚鼐編的《古文辭類纂》、曾國藩編的《經史百家雜鈔》，李兆洛編的《駢體文鈔》、許槤編選的《六朝文絜》，趙崇祚編的《花間集》、不著編輯人姓氏的《尊前集》、周密編的《絕妙好詞》，不著撰人姓名的《群英草堂詩餘》、揚朝英撰的《朝野新聲》、《太平樂府》等，無一不譽滿士林，影響深遠。

八、中西文化交流時期的文學批評

中西文化交流期的文學批評，大規模的雙向交流活動，開始於民國成立，何其不幸，將近一個世紀的漫長時光裏，先有軍閥割據，接著八年抗戰，繼而由國共內戰演變爲台海兩岸的長期分裂，台灣雖以實行三民主義爲號召，主張民族、民權、民生，而究其實，則是披著三民主義的外衣，大量移置美式資本主義。大陸看似走有中國特色的社會主義，骨子裏卻是扛著馬列的招牌，推行俄式的共產思想。中國是一個有五千年歷史文化的文明古國，一千一百萬平方公里的土地，擁有四界上四分之一以上的人口，以這樣一個地大物博，人口衆多，文化悠久的條件，如果全國統一，上下齊心，相信以中國人的聰明才智，必能發揚民族文化的優良傳統，融會東西方各國之長。把中國文學批評，再推向一個理想的領域。

當民國成立後，在「中西」、「新故」，「文白」之爭的學術園地裏，文學批評幾乎全部都是採用西方的文藝理論作基礎、談到小說、詩歌、戲劇的表現形式和技巧時，總離不開西方近代曾見的種種主義，種種思潮和專有名詞。尤其一些自命爲文學新銳的人士們，特別喜歡集會結社，相互標謗，不肯下切實研究的工夫。試問當大家正忙於西方亞里斯多得、克羅齊、渥茲畢茨，歐立德與龐德，和古典主義、浪漫主義、寫實主義、存在主義，甚而拚命鑽研亞里斯多得的《詩學》、克羅齊的《美學》、托爾斯泰的《藝術論》以及艾略特的「文學評論」時，我們自己的詩論、文論、小說論、戲曲論又身在何處？我不是一個反對西方文學理論的人，而是希望我們在研究西方文學理論的同時，是否也應該兼顧自己本國學術界代代相傳的文論瑰寶。因此，若干年來，眞心走出中國傳統窠臼，汲取西方文論菁華，確然有膽識，有創獲，堪稱獨樹一幟，而又系統完具的中國文學理論作品，實如鳳毛麟角，不易多覯。

從另一方面看，在這個大開大闔的時代，也有不少學者由純粹重視西方文學理論的亂流中，逐漸走向傳統，運用通史的眼光，來看待中國文學批評發展的新趨勢。甚而有些學者還參考西方治學方法，把中國文學範疇中，與批評或批評理論有關的資料，篩揀而出，作統整性的研究，並發表專門論著，從而形成了一門自別於中國文學史以外的新學問，那就是中國文學批評史，或中國文學理論史。例如以批評史爲名的，計有郭紹虞的《中國文學批評史》、劉大杰的最新增訂本《中國文學批評史》、陳鐘凡的《中國文學批評史》、羅根澤的《中國文學批評史》、蔣凡、顧易生合著的《先秦兩漢文學批評史》、朱東潤《中國文學批評史大綱》等。以理論史或思想史爲名的，計有蔡鐘翔、黃保眞、成復旺合著《中國文藝理論史》、羅宗強的《隋唐五代文學思想史》、張文勛的《中國古代文學理論論稿》、任訪秋的《中國新文學淵源》、尹雪曼等編纂的《中華民國文藝史》、北京大學編的《中國文藝思想史論叢》等。以批評論或文論爲名的，計有王志健的《文學論》、張健的《中國文學批評》，方孝岳的《中國文學批評》、傅更生的《中國文學批評通論》、華東師大編的《中國古代文論研究方法論集》、郁沅的《古今文論探索》、趙盛德編的《中國古代文學理論名著探索》、湖南師院編的《文學理論基礎》、周振甫的《文論漫筆》、諶兆麟的《中國古代文論概要》、劉若愚的《中國文學理論》、趙則誠、張連弟、畢萬忱等合編的《中國文學理論辭典》。又有以文論與文藝美學結合為名的著作，計有吳調公的《古典文論與審美鑒賞》、郁沅的《中國古典美學初稿》等，皆屬此類著作中之佼佼者。

至於章炳麟的《文學總略》，於〈文體論〉，論述了各種文體內容和形式上的特徵，以及分合演變的規律；〈法式論〉，論各種文章寫作法則與風格；〈流變論〉，論文學發展。及各家各派之成敗得失。他扣緊了《周易》哲學中宇宙萬物生發演化，窮變通久的基本規律，推陳出新，發揮了他惟有新變，始可代雄的思想。王國維的《人間詞話》，首標「境界說」，以為「詞以境界為上，有境界則自成高格，自有名句，五代北宋之間所以獨絕者在此。」尤其他說的「一切景語皆情語也」，對中國古典詩詞優良傳統的一語道破，眞有石破天驚的創獲。只可惜思精而體欠大，假使能加以恢廓，以他的才智和學養，對中國文學批評的由開而闔，由支離而完整，不難有空前的發現也。梁啓超在散文，詩歌、戲曲、小說方面各有突破性的理論，確能以他深厚的中西文學理論素養，做出一些貢獻；惜天不永年，賫志以終，不禁為之扼腕！

九、結　論

最後，我願向從事文學理論研究者進一言：從學術文化的立場看中國文學批評的發展，有三大特色，第一、中國學者以向少談文學批評，所以雖缺乏純粹的所謂「文學批評家」；但卻有不可勝計的文學理論專著。第二、中國學者以向重視鑑賞，在從事鑑賞時，往往以作品爲焦點，思想爲焦距，絕非作品的附庸，但卻受思想的局限。第三、中國學者以向重視學養，凡所著述，絕不徒託空言或立異鳴高，並運用傳統治學方法，使解釋性的批評獨擅勝場。

《文心雕龍》、《詩品》、《文選》爲中國文學批評的擎天玉柱。上承解釋批評和直觀批評的遺緒，下開理論批評分道揚鑣的先河，同時，更身當純中國文化時期和中印文化交流時期的銜接點，有《文心雕龍》而後有散文論、四六論和小說論，有《詩品》而後有詩論、詞論和曲論，有《文選》而後有評點和選本的產生，皆樹立宏規遠模於前，分道揚鑣於後，爲中國文學批評綻放了多采多姿的奇葩。從這三個主流去了解中國文學批評發展的方向，必可收執簡馭繁之效。

回顧過去，瞻望未來，舉目斯世，這的確是一個風狂雨驟的狂飆時代，也是我民族文化存亡絕續的重要關頭。但願我們能痛下決心，以劉勰在佛教盛行之六朝著《文心雕龍》的宏觀態度，來開創文學批評的新天地吧！

【註釋】

註一：賴力行的說法，見於他的近著《中國古代文學批評・緒論》二〈中國古代文學批評學的學科特點〉、此書一九九一年三月華中師範大學出版社發行。

註　二：引文見邱煒萲《客雲廬小說話》。

註　三：此說參閱王更生著《中國文學本源》第四章第二節〈文學與思想的關係〉。此書台灣學生書局印行。

註　四：引文見《論語・爲政》篇。

註　五：引文見《論語・八佾》篇。

註　六：引文見《文心雕龍・明詩》篇，可參閱《論語・八佾》篇和《論語・學而》篇。

註　七：引文分見《周易・乾文言》和《論語・衛靈公》篇。

註　八：引文見《孟子・公孫丑》篇。

註　九：引文見《孟子・萬章》篇。

註一〇：引文見《孟子・萬章》篇，孟子與咸丘蒙的一段談話中。

註一一：此處論〈凱風〉以爲親之過小、論〈小弁〉以爲親之過大，見《孟子・告子》篇「以意逆志」釋詩中的一段話。舉〈公劉〉謂公劉好貨，舉〈綿〉謂大王好色，均見《孟子・梁惠王》篇齊宣王問一段文字。

註一二：《墨子・樂論》開宗明義論及詩樂關係云：「夫樂者，樂心，情之所必不免也。故人不能無樂，樂則必發於音，形於動靜；而人之道，聲音動靜，性術之變盡量實。故人不能不樂，樂則不能無形，形而不爲道，則不能無亂。先王之惡其亂也，故制雅頌之聲以道之，傳其聲是以樂而不流，使其文是以辨而不諰，使其曲直繁廉內節奏，足以感動人之善心，使夫邪污之氣無由得接焉。」

註一三：《墨子‧儒效》云：「〈小雅〉之所以爲〈小雅〉者，取是而文之也；〈大雅〉之所以爲〈大雅〉者，取是而先之也；〈頌〉之所以爲至者，取是而通之也。」

註一四：引文見《韓非子‧亡徵》篇。

註一五：引文見司馬遷《史記‧太史公自序》。

註一六：引文出處同註十五。

註一七：引文見揚雄《法言‧吾子》篇。

註一八：王充《論衡‧超奇》篇云：「有根株於下，有榮葉於上，有實核於內，皮殼於外。文墨辭現，壬之榮華皮殼也；實誠在胸臆，藝著竹帛，外內表裏，自相副稱，意奮而筆縱，故文見而實露也。人之有文也，猶禽之有毛也，毛有五色，皆生於體；苟者文無實，則是五色禽毛妄生也。」

註一九：王充《論衡‧對作》篇云：「世俗之性，好奇怪之語，說虛妄之文，何則？實事不能快意，而華虛驚耳動心也。……虛妄顯於眞，實誠亂於僞，世人不悟，是非不定，紫朱雜側，瓦玉集糅，以情言之，豈吾心所能忍哉？」

註二〇：王充《論衡‧自紀》云：「夫文猶語也，或淺露分別，或深遠俊雅，孰爲辯者？故口言以明志，言恐滅遺，故著之文字；文字與言同趨，何爲猶富隱當閉指意？……」此論言文一致。又同篇云：「夫養實者不育華，調行者不飾辭，豐革多華英，茂林多枯枝，爲文欲顯白其爲，安能令文而夫之子不同父母，殊類而生，不必相似，各以所稟，自爲佳好，文必有旨合然後稱善，是則代匠斲不傷手然後稱工巧也。……」此論爲文不尙模仿。

註二一：引文見《文心雕龍．宗經》篇。

註二二：引文出處同注二十一。

註二三：劉勰評揚雄〈百官箴〉，見《文心雕龍．事類》篇。

註二四：劉勰評陸賈《新語》，見《文心雕龍．諸子》篇。

註二五：劉勰評潘勗〈册魏王九錫文〉，見《文心雕龍．風骨》篇。

註二六：白居易評李白的話，見〈與元九書〉。

註二七：白居易評杜甫詩，出處同註二十六。

註二八：白居易評張籍〈古樂〉篇，見於〈讀張籍古樂府〉。

註二九：引詩見於元好問〈論詩絕句〉第十六首。

註三〇：引詩見於元好問〈論詩絕句〉第二十首。

註三一：文學的定義，說法不一，根據華正書局印行的《文學概論》第二章所引中西方學者的說法很多，最後編者根據各方看法歸納爲：「文學，是作者藉文學的組織，以表達其思想與情感的。」

註三二：引文見於《論語．述而》：「子以四教，文行忠信。」

註三三：引文見於《論語．公冶長》篇：「子貢曰：夫子之文章，可得而聞也；夫子之言性與天道，不可得而聞也。」

註三四：引文見於《文心雕龍．徵聖》篇。
註三五：引劉勰說，見於《文心雕龍．徵聖》篇。
註三六：言孔子讀《易》，韋編三絕事，首見《史記．孔子世家》，以後劉勰《文心雕龍．宗經》篇亦有此說。
註三七：引文見《文心雕龍．史傳》篇。
註三八：此處言孔子〈十翼〉與《周易》關係，大多引用錢基博《周易解題及其讀法》第七章第二節讀《易》之序。此書台灣商務印書館印行。
註三九：引文見蔣伯潛《十三經概論》第六編第一章〈春秋經傳解題〉上引宋胡安國說。
註四〇：王充著《論衡》三十卷，第九卷有〈問孔〉，第十卷有〈刺孟〉。
註四一：此說見《文心雕龍．序志》篇：「蓋〈周書〉論辭，貴乎體要，尼父陳訓，惡乎異端，辭訓之奧，宜體於要。於是搦筆和墨，乃始論文。」
註四二：引文見《文心雕龍．序志》篇。
註四三：關於《文選》編撰經過及參與的文士，詳情參見何融著《文選編撰時期及編者考略》一文。此文附刊於台灣學生書局印行《昭明太子和他的文選》一書。
註四四：魏晉六朝文學理論的專著和單篇論文很多，國立台灣師範大學國文系講師劉渼於民國七十九年（一九九〇）撰有《魏晉南北朝文論佚書鉤沈》，書中搜得魏代文論二種。兩晉文論八種，南朝文論十三種、北朝文論四種。總計共二十七種之多。

註四五：此處對詩話的評語，係參照近人朱光潛《詩論》書前〈序言〉。

註四六：北京大學齊森華的《曲論探勝》一書，一九八五年四月出版，華東師範大學出版社印行。

註四七：陳邦禎《兩宋文話初探》，爲私立文化大學中文研究所碩士論文，自印。

註四八：薛瑩瑩《陳繹曾先生之生平及其文論》，爲私立文化大學中文研究所碩士論文，自行。

註四九：李四珍《明清文話敘錄》，爲私立文化大學中文研究所碩士論文，自印。

註五〇：林妙芬《中國近代文話敘錄》，爲私立東吳大學中文研究所碩士論文，自印。

註五一：香港大學教授何沛雄《賦話六種》，一九八二年十二月在香港出版，書中未註明印刷處所。

註五二：方孝岳《中國文學批評．導言》，見於他著的《中國文學批評》，此書爲《中國文學八論》中的第七種，台北泰順書局民國六十九年（一九八〇）重印本。

註五三：引說見於南宋呂祖謙《古文關鍵》書前，嘉定張雲章漢睦氏所書的〈序言〉。

拾　晏殊《類要》與《文心雕龍》古注

一、前言

《文心雕龍》之有注，以宋朝辛處信爲最早。辛處信活動於何時？其注如何？辛注之前，《文心雕龍》是否有注？辛注之後，又是否被人徵引？是否另有其他學者爲之注？似此，均因資料缺乏，無從深究。今幸得睹晏殊《晏元獻公類要》一百卷，在該書卷二十三〈總敘字學〉條，錄有辛處信《文心雕龍》的序文數句，由此不但得知辛處信確有其人，與確有其注，且由《類要》篇輯的時間，可以上考下求，旁推交通，進一步推估辛處信與其《文心雕龍注》活動和成書時間的大略，以及辛注出現前的唐寫殘卷中的簡易校注，和出現後南宋學者的徵引與考訂。爲此，特作雜識數則，就教於同道。

近讀晏殊《類要》，在該書卷二十三〈總敘字學〉條，錄有：

昔倉頡造書，刑（即「形」字誤）立謂之文，聲具謂之字，寫於竹帛謂之書。

正文之下，用雙行小字書作「辛處信《文心雕龍・序》」字樣。這顯然就是史志相傳的辛處信《文心雕龍注》書前序文。現在本人就援據此一資料，進一步推估晏殊《類要》和「《文心雕龍》古注」間的關係。

所謂「《文心雕龍》古注」，係指唐宋時期《文心雕龍》注釋，尚殘存於今者而言。自劉勰《文心雕龍》行世，經隋、唐以迄兩宋（由隋文帝開皇九年，五八九～南宋衛王祥興二年，一二七九），七百年來，這部藝苑的寶典，逐漸引起學術界的關注，並從事注釋的不乏其人，可惜由於代久年淹，書缺有間，其古注之倖存於今者，直如鳳毛麟角。

《文心雕龍》之有注，據史志之可考者，莫早於宋辛處信。辛處信以前，《文心雕龍》是否有注？辛注問世以後，有無學者徵引？或另有他人作注？辛注成書於何時？辛處信又是何時人？至於王堯臣等編纂《崇文總目》，與晏殊時屬同代，何以對辛注闕而不錄？後於王堯臣百餘年的鄭樵，在南宋初年成《通志》二十略，其《藝文略・文史》類反而有辛注的著錄，其故安在？以上種種疑問，皆令關心「《文心雕龍》古注」者，考索無門而又饒富興味。故不揣譾陋，作「雜識」數則，就教於同道云。

二、雜識之一：敦煌遺書中的「《文心雕龍》古注」

「注」，就是對典籍文章的解釋。《詩經・詁訓傳》說：「注者，注也。爲之解說，使其義著明。」一九九四年，我作〈隋唐時期的龍學〉，文中談到「唐寫本敦煌遺書與《文心雕龍》」

（註一）的關係時，曾說：

在敦煌遺書中第五葉〈辨騷〉第五，第三行到第七行欄下注，由左至右橫書「皭，靖也。」「緇，黑色。」「涅，水中黑。」乃讀者偶釋正文所書。這也可以算是《文心雕龍》最早的注解了。

當時，我根據的只是潘師重規的《唐寫文心雕龍殘本合校》（註二），時隔八年之後，現在獲睹同道好友林其錟、陳金鳳伉儷合編，近期出版的《文心雕龍集校合編》（註三），書中在「唐寫殘卷」部分，採用了王元化先生通過友人直接從英倫「大英博物館」攝製的《敦煌唐寫殘卷微捲》（註四），並採最新沖洗技術處理後，顯影甚佳，持之與他本相較，頗有新發現，於是更確定《文心雕龍》之有注，當自「唐寫本敦煌遺書」始。綜理其例，略有：

㈠原文顚倒，加「∨」號乙正者：

如〈銘箴〉第八，《合編》第二十四頁四行「彥伯槪梗」句，「槪梗」顚倒，寫生或讀者在「梗」字右肩加注「∨」以示乙正。同樣的情形，又見於〈祝盟〉第十，《合編》第三十一頁六行「信由不衷」句，「由不」顚倒，均其例。

㈡句有衍文，加「…」符號刪節者：

如〈雜文〉第十四，《合編》第四十二頁一行「自對問已下後」句，「下」字衍，寫生或讀者於「下」字右肩加「…」以示刪節。同樣的情形，又見於〈銓賦〉第六，《合編》第二十二頁十行，「繁閡積於宣室」句，「閡」字衍。〈祝盟〉第十，《合編》第二十九頁二行「以六事責人躬」句，「人」字衍。均其例。

㈢句有脫文，加細字補正者：

如〈辨騷〉第五，《合編》第十頁八行，「浮遊塵之外」句，「塵」下脫「埃」字，寫生或讀者用細字於「之」右肩書「埃」字以示增補。同樣的情形，又見於〈哀弔〉第十三，《合編》第四十五頁五行「悼加膚色」句，「加」下脫「乎」字。均其例。

㈣文章分段，於首字右肩用粗筆濃墨加「9」符號，以資識別者：

如〈哀弔〉第十三，《合編》第四十頁七行「弔者，至也」句，首「弔」字右肩加「9」符號，以示段落開始。同樣情形，又見於〈誄碑〉第十二，《合編》第三十七頁八行，「碑者，稗也」的「碑」字右肩。〈銘箴〉第十一，《合編》第三十三頁十一行「箴者，針也」的「箴」字右肩。〈祝盟〉第十，《合編》第三十頁十行「盟者，明也」的「盟」字右肩。〈頌讚〉第九，《合編》第二十七頁三行「讚者，明也」句的「讚」字右肩。均其例。

㈤不識草書，標注正體，以免誤讀者：

如〈徵聖〉第二，《合編》第三頁八行，「辭成無好異之尤」句，「好」草書作「」，讀者不識，於欄外加注正體「好」字。同樣的情形，又見於〈誄碑〉第十二，《合編》第三十七頁三行」「上闡后稷之烈」句「烈」草書作「」，讀者不識，遂於當行上下欄外各加一正體

「烈」字。〈頌讚〉第九，《合編》第二十六頁五行「深淺不同」句，「淺」字草書作「」，讀者不識，在當行上欄外加注正體「淺」字。均其例。

㈥句旁首字加「1」符號，提醒讀時注意者：

如〈辨騷〉第五，《合編》第十二頁末行「氣往轢古」句的「氣」字右肩，用粗筆豎畫「|」，提醒讀者注意。同樣的情形，又見於〈明詩〉第六，《合編》第十四頁二行「詩者，持也」的「詩」字右肩。〈樂府〉第七，《合編》第十八頁九行，「是以師曠覘風於盛衰」句的「師」字右肩。同篇「阮咸譏其離磬」句的「阮」字右肩。「詩為樂心」句的「樂」字右肩。均其例。

㈦文辭古奧，加以注釋者：

如〈辨騷〉第五，《合編》第十頁八行「皭然涅而不緇」句，其中「皭」「涅」「緇」古奧難解，讀者特在欄下，由右而左橫書「皭，靖也」「緇，黑色」，「涅，水中黑」，加以詁訓。

此外，尚有知識程度尤差而向學興趣濃厚的讀者，往往在「唐寫殘卷」上信筆塗鴉。如《合編》第二頁二行，〈徵聖〉篇題下，書有「大」字十二個。第三十二頁二行三行〈銘箴〉篇題下，書有「一」、「大寶積經」、「大寶積」、「大寶積積佛」、「大寶積經第一」等十九字，雖然筆畫工整，但字體大小，上下距離，都歪斜不整。又同頁末行，讀者有意摹寫「唐寫殘卷」草書的「」（言）字，連續仿寫五個大小不一的字，筆勢拙劣，足見學書痕跡。

歸納上述各例，有校勘，有補脫，有刪節，有注釋，有標段，有重點提示，有另加正體等。《文心雕龍・論說》篇，說：「注者主解。」〈書記〉篇也說：「解者，釋也。解釋結滯，徵事以對也。」以此對照唐寫《文心雕龍》殘卷上，讀者以自爲法，所作的種種通讀方式，無一不是有意識的行爲，這和漫無目的，信筆塗鴉，或純粹爲抄書而抄書的寫生、道士所爲者不同。其針對原文，使用的各種符號和文字，雖未「徵事以對」，但其目的都在「解釋結滯」，「使其義著明」之旨完全脗合。所以由「唐寫殘卷」呈現的事實，經過統計歸納獲致的結果，他雖然不像王疏《楚辭》，鄭注「三禮」，杜解「春秋」，何詁「公羊」（註五），那樣上原倉雅，旁通諸史，博考精校，貫穿證發，有組織，有系統的加以梳理；這只能說是受限於讀者的知識水準，和當時現實的需要如何；即令如此，我們亦絕不能否定這不是注釋的行爲，所以我們說辛處信以前，在中唐時期，《文心雕龍》早已有簡單的注釋，應該是比較合理的推論。至於以後在亂離的五代十國時期，「敦煌遺書中的古注」，能否給辛處信注《文心雕龍》帶來什麼影響，至今還沒有什麼證據可以覆按！

三、雜識之二：晏殊《類要》引「《文心雕龍》辛注」的可信度

晏殊字同叔，卒諡元獻，所以他的《類要》又名《晏元獻公類要》。撫州臨川（今江西省臨川縣）人，生於宋太宗淳化二年（九九一），卒於仁宗至和二年（一〇五五），享壽六十有五。

景德（宋眞宗年號）初（約一〇〇四），張知白安撫江南，即以神童推薦於朝廷，賜同進士出身，當時他才十五歲，後擢祕書省正字，次年（約一〇〇五）召試中書，遷光祿寺丞。仁宗即位（一〇二二，年號乾興），拜集賢殿學士，同平章事。曾預修《眞宗實錄》，《宋史》本傳說他平生著述豐富，計有文集一百四十卷，及刪次梁陳以下名臣述作爲《集選》一百卷。

南宋初年，鄭樵作《通志》，於〈藝文略・類書〉七，錄有晏殊《類要》七十四卷，同書〈藝文略・總集〉八，錄有「名賢集選」一百卷，一爲「類書」一爲「總集」，分類不同，屬性亦自有別。持其與《宋史》晏殊本傳相較，這裡所謂的《名賢集選》一百卷，肯定就是《宋史》本傳的《集選》一百卷，歐陽脩作的〈晏公神道碑銘〉，說他「類集古今文章，爲《集選》二百卷」者，實際上就是《宋史》本傳上說的「刪次梁陳以下名臣述作，爲《集選》」，亦即《通志・藝文略・總集》裡《名賢集選》。二百卷當爲一百卷之誤。

曾鞏《類要・序》說：「及得公所爲《類要》上中下三帙，總七十四篇」。此處所謂之「《類要》上中下三帙，總七十四篇」，晏殊《宋史》本傳不載，鄭樵《通志・藝文略》則收入「類書」第七。清《四庫全書總目提要》以爲（此書於）宋代所傳名目、卷帙，已多互異，歐陽脩作〈神道碑〉，「稱類集古今爲《集選》二百卷，曾鞏作序，則稱上中下三帙七十四篇，惟《宋史》本傳稱一百卷，與今本合。」然而事實上，是《四庫提要》誤以爲《宋史》本傳載的《集選》就是《類要》，《集選》一百卷，就是《類要》一百卷，既不查《宋史》本傳之失載，尤不考鄭樵《通志・藝文略》對《集選》與《類要》分類不同的事實，以至於造成對歐陽脩作〈神道碑〉所稱之「類集古今為《集選》」，和曾鞏作《類要・序》稱「上中下三帙七十四篇」之混淆與誤解。至於今本《晏元獻公類要》一百卷，所以和曾序，《通志》所載七十四篇不合的原因，蓋因其四世孫晏袤續加增補之故。

南宋葉夢得《避暑錄話》（註六）稱：「殊平生未嘗棄一紙，雖封皮亦十萬為沓，每讀書得一故事，則批一封皮，後批門類，命書吏傳寫。」曾鞏序《類要》時，對該書內容，性質、門類，講得十分詳細，他說：「公所為《類要》上中下三帙，總七十四篇，凡若干門，皆公所手抄。乃知公於六藝、太史、百家之言，騷人墨客之文章，至於地志、族譜、佛老、方伎之衆說，旁及九州之外，蠻夷荒忽詭變奇跡之序錄，皆披尋細繹；而於三才萬物變化情偽，是非興懷之理，顯隱細鉅之委曲，莫不究盡。公之得於內者在此也。」《四庫總目提要》也說：「《類要》所載，皆從原書採綴，不似他類書互相剽竊，輾轉傳訛。」可是晏殊《類要》，雖體例略如《北堂書鈔》，《白氏六帖》，就內容門類而言，不僅詳贍過之，其每條資料，都是經過晏氏目視手抄。所以他的可信度極高，就因為這一點，本人便特別拿他來做為檢測辛處信注《文心雕龍》的準據。

四、雜識之三：辛處信注《文心雕龍》時間的蠡測

辛處信《文心雕龍注》久佚，其內容如何，雖不可得而詳，但有了晏殊的《類要》引辛氏《文

心雕龍注·序》做基礎，我們對辛氏所處的時代及其《文心雕龍注》成書時間，可以得出一個大致的輪廓。

先考辛處信可能活動的時間：晏殊卒於宋仁宗至和二年（一〇五五），則其《類要》的成書，最晚不會晚過宋仁宗至和二年，以此上推，晏殊開始搜輯材料，編著《類要》的時間，最早不會超過他入仕之後，也就是被安撫江南的張知白以神童推薦朝廷，賜同進士出身的次年，而宋真宗景德二年（一〇〇五）召試中書，遷光祿寺丞的時候。由開始聚材到《類要》完成，可以說耗費了他一生的時光。至於晏殊和曾鞏仕不同時，而曾鞏所以為之作序者，根據李震著的《曾鞏年譜》及曾氏《類要·序》兩方面的說法，是受了晏殊之子知止的請託，在宋神宗熙寧元年（一〇六八）十一月，也就是晏殊去世，《類要》成書後的第十三年寫的這篇序。曾序說：「公之子知止，能守其家者也，以書屬余序。余與公仕不幷時，然皆臨川人，故為之論次，以為公書諸首。」

假若以上的推論接近事實的話，則辛處信生前的活動時間，合理的計算必早於晏殊，或為宋太祖時人，或較此更早的五代末年人。

次言辛處信《文心雕龍注》成書時間：根據《類要》卷二十三〈總敘字學〉條所引辛處信《文心雕龍注·序》文字：

昔倉頡造書，刑（即「形」之誤）立謂之文，聲具謂之字，寫於竹帛謂之書。

內容雖寥寥四句，但從文字的起源，到發展成文，成字，而後書於竹帛，依次用遞進式的修辭法將「文」「字」「書」三者加以串聯說明，如非在字學方面有相當識解或文章老手，很難有這樣言簡義賅的文字。所以辛處信《文心雕龍注》的成書時間，如不是在五代末年，定在北宋初年，或至少不會晚過眞宗在位期間，即乾興元年（一〇二二）。否則，晏殊輯《類要》，絕無可能徵引到他書序上的話。

五、雜識之四：王應麟著述中引述《文心雕龍》時的「原注」

辛處信《文心雕龍注》出現後，兩宋期間，雖然未再有其他學者以《文心雕龍注》名書者，但不見得沒有人運用「徵引」或其他的形式來詮釋《文心》。這種情形，在南宋末年王應麟的著作中，就保存了相當豐富的資料，而不爲人知，或知而未進一步深究。過去楊明照先生著《文心雕龍校注拾遺》上下册（註七），在下册《附錄》裡，於〈采摭〉第三、〈因習〉第四、〈引證〉第五、〈考訂〉第六各節，都節錄了王氏平生著作如《玉海》、《辭學指南》、《困學紀聞》、《小學紺珠》、徵引《文心雕龍》」的原文，或原文之下的『原注』。尤其徵引《文心雕龍》原文後所附的『原注』，到底是誰的注？是王應麟本人的自注呢？或王應麟引別人的注呢？如果是王應麟自己的注，斷無自稱『原注』之理，如果是引他人的注，則他人指的是誰？頗有推敲的必要。以下筆者特別從楊明照先生的《文心雕龍校注拾遺》下册《附錄》裡，揀出王應麟引《文心雕龍》而確實附有「原注」或「夾注」者，爲節省篇幅計，各舉三數條爲例，然後再就「原注」

或「夾注」部分，提出前人的考訂和個人的看法。

如《玉海》(註八)

卷五十四〈藝文總集・文章〉引《文心雕龍・雜文》篇：

楊雄覃思文闊，碎文瑣語，肇爲連珠。擬者間出，杜篤、賈逵、劉珍、潘勗，欲穿明珠，多貫魚目。唯士衡理新文敏。

於正文之後，用雙行細字「夾注」：「《文選注》引揚雄連珠，杜篤連珠。宋庠撰《連珠》一卷，倣陸機之作。」

卷五十九〈藝文總集・文章・詩〉引《文心雕龍・明詩》篇：

王澤殄竭，風人輟采，春秋觀志，諷誦舊章。逮楚國諷怨，則離騷爲刺。秦皇滅典，亦造僊詩。漢成帝品錄，三百餘篇，朝章國采，亦云周備；而辭人遺翰，莫見五言。所以李陵、班婕妤，見疑於後代也。案召南行露，始肇半章，孺子滄浪，亦有全曲，則五言久矣。又古詩佳麗，或稱枚叔，其孤竹一篇，則傅毅之詞。至於張衡怨篇，清典可味，仙詩緩歌，雅有新聲。

於「秦皇滅典，亦造僊詩」句後，附有雙行細字「夾注」：「《史記》始皇使博士爲〈仙眞人詩〉及行所游天下，傳令樂人歌絃之。」

又於「李陵」句後，以細字「夾注」：「〈贈蘇武詩〉」。

又於「張衡〈怨篇〉，清典可味」句後，以細字「夾注」：「見《文選注》、《太平御覽》」。

又於「傅毅之詞」句後，以細字「夾注」：「古詩有『冉冉孤生竹』」。

又於「古詩佳麗，或稱枚叔」句後，以細字「夾注」：「《文選注》：蓋不知作者，或云枚乘。」

又於「班婕妤」後，以細字「夾注」：「〈怨歌行〉」。

卷六十〈藝文總集・文章・銘〉引《文心雕龍・銘箴》篇：

飛廉有石槨之錫，靈公有蒿里之謚。趙靈勒跡於番禺，秦昭刻博於華山。始皇勒岳，政暴而文澤；若班固燕山之勒，張昶華陰之碣，序亦盛矣！蔡邕銘思，獨冠古今，橋公之鉞，吐納典謨，朱穆之鼎，全成碑文，敬通雜器，準矱品物，崔駰品物，讚多戒少，李尤積篇，義儉辭碎，魏文九寶，器利辭鈍。唯張載劍閣，其才清采。

於「飛廉有石槨之錫，靈公有蒿里之謚」句後，以細字「夾注」：「《莊子》、《博物志》、〈石槨銘〉云：『靈公奪之我里』」。

於「趙靈勒跡於番禺，秦昭刻博於華山」句後，以細字「夾注」：「趙主父令工施鉤梯而緣番吾，刻疏人跡其上，而勒之曰：『主父嘗遊於此』。秦昭王令工施鉤梯而上華山，以松柏之心爲博，勒之曰：『昭王嘗與天神博於此』」。

於「班固燕然之勒」句後，以細字「夾注」：「見《後漢書》」。

於「張昶華陰之碣」句後，以細字「夾注」：「見《古文苑》、《文選注》，有張昶〈華山堂闕銘〉」。

於「橋公之鉞，吐訥典謨」句後，以細字「夾注」：「橋玄〈黃鉞銘〉，見《藝文類聚》」。

於「朱穆之鼎，全成碑文」句後，以細字「夾注」：「《文章流別》云，見上」。

於「敬通雜器」句後，以細字「夾注」：「馮衍，見上」。

如《辭學指南》（註九）

〈語忌〉引《文心雕龍・練字》篇：

善爲文者，富於萬篇，貧於一字，一字非少，相避難也。

於引文之後，以細字雙行「夾注」：「曾文昭曰：『文才出於天分，可省學問之半』」。

〈檄〉引《文心雕龍・檄移》篇：

凡檄之大體，或述此休明，或敘彼苛虐，指天時，屬人事，算彊弱，角權勢，標蓍龜於前驗，垂槃鑑於已然。譎詭以馳旨，煒曄以騰說。故植義颺辭，務在剛健，插羽以示迅，不可使辭緩，露板以宣眾，不可使義隱。必事昭而理辯，氣盛而辭斷，此其要也。

於引文之後，以細字雙行「夾注」：「《冊府元龜・序》曰：『暴揚過惡，張皇威武，使忠義奮發而邪謀沮壞，諭立就之理，陳逆順之狀，俾之改圖易轍，轉禍爲福，誕告生民，使知不獲已而用兵，雖無名而黷武』」。

如《困學紀聞》（註一〇）：

卷二《書》，引《文心雕龍・宗經》篇：

書標七觀。孔子曰：「六誓可以觀義，五誥可以觀仁，〈甫刑〉可以觀誡，《洪範》可以觀度，〈禹貢〉可以觀事，〈皋陶謨〉可以觀治，〈堯典〉可以觀美。」見《大傳》。

於正文之後，以細字雙行附以「原注」：「《孔叢子》云：〈帝典〉觀美，〈大禹謨〉、〈禹貢〉觀事，〈皋陶謨〉、〈益稷〉觀政，〈泰誓〉觀義，此其略異者。」

卷十〈諸子〉引《文心雕龍・論說》篇：

轉丸騁其巧辭，飛鉗伏其精術。

於正文之後，以細字雙行，附以「原注」：「程子曰：秦、儀學於鬼谷，其術先揣摩，然後捭闔，捭闔既動，然後用鉤鉗。」

清代翁元圻注《困學紀聞》（註一一），經他鎔彙閻百詩、何義門、全謝山、葉紹楏、周邵蓮、王定柱、王煦、王穀塍諸家論說，及其堂兄翁元奎口授的要旨，對書中所最「原注」之出處、注者、旨義，多有發明，綜理其說，得出下面兩點結論，即：

㈠王應麟於書中所引的「原注」，不知何人所作。

此說見於《困學紀聞》卷一《易》，頁二，如

正文作「貞者元之本，周公曰：『冬日之閉凍也不固，則春夏之長草木也不茂』。

可以發明貞固之說。

於「不茂」句後，以雙行細字「原注」：「見《韓非・解老》」。

清翁元圻案：「其注不知何人作。」

(二)王應麟於書中所引的「原注」，皆有出處，非王氏個人自注。此說仍以《困學紀聞》卷一《易》爲例，如

正文：《易》言密雲不雨者二〈小畜〉終於既雨者，陽之極爲陰也。〈小過〉終於已亢者，陰之極爲陽也。

文末附「原注」：「畜極則通，過極則亢。」

清翁元圻案：「『原注』乃王弼注語。」

又正文：「孔子卜得賁，孔子曰：『不吉』，子貢曰：『夫賁亦好矣，何謂不吉乎？』孔子曰：『夫白而白，黑而黑，夫賁又何好乎？』」

文末附「原注」：「《呂氏春秋》『賁，色不純也。』」

清翁元圻案：「此條記《呂氏春秋・愼行論・壹行篇》之文，「原注」：『賁，色不純也』五字，乃高誘注語。」

又正文：初九，潛龍，辭也。有九則有六，變也。潛龍，象也。勿用，占也。輔漢卿謂易須識變象占四字。

文末附「原注」：「項氏曰：『不稱乾馬，而稱震龍，震，動也，乾之動，自震始。』」

清翁元圻案：「『原注』引項說，見項氏《安世周易玩辭》。」上舉各例，在《困學紀聞》中，多不勝舉。此處雖屬鼎嘗一臠，但亦可確信在王應麟所有著作中，凡於正文中以雙行細字所附的「原注」或「夾注」，均可根據清代翁元圻的考證，既不知何人所作，而所注又皆有出處，則絕非王氏向壁虛造，其必有所本也可知。

此所本爲何？我在一九八八年五月發表〈王應麟和辛處信《文心雕龍注》關係之探測〉（註一二）一文。當時我曾經從「引書慣例」、「行文方式」、「詞義用法」、「寫作體例」四方面，來推斷王應麟於《困學紀聞》中引用的「原注」（包括其他書中的「夾注」在內），就是辛處信《文心雕龍注》的佚文。後來學友王國良博士面告「依照古本《困學紀聞》，『原注』字樣爲清代好事者後加」云云。我以爲即令「原注」字樣爲清人好事者後加，但書中以雙行細字「夾注」的事實，是不可否認的；如此，則經翁元圻考證獲致的結論，仍有其不可否定的價值在！

換言之，如果王應麟中的「原注」和「夾注」，確實是北宋初年，即晏殊輯《類要》時，所見到的辛處信《文心雕龍注》，那麼我們便可以把《文心雕龍》注現存而可見的時間，越過明代王惟儉的《文心雕龍訓故》，再上推六百五十年；假使和辛處信《文心雕龍注》無關，而是王應麟自注，那麼退一步講，在唐宋《文心雕龍》古注中，王應麟亦當佔有一席之地。所以今天我們不談《文心雕龍》古注則已，如談《文心雕龍》古注，則南宋末年王應麟和他書中引《文心雕龍》時所附的「原注」和「夾注」，是斷斷不可忽略的。

六、雜識之五：《崇文總目》與鄭樵《通志》著錄不同的解讀

辛處信《文心雕龍・序》既被晏殊《類要》徵引，則與晏殊同時，而在宋仁宗慶曆元年（一〇四一）十二月，經翰林學士王堯臣等新修的《崇文總目》六十卷（註一三），卻不收辛處信《文心雕龍注》，原因何在？

我以爲原因是在宋眞宗大中祥符八年（一〇一五）夏四月，榮王元儼宮失火，波及殿閣內庫，崇文院也遭到波及。祕閣圖書館幾乎蕩然無存，根據《宋兩朝藝文志》（註一四），當時政府藏書之所號稱三館，祕閣在左昇龍門北，是爲崇文院。自宋太祖建隆元年（九六〇），至宋眞宗大中祥符八年（一〇一五），館閣大火後，移寓右掖門外，謂之崇文外院。當時曾借太清樓藏書抄補，到宋仁宗天聖三年（一〇二五），才成一萬七千六百卷，九年冬，新造崇文院落成，館閣復而外院廢，宋仁宗景祐初年（一〇三四），命翰林學士張觀知制誥，王堯臣、宋祁、李淑編四庫書，因仿唐《開元四部錄》（註一五）爲《崇文總目》。慶曆初年成書，凡二萬六百六十九卷。我們拿《崇文總目》著錄的書量，和崇文院在火災前的原藏量三萬六千二百八十卷相較，短缺了一萬五千六百十一卷。所以仁宗天聖中直集賢院編修官謝絳說：「往者延燔之後，簡編略盡。」就是最好的證明。

晏殊輯《類要》，徵引辛注《文心雕龍序》，當在三館遭受火災以前，而王堯臣等纂修的《崇

文總目》，則在火災之後的第二十五年後完成，在當時三館收藏，損失慘重的情況下，其未收辛處信《文心雕龍注》，是可以理解的。更何況根據《玉海・藝文類》記載當時整編四庫書時，判館閣的官員們，在覆視錄校時，往往逞個人意氣，「有可取而誤棄不錄」者，爲此失之交臂的書不知凡幾。

《崇文總目》既因「回祿之劫」或「誤棄」而不錄辛氏之注，其理已明；但在《崇文總目》傳世之後的第一百二十一年，也就是南宋高宗紹興三十二年（一一六二），鄭樵成《通志》二百卷，其〈藝文略〉原爲單行，名曰《群書會記》。書中所載資料，大致本於《漢書・藝文志》、《隋書・經籍志》、《新・舊唐志》、《崇文總目》、《北宋館閣書目》、《道藏目錄》，及當時民間收藏，如荆州《田氏目錄》、漳州《吳氏目錄》等。可謂包古羅今，備錄無遺。雖然近人姚名達在《中國目錄學史》說他的《通志・藝文略》有很多缺點（註一六），但對於他在學術上的博大與貫通，仍抱持肯定的態度。

鄭氏在其所著〈藝文略・文史類〉著錄了辛處信的《文心雕龍注》十卷。如果按照之前的《崇文總目》不載，則較此晚了近一百二十一年之後的鄭樵《通志・藝文略・文史類》反而著錄了經久散佚之書，對這種前後矛盾的合理解讀，是鄭樵之著錄，係根據民間書目。其理由是根據〈通志・校讎略〉第一，有〈亡書出於民間論〉云：「古之書籍，有上代所無，而出於今民間者。」像「《古文尚書音》唐世與宋朝並無，今出於漳州之吳氏。《陸機正訓》，隋、唐二志並無，今出於荆州之田氏。《三墳》自是一種古書，至熙、豐間則出於野堂村校。……三館四庫所無者，臣已收入求書類矣。」他又在「求書之道」條中，列出「即類以求」、「旁類以求」、「因地以求」、「因家以求」、「求之公」、「求之私」、「因人以求」、「因代以求」等八類。鄭樵《通志・藝文略》之著錄，既非盡出於四庫、三館，又說「三館四庫所無者，已收入求書類。」是以如辛處信《文心雕龍注》，《崇文總目》未收，而得見於鄭樵《通志・藝文略・文史類》者，因其求書之勤，經由民間所得，故其著錄，爲公藏所不及，亦爲理所當然之事！

七、結論

劉勰《文心雕龍》之有注，莫早於敦煌遺書《唐寫文心雕龍殘卷》。由於受到當時的寫生、道士或讀者知識水平的局限，其所爲之「注」，雖未達到專業的程度，但確已具備了校勘、刪節、分段、注解的實質。

宋辛處信《文心雕龍注》，一見於鄭樵《通志》，再見於《宋史》的著錄，其他公私書目闕而不論，所以辛注究竟如何？以往學者，大多信以傳信，訛以傳訛，望風捕影，難見眞象。幸晏殊輯《類要》，於該書卷二十三〈總敘字學〉條，錄得辛注《文心》的序文數句，始得據以推求辛氏生前活動及其成書的時間，然後再以之比對宋末元初王應麟於其所著《玉海》、《困學紀聞》等書中附列的「原注」和「夾注」，雖不敢確定此注究竟出於何人之手，但卻引起吾人之聯想，設若不是王應麟的自注，而又和辛處信《文心雕龍注》無關，則兩宋之時必有除辛處信、王應麟以外的其他學者為《文心》作注者。

至於王堯臣等奉敕纂修的《崇文總目》和鄭樵《通志》，對辛處信《文心雕龍注》或著錄或不著錄的矛盾，經過筆者的考查，均找出原因，加以釐清，致使《文心雕龍》的唐宋古注，因晏殊《類要》的牽引，得以上考不求，旁推交通，有了較以往更完整和更明確的認知。此在《文心雕龍》整體的研究發展上來說，或不謂無補吧！

【註　釋】

註　一：《隋唐時期的龍學》一文，見於一九九五年七月「中國《文心雕龍》學會」編，由北京大學出版社印行的「《文心雕龍》研究」（第一輯）。

註　二：《唐寫本文心雕龍殘本合校》，潘師重規著。香港新亞研究所出版，一九七〇年九月一日由香港人文印務公司承印，龍門書店經銷，全書共九十六頁。

註　三：林其錟、陳金鳳伉儷合編的《文心雕龍集校合編》，係由台灣暨南出版社於二〇〇二年六月發行初版。全書共八〇七頁。

註　四：根據王元化〈文心雕龍集校合編・序〉，此一《敦煌唐寫殘卷微捲》，係由上海社會科學院王志平研究員，於應牛津大學之邀訪問倫敦，從大英博物館攝製的微縮影本。

註　五：漢王逸有《楚辭章句》，漢鄭玄注《周禮》十二卷、《儀禮》十七卷、《禮記》二十卷，晉杜預有《春秋經傳集解》三十卷。漢何休有《春秋公羊經傳解詁》十二卷。

註　六：此書係台灣商務印書館出版《叢書集成簡編》。葉氏之說見該書卷上第三十五頁。

註　七：楊明照的《增訂文心雕龍校注拾遺》全二冊，係二〇〇〇年八月由北京中華書局出版。

註　八：王應麟《玉海》二〇〇卷，係採用台灣大化書局於一九七七年十二月出版的八冊合鑒本。

註　九：王應麟《辭學指南》見合鑒本《玉海》的第二〇一卷，書共四卷，前有王應麟的《辭學指南・序》。

註一〇：王應麟《困學紀聞》係採用台灣商務印書館於一九六五年五月印行的《萬有文庫薈要本》《翁注困學紀聞》，全書共分六冊二十卷。

註一一：翁元圻清代道光年間人，根據清道光六年七月一日胡敬的序，說翁氏嘗輯閻潛邱、何義門、全謝山諸家之說，益以個人心得爲之注，後與同鄉老宿往復商訂，積數十年之功，注是書以表章絕學云云。

註一二：〈王應麟和辛處信《文心雕龍注》關係之探測〉，發表於一九八八年台灣中國古典文學研究會舉辦之「以《文心雕龍》爲中心的中國文學批評研討會」，會後收入台灣學生書局印行的《文心雕龍綜論》中。

註一三：根據《玉海・藝文類》的記載，慶曆元年十二月己丑，翰林學士王堯臣等上新修《崇文總目》六十卷，其書總數凡三萬六百六十九卷，自太祖平定四方，天下之書悉歸藏寶，太宗、眞宗，訪求遺逸。……景祐元年閏六月，以三館祕閣所藏有繆濫不全之書，辛酉，命翰林學士張觀知制誥、李淑、宋祁……

仿開元四部錄約，著爲目錄。此目錄即後來編修的《崇文總目》。

註一四：《宋兩朝藝文志》見一九六五年十二月由台灣商務印書館印行的《叢書集成簡編》本《崇文總目・補遺・附錄》第三九八頁。

註一五：《開元四部錄》，五代劉昫等撰的《舊唐書・經籍志》整此言之綦詳。云：「開元三年，左散騎常侍儲無量，馬懷素侍宴，言及經籍，玄宗曰：『內庫皆是太宗、玄宗先代舊書，常令宮人主掌，所有殘缺，未遑補緝，篇卷錯亂，難於檢閱，卿試爲朕整比之。』至七年，詔公卿士庶之家，所有異書，官借繕寫。及四部書成，上令百官入乾元殿東廊觀之，無不駭其廣。九年十一月，殷踐猷，王愜、韋述、余欽、毋煚、劉彥眞、王灣、劉仲等重修，成《群書四部錄》二百卷。」大凡五萬一千八百五十二卷。安祿山之亂，兩都覆沒，乾、元舊籍，亡散殆盡。

註一六：姚名達《中國目錄學史・史志篇》、《通志與文獻通考》條（見該書二一九頁）有云：「《通志》原爲通史，故〈藝文略〉亦史志之流。雖於書名或誤、或漏、或重複，然此種通史藝文志之作，要不可少。」

拾壹　楊明照教授「龍學」的未竟之業

一、前言——什麼是楊明照教授的「龍學」未竟之業

當代「龍學」泰斗楊明照先生，自一九三七年於《文學年報》三期，發表〈范文瀾文心雕龍注舉正〉，到一九九七年於《學術集林》十一卷，發表〈文心雕龍版本經眼錄〉；在此六十年之間，二十九篇《文心雕龍》研究論文裡，如果就其內容加以甄別，其中有十二篇是和「《文心雕龍》注」有關的作品。所以他在一九八四年出版的《文心雕龍學刊》第二輯，發表〈重新校注文心雕龍的初步設想〉，接著一九八八年，在廣州召開的「《文心雕龍》國際學術研討會」上，發表了他最重要而富有宣示性的論文，即〈文心雕龍有重注必要〉。所以《文心雕龍》的重注，正是楊明照先生孜矻以求，而終其一生未竟全功的「龍學」大業！

二、一切從頭說起

爲什麼「重注《文心雕龍》」是先生的未竟之業呢？想要解答這個問題，還需要從頭說起。

范文瀾的《文心雕龍注》，以《文心雕龍講疏》名義，於一九二五年經天津新懋印書館發行後，當年就有壽昀以〈介紹文心雕龍講疏〉爲題發表於《南開周刊》一卷四期，章用又在《甲寅周刊》第一卷，寫了〈評介文心雕龍講疏提要〉一文。次年（一九二六）六月，李笠在《圖書館季刊》一卷二期發表〈讀文心雕龍講疏〉，一九二九年，范氏將原書更名爲《文心雕龍注》，交北平文化學社印行，一九三六年再由上海開明書店發行。蕭叔訥則於同年九月一日發行的《申報》第二十八版有〈范氏文心雕龍評〉，一九三七年楊明照於《文學年報》第三期，發表〈文心雕龍注舉正〉，一九四五年趙西陸在《國文月刊》三十七期有〈評范文瀾文心雕龍注〉。日本學者斯波六郎，也在一九五二年，由廣島大學文學部中國文學研究室，印行了他的〈文心雕龍范注補正〉。一九五八年，楊明照的《文心雕龍校注》，經上海古典文學社出版問世，台灣政治大學教授張立齋，亦於一九六七年，經台北正中書局出版了他的《文心雕龍注訂》，台灣師範大學教授王更生，更在一九七九年十一月，由台北華正書局印行了他的《文心雕龍范注駁正》。一九八〇年楊明照又在《文學論集》第三期發表了《文心雕龍校注拾遺補》，一九八二年，由上海古籍出版社，正式印行楊明照的《增訂文心雕龍校注》。以後年有弋釣，收穫既多，對前注又有增補；遂於二〇〇一年六月，再將手稿交由江蘇古籍出版社印行，成《文心雕龍校注拾遺補正》。

自范氏《文心雕龍注》一九二五年發行後，八十年中雖有不少中外學者著文評論，但其間唯獨楊明照先生自一九三一年，因吳芳吉老師啓沃，熱衷《文心雕龍》的研讀；到一九三二年得范文瀾《文心雕龍注》後（註一），迄今七十年的漫長歲月中，先是針對黃叔琳《輯注》、李詳《補注》，進行搜佚補闕工作，後又以爲范《注》雖然取菁用弘，但因成書時間較早，不只網羅欠周，且在文字諟正，辭句考索方面，亦難稱嚴謹；國內外雖曾有專文舉正，而范《注》又一再翻版，卻未見徵引修正的情況下，因而書中某些錯誤，仍一再沿用，以訛傳訛。於是先生就針對范《注》的疏漏，逐條清寫，撰成《文心雕龍范注舉正》，並於一九三七年《文學年報》三期發表（註二）。

一九五八年經上海古典文學出版社印行了他的《文心雕龍校注》。以後接著在一九八二年、二〇〇〇年和二〇〇一年，也就是當他九三高齡之時，還出版了他的《文心雕龍校注拾遺補正》。先生這種擇善固執，鍥而不捨的精神，和獨耐寂寞地研究情懷，持之與當代中國研究范《注》而又曾著文舉正的學者相較，不僅沒有一家能和他相提並論；至於終其一生，投入《文心雕龍》——此一單一學科，下鑽堅求通，鉤深取極工夫的，尤非黃叔琳、李詳、范文瀾等可以望其項背的。

先生既是范《注》的摯友，又是范《注》的勁敵。尤其一九八八年在「《文心雕龍》國際學術研討會」公開發表〈文心雕龍有重注重要〉（註三），等於是站在「龍學」研究發展的最前線，向學術界的有志之士，吹起了改革舊注，別鑄新疏的號角！

一般人或認爲先生終身投入《文心雕龍》研究的目的，只是在舉正黃、范二家之《注》而補其闕失，可是依我看，恰好相反。先生顯然是想立足於黃、范既有的基礎上，推陳出新。所以我在先生九十嵩壽時，於拙作《歲久彌光的「龍學」家》裡曾說：「先生於一九八四年發表〈運用比較方法研究文心雕龍〉，更在一九八八年，針對范〈注〉闕失，提出〈文心雕龍有重注必要〉。此論雖屬草創，但以先生學而不已的精神，知難而進的毅力，腳踏實地的工夫，切實可行的方法，定能在耄耋之年，達成預期理想，為《文心雕龍》研究的史乘，樹立一塊嶄新的里程碑。」（註四）今逢先生辭世周年之後，我們除了正視其「重注《文心雕龍》」的心願外，還應該進一步設法完成此一未竟之業。

三、范《注》的問題在哪裡？

范文瀾《文心雕龍注》的問題在哪裡？這就是先生一再強調「重注」的原因。想知道范《注》的問題癥結所在，我們還是要從先生的大作〈文心雕龍有重注必要〉一文中找答案。他說：「范《注》是在黃《注》的基礎上發展起來的，固然提高了一大步，有很多優點；但考慮欠周之處，為數也不少。」為了印證言之不虛，他賡續列舉了以下的實例：「一、底本不佳；二、斷句欠妥；三、注與正文含義不一致；四、注與正文不相應；五、正文未誤而以為誤；六、正文本誤而以為不誤；七、正文未衍而以為衍；八、正文本衍而以為不衍；九、不明出典誤注；十、不審文意誤注；十一、黃注未誤而以為誤；十二、黃注本誤而因仍其誤；十三、引書未得根柢；十四、引書不完整，致與正文不相應；十五、引書篇名有誤；十六、原著具在，無煩轉引；十七、引舊說主名有誤；十八、引書混淆不清；十九、引用書未注意版本；二十、迻錄前人校語有誤。」此外，先生在〈文心雕龍研究中值得商榷的幾個問題〉（註五）文中，對「當前個別著作中，在原文理解上存在著見仁見智的差異」，其所述各點與校注有關的條目，如「一、曲解術語，古今不分；二、繳繞時代，先後不明；三、尋章摘句，不顧上下文；四、徵事數典，體會錯誤；五、疏證刊誤，擇善而從。」在〈漢魏六朝文學選本中幾條注釋的商榷〉（註六）一文裡，也有和校注有關的看法。如「一、事探厥源，以明原著來歷；二、要用新觀點、方法和準確鮮明的語言；三、深入淺出的爲之疏通證明，以幫助讀者了解。」在另一篇〈論著應重視引文和注明出處〉（註七）一文裡，對「引文」和「注解」兩方面提出的意見。是「一、誤乙爲甲，張冠李戴；二、不審原文，強就己意；三、尋章摘句，不顧上下文意；四、斷句不當，起訖欠妥；五、字句錯落，任意刪改；六、不注出處，只舉書名。」

綜理上述三十五條的內容，有些雖非針對范《注》而發，但由於研究范《注》而旁涉與范《注》相關問題，亦頗具參考價值。至於這三十五條涉及的學術層面，絕大部分屬校讐學、版本學、目錄學方面的居多；文字學、聲韻學、訓詁學、辯僞學和詮釋學方面的也有。究其所以如此者，或因訓詁不明，或因穿鑿附會，或因粗心大意，以致輕下斷語，造成以訛傳訛的錯誤。

先生見於《文心雕龍》范《注》及《文心雕龍》校注之不易，而又感於時代已邁入新的世紀，一般人的學術水平又大不如前的情況下，如果仍牢守黃、范舊注的成規而不知變通求新的話，則此一關係學術傳承的千秋盛業，將會遭遇到無可彌補的損失。於是他恪遵乾嘉諸老行之有效的方法，和古爲今用的認知，數十年如一日，決心在《文心雕龍》校注方面，改弦易轍，作出陶冶萬彙，組織千秋的新貢獻！

四、先生對《文心雕龍》重注的初步構想

在一九八八年廣州「《文心雕龍》國際學術研討會」上，先生公開發表了〈文心雕龍有重注必要〉。在這篇論文的後面，附了「重注的初步設想」七條，筆者現在把它的內容一字不易的節錄如下：

第一、廣泛搜集與《文心雕龍》直接有關而又可以作《注》的資料：約略估計，從宋代的洪興祖、羅苹、王應麟，到現代的章太炎、劉鑒泉、余季豫等學者，不下七十家。在他們的論著中，凡是用得上的（只限於注釋方面的資料），都一一甄錄；特別是王惟儉的《訓故》、梅慶生的《音注》，以及郝懿行的《批注》；正確的部分，更應採納（黃《注》因仍梅《注》，范《注》因仍黃《注》，皆括囊不言）。

第二、刊誤正訛，力求允當，盡量避免繁瑣和隨便移動篇章，輕率改字：全書既以《注》爲主，刊誤正訛時，不必羅列過多的版本（如唐寫本的誤字脫句，都不宜闌入【元至正本、明弘治本亦然】。只要所用底本未誤未脫，就可以不管）。

第三、徵事數典，務期翔實：切忌望文生訓或郢書燕說，更不能張冠李戴。

第四、引文必須規範化：一字一句都要照原書迻錄（必要時可酌用省略號和括弧）。但不闌入作家長篇作品。引用的書應遴選較好版本。

第五、分段和標點：參考國內外專家論著，擇善而從。

第六、全書格式一律：《注》的號碼標在當句右下角。正文及《注》均用繁體字繕寫。

第七、書成，應列一「引用書目」殿後。

所謂「《文心雕龍》重注的初步設想」，實際上就是先生爲重注《文心雕龍》預設的寫作體例。其中第一條是指注前的準備工作，應廣搜資料，從宋代洪興祖的《楚辭補注》、羅苹《路史·後紀疏》、王應麟《玉海》、《漢書藝文志考證》、《小學紺珠》、《困學紀聞》，一直到近代章太炎的《國故論衡》、劉師培的《中古文學史》、余嘉錫的《四庫提要辨證》等共七十七家。第二條論文字的刊誤正訛，儘量避免錯誤：㈠是文字繁瑣，㈡是隨便移動文章，㈢是輕率改字。第三條對徵事數典的處理原則，務必注意㈠是翔實，㈡是切忌望文生訓，㈢是不能張冠李戴。第四條講引文要規範化：㈠是要照原書迻錄，一字不可苟且，㈡是要不收長篇大作，㈢是要遴選引用書較好的版本。第五條談標點與分段的方式。第六條言全書行文，格式應一律。第七條是要求書成之後，於書末應列一「引用書目」。

這七條重注《文心雕龍》的寫作體例，看起來從宏觀到微觀，鉅細靡遺，令人有陳義過高，言易行難之感；其實不然，因爲在先生的大作裡，早已完成了這方面的準備工作。只要我們精理密察，善加剪裁，所有困難均可迎刃而解。例如「廣搜資料」條，在先生的《增訂文心雕龍校注下・附錄・考訂第六》，已羅列俱全。「刊誤正訛」條、「徵事數點」條、「引文規範化」條，此三條內容所指，在先生《訂增文心雕龍校注》和《校注拾遺補正》中，均有最佳範例。只要重注時，根據實際需要，作適當組建，即可得心應手，正見先生七十年來的筆耕墨耘，勞神苦思，無一不在爲準備重注《文心雕龍》而殫精竭慮。第五條言分段標點，宜參考各家，擇善而從。《文心雕龍》之有標點，蓋始於明揚升菴批點本（按即明萬曆四十年，西元一六一二年），和稍後的吳興凌雲刊五色套印本，不僅五色圈點，且白文與注釋分別成册，但不分段。《文心雕龍》的眞正使用新式標點與分段，約當一九二六年上海掃葉山房出版、永康陳益校點的《文心雕龍》。至於全書行文格式一律，書成後應列「引用書目」，雖事屬細節，但牽涉到體例的完整，重注時亦不容忽視。先生思考的縝密，於此可見一斑。

五、結　論

楊明照先生的「龍學」未竟之業，既是重注《文心雕龍》，且其對重注工作，從事前的資料搜集，到成書後的「引用書目」，均有初步設想，並逐項作了說明。不幸年與時馳，歲與月去，致令此一千秋盛業，未能及身實現，只留下《文心雕龍校注拾》的碩果，供後人咨嗟詠歎。如果我們現在不能善加採擇，還誤以爲其生前研究《文心雕龍》，只在滿足個人意在黃、李、范三家爭勝負於字句之間，那就太不了解先生爲文的用心了。

舉目當前的「龍學」界，多以爲《文心雕龍》本身奧衍難懂，黃、范兩家之注又未能盡如人意，爲了補偏救弊，適應需求，於是別闢途徑，另創新疏；而有所謂的「新解」「釋義」「讀本」「評注」「注釋」「斠詮」「淺釋」「選析」「選注」「通解」「今釋」「今讀」「疏證」「義證」「解說」「全釋」「直解」之撰。由於各家認知的差異，偏重的不同，體例的歧互，則在版本、校勘、注釋、譯文，以及書前的例言，書後的附錄等，均如楚河漢界，各不相侔。這固然有百花競豔，異采紛呈的優點；但如果甲以爲是者，乙斥以爲非，乙以爲是者，甲斥以爲非。使讀者如入荒山，榛莽塞途，四顧蒼涼，一徑難求之時，如得一正確指引，使其迷途知返，以解心中久懸不決之惑；眞不啻撥雲霧而見青天，快何如之！我們拿這個比喻來看本文前述，先生指陳范《注》以及時人從事校注的通病三十五條，和他重注《文心雕龍》的七條「初步設想」，兩兩對較，其間的是非、正誤，就不言可喻了。所以無庸置疑的，先生對重注《文心雕龍》的心願，正應儘速完成，來滿足千萬讀者問津無門的期盼！

黃叔琳《文心雕龍輯注》完稿於清世宗雍正九年（一七三一）夏四月，到高宗乾隆三年（一七三八）九月始與陳祖范論訂，交由雲間姚平山付梓（註八）。由於承前人緒業，便時人閱讀，所以發行之後，流布甚廣。在「龍學」研究領域裡，幾乎獨領風騷兩個世紀。民國初年，南開大學教授范文瀾，又因《輯注》頗有紕繆，未饜人心；遂參以孫仲容錄顧千里、黃崑圃合校，鈴木虎雄《校勘記》，益以趙萬里校《唐寫殘卷》，成《文心雕龍講疏》，後更名為《文心雕龍注》（註九）。由於西學東漸，風氣大開，國內各大學中文系學生多以《文心雕龍》作為選修中國古代文論的津樑；故此書一出，全國風行。遂取黃氏《輯注》而代之，成為近百年來「龍學」的權威。

時運交移，質文代變，數十年前的讀者，已對范《注》徵引之浩博，有難以卒讀之苦。今天如果再拿范《注》作為研究「龍學」的不二法門，已根本不可能。何況當前崇新潮而鄙傳統的歪風，更百倍於往昔。緬懷先生在「龍學」方面後出轉精的成就，如能使此一部籌思已熟的重注《文心雕龍》早日問世，不僅可慰英靈於九泉，更可在承先啓後的「龍學」研究史乘上，再開新運！

【註釋】

註一：楊明照先生研究《文心雕龍》的始末過程，見其〈我和文心雕龍〉一文，此文見載於先生九十歲華誕「中國古典文獻學國際學術研討會論文集《歲久彌光》」一頁至十九頁。

註二：同註一，見該文第四頁。

註三：此文見載於上海書店出版，一九八八年《文心雕龍》國際研討會論文集《文心雕龍研究薈萃》第六十一頁至七十二頁。

註四：引文見王更生著，於二〇〇〇年十一月由台灣文史哲出版社印行的《歲久彌光的龍學家》一書的〈結論〉末段改寫。

註　五：此文原載於一九七八年《文史》第五輯。

註　六：此文原載於《光明日報》一九六二年一月七日《文學遺產》第三九六期。

註　七：此文原載於《光明日報》一九六一年四月二日《文學遺產》第三五七期。

註　八：以上說法係根據台灣商務印書館一九七八年印行，顧鎮編的《清初黃崑圃先生叔琳年譜》第五十五頁和第七十頁。

註　九：以上說法係根據范文瀾《文心雕龍注・例言》第一條、第二條、第三條。

拾貳　李曰剛先生的《文心雕龍斠詮》

一、前　言

欲知台灣「《文心雕龍》學」的發展，不可不知台灣師範大學國文系的李曰剛先生，欲知李曰剛先生，不可不知其皇皇鉅著《文心雕龍斠詮》。所謂「一代之興，必有一代之學，一代之學，必有一代之書，一代之書，必有一代之傳。」李曰剛先生就是台灣「《文心雕龍》學」研究領域方面，承先啓後的一位「龍學家」。

民國五十年（一九六一）前後，台灣各級學校，剛從日本皇民化教育褪色，中華傳統思想正準備植根於六百萬人民的沃壤裡；當時社會閉塞，經濟蕭條，傳播媒體不足，交通可稱不便，教育初具規模，全省各大中小學的語文教師極度缺乏。

而海峽兩岸局勢，又朝暉夕陰，瞬息萬變。大學中文系裡一些稀有和高難度的專業科目如劉勰《文心雕龍》者，還如一片荒原。在台大只有廖維卿，成大有張嚴，台灣師範大學有李曰剛，他們在參考資料全無，僅憑早年治學心得，向著求知若渴的莘莘學子們，撐起全部的天空，做了

《文心雕龍》教學研究的拓荒者！

我當時在師範大學夜間部國文系就讀，親炙曰剛師的教誨。他那濃重的蘇北鄉音，舉筆若飛的板書，資料豐贍的講義，不苟言笑的敬業精神，和望之儼然，即之也溫的教學態度，四十多年後的現在，我在師大國文系退休也已八個年頭了，追念春風化雨般的師恩，既往種種，又一幕幕地湧上心頭，映進眼簾。逝者如斯，興起無限悵惘之感！

現在台灣師範大學國文系爲紀念創系六十週年，舉辦「漢學研究之回顧與前瞻國際學術研討會」，我特以「李曰剛先生的《文心雕龍斠詮》」爲題，寫一點閱讀此書後的心得，就教於同道先進；同時亦順便向九泉之下的老師報告，因爲老師在「《文心雕龍》學」方面的卓越貢獻，十年之前，已被「中國大陸文心雕龍學會」（註一）推爲中國近三百年來的「龍學家」之一。這正如劉勰說的「百齡影徂，千載心在」（註二），先生死而有靈，亦足以告慰生平了。

二、生平述略

李曰剛先生字健光，民國紀元前五年（一九〇六）出生於江蘇省的鹽城縣，國立中央大學輔中國文學系畢業後，曾任教於江蘇省立揚州中學，在此期間，與浙江杭州，前清翰林院大學士陸懋德的次女，上海大廈大學教育系畢業的高材生陸莊小姐，緣定三生，結下共期白首之約。接著抗戰軍興，日寇大舉入侵，長江突遭封鎖，學校奉令解散，先生遂跋山涉水，到當時的大後方—

——陝西、四川各地（註三）。

先生賦性剛正，不習慣於官場應酬，但行政工作卻和他結下不解之緣。民國二十六年（一九三七）夏，先生剛從烽火漫天的江蘇，千里迢迢到了陝西，行裝甫定，即出任陝西省教育廳編審室主任，兼西京日報社主筆。次年元月，又應國立第二中學校長周星北電邀，束裝東下，取道洛陽、漢口，再買舟西上，直抵重慶；然後浮嘉陵江而至白碚，先生被聘爲高中部主任。民國二十九年（一九四〇），當蘇、浙、閩、皖、贛方面軍，和日寇形成相持不下的拉鋸戰時，李壽雍出掌第三戰區政治部主任，因爲鄉親與私誼的多種關係，堅邀先生往赴前線，參與直接對敵作戰。於是又立即從四川出發，經貴陽轉道廣西、湖南而至江西上饒，出任第三戰區政治部上校專員，主辦對敵紙彈作戰業務，民國三十二年（一九四三）因爲政治上的需要，轉任江蘇省政府江南行署祕書，兼江南日報社社長。次年，改任中國國民黨江蘇省黨部宣傳組長，兼中國民報的總主筆。抗日勝利後，復員返鄉，先生又先後奉派爲江蘇省金山、丹陽兩縣縣長，直到民國三十八年（一九四九）大陸形勢惡化，東渡臺灣後，回首前塵，如夢似幻；於是才使他堅決擺脫掉案牘勞形的行政工作，重新實現作育英才的心願。

先生眞正從事學術研究，是到台灣以後的三十多年中，尤其是到師範大學任教以後，他才充分利用早年治學所得的潛力，發揮天賦的才華，再加上多年從事行政工作與實際生活的體驗，使他很快的在學術界嶄露頭角而爲衆人矚目。在此之前，先生曾擔任臺灣省立台北工專教授，後經程發軔先生的推薦，被師範大學延聘爲國文系教授，並兼中國文化學院中文系主任，民國五十四年（一九六五）八月，應新加坡義安書院中文系之邀，到南洋講學，兩年後，也就是民國五十六年（一九六七）載譽返台。此時程發軔先生屆齡退休，先生接掌國文系，兼國文研究所教授，這個差事一直到民國六十二年（一九七三）七月，才因任期屆滿而卸下仔肩。

民國七十四年（一九八五）四月十二日晨六時，先生因腦血管意外昏迷症，送進了台北榮民總醫院，十七日早上零時三十九分在急救無效的情況下，走完了他「身與時舛，志共道申」的人生旅途，溘然與世長辭了！（註四）

先生在治學方面，淹通博貫，精勤奮勵，筆耕墨耘，始終不懈。其平生著述甚豐。經公開發表者，計有專門性論著：《先秦文彙》、《國學概論》、《中國文學史》、《論孟釋義》、《中國辭賦流變史》、《中國詩歌流變史》、《作文技巧與範例》、《斠讎目錄學》、《文心雕龍斠詮》等九種。編輯性作品有《國民中學國文》六冊、《中國文化基本教材》二冊、《華國專科國文》六冊、香港用《高中國文》六冊、中國文化學院用《國文講義》一冊、《師大散文精讀》一冊、幼獅版《大學國文選》一冊等七種（註五）。

三、衆美畢備的《文心雕龍斠詮》

先生的著作雖多，但在學術上眞正具有代表性，而又是研究最勤、用力最多，貢獻最多，全神貫注，數十年如一日的，還是他交由台灣國立編譯館，列入中華叢書出版的《文心雕龍斠詮》。我們從先生治學的歷程來看，說它是先生平生精力盡萃乎此而且衆美畢備，亦不爲過。

先生在該書封裡〈序言〉裡，曾自述研究《文心雕龍》的心路及其出版經過時說：

早歲就讀中央大學時，即選讀此書於蘄春黃季剛先生，並入其滋味，醰醰沁脾，欲罷不能。嗣後即尋章摘句，不斷鑽研，陸續搜集有關資料，盈箱累架；加之近十數年，開此課程於台灣師範大學，初授諸生選修，繼而指導學生專研，逐篇論譔講義，日積月累，不禁裝訂六大厚冊，從遊屢請付梓。今承國立編譯館爲《中華叢書》徵稿，謹願以一己寢饋斯業十數年之所得，就正同好。期能披沙揀金，借石攻錯，而可玉成一「眞」、「善」、「美」之讀本，有裨後進之講習。

從這段話的辭意裡，可以體會先生研究《文心雕龍》的基點、過程、用心，以及受到蘄春黃先生影響的情形。接著他繼而說明《文心雕龍斠詮》的出版，就是希望達到「眞」、「善」、「美」的理想境界。他說：

所謂「眞」，指文字斠訂精確，文章繹解信達，而求其實質之本眞；所謂「善」，指題旨闡發透闢，詞義詮釋鮮明，而求其體用之完善。所謂「美」，指辭說鋪敘雅麗，關節排比清新，而求其形式之優美。必也三者俱備，則《文心雕龍》之董治，乃可謂有成；而《斠詮》之譔著，亦可告不虛矣。此筆者區區之微志，不憚劌目鉥心，呵寒熏暑，累歲廿一日，所寤寐以求者也。

先生所謂「實質與本眞」，是指文字校勘的精確，文意詮釋的信達。所謂「體用的完善」，是指透闢的闡發題旨，詳明的註解詞義。所謂「形式的優美」，是指鋪敘的雅麗，排比的清晰。這三點理想固然是先生「不憚劌鉥心，呵寒熏暑，累歲如一日，寤寐以求」（註六）的目標；不過，當《文心雕龍斠詮》出版問世第二十四個年頭以後（註七）再重新翻檢這部二千五百八十頁的皇皇鉅典，默察其字裡行間的微言要旨，發覺除了先生自述的「眞」「善」「美」，確實爲本書的三大特色外，至少我們還可以從另外角度，如全書的結構布局、內容要旨、材料選用、寫作態度、圖表設計等層面，來抉微闡幽，以見先生研究《文心雕龍》的貢獻；並彰顯其閎識孤懷的治學精神。

四、《文心雕龍斠詮》的特色

先生賦性聰穎，篤志好學，經史百氏，無所不窺。既長，奔走於教育、政治、軍事、新聞、黨務各界，實地體練，人生閱歷豐富。在大學攻讀時，又親炙於季剛黃氏門牆，薪傳有自。從事《文心雕龍》之教學研究，長達二十年，其間廣搜博考，縱意漁獵，故其《文心雕龍斠詮》，頗能陶冶萬彙，融舊鑄新，較之其他同類之作，顯有以下的特色。

㈠在結構方面，有氣象宏偉、體大慮周的特色：《文心雕龍》是我國文學理論的祕實、藝苑的奇葩。內容雖僅有十卷五十篇三萬七千多字、然其門類的廣大、可說是凡有關文學之事如文學思想、文學體裁、文學創作、文學批評等，無不兼收并蓄，涵蓋無遺。自來研究《文心雕龍》的學者，或考徵其典實，或詮釋其辭意，或講明其思想，或分析其作法，或拾補其闕佚，或發揚其理論，或與同類他書互勘，或與西方各說相較，要皆各有專門，很少有人能籠圈條貫，融一爐而治之的。今觀《文心雕龍斠詮》，此書集先生孜孜矻矻，二十年皓首點校之結晶。就單憑這一點，對今天急功近利，趨易避難的學術風氣而言，已經是震聾發聵了。如再從微觀的視角，來看此書的結構布局，除書前的〈序言〉、〈例略〉十四條外，〈原校姓氏〉還錄有清乾隆六年（西元一七四一）姚刻黃叔琳輯注本三十四人，清康熙三十四年（西元一六九五）重鐫揚升庵批點，張墉，洪吉臣參注武林抱青閣本二十二人，和〈斠勘據本〉五十八種，在〈劉彥和身世考略〉、〈劉彥和世系年譜〉、〈文心雕龍版本考略〉與〈引用書目〉。全書雖然是依照《文心雕龍》原式分上下兩編，但其擴而充之，成二千五百八十一頁，一百六十多萬言。衡諸當代各家「《文心雕龍》學」方面的專門著作，在氣象、格局、體製、結構方面，尚未有出乎其右者。所以結構布局的宏偉，是先生此書的重大特色之一。

㈡在內容方面，有綱舉目張，充實完備的特色：《文心雕龍》向稱難讀者，不外四點：一、是每篇篇目均以二字標題，如〈神思〉、〈體性〉、〈風骨〉、〈通變〉、〈定勢〉（註八）等，詞簡意賅，望文難知其所指。二、是文字古雅典奧，劉勰用六朝通行的儷辭行文，引經據典，援古證今，展卷相對，令人如入五里霧中。三、是訛誤衍敓，《文心雕龍》之流傳迄今已一千五百多年（註九），經過唐鈔、宋槧、元刻、明校，以及近代和民初的鉛字排印；其文字的訛誤、錯簡、衍奪、殘闕、壞字，指不勝屈；魯魚亥豕，既觸目皆是（註一〇），研讀時往往莫所適從。四、是不易分段，《文心雕龍》全書五十篇，每篇由首至尾，短者數百字，長者一千三百餘言，大體皆一氣呵成，不分段落，讀之如入荒山，榛莽塞途，有不知何去何從之感。今觀先生《文心雕龍斠詮》，每篇寫作程序，均分爲〈題述〉、〈文解〉兩大部門；〈題述〉者，所以訓釋篇題的名義，闡明旨要，指陳體用，辯證得失，提供讀者學習的重點和進程，最後並檢點全文的結構段落，俾讀者能藉此掌握全文的大綱要目與重點所在，期能執簡馭繁。至於〈文解〉，又包括「直解」「斠勘」「注釋」三部分。「直解」是根據《文心雕龍》原文，逐句逐篇，以清新流暢的學術性散文，作直截了當的串講與解說。「斠勘」，則是將原文中字句的訛誤、衍奪、顚倒、錯亂者，分別摘出，並運用對校、本校、他校和理校等法，反復推考，然後是是非非，詳爲釐訂。第三是「注釋」，凡原文辭語隱奧，典故艱深的地方，就其先後次第，分別採摘；並依照先綜述全句涵義，再指證來源出處，然後申釋其生詞難語的原則，加以說明。讀者展卷披閱，會有綱領昭暢，朗若列眉之快。所以內容之充實完備，爲先生此書的重大特色之二。

㈢在選材方面，有會通古今、資料豐富的特色。《文心雕龍》爲我國文學理論中的經典之作（註一一）。研究《文心雕龍》者、明清以前，多屬版本翻刻，自黃叔琳《輯注》出，始博採前人的音讀與注解，重新校釋，然後才能通讀全文，少有掛礙。民國以後，黃季剛爲作《札記》、范文瀾別鑄《講疏》，將「《文心雕龍》學」推向另一個嶄新的領域。尤其自民國三十八年（一九四九）迄今，將近一個甲子的歲月裡，中外學術界人士研究《文心雕龍》而有論文或專門著作發表者，根據張少康、汪春泓、陳允峰、陶禮天合著，由北京大學出版社於二〇〇一年九月發行的《文心雕龍研究史》統計，單篇論文有二千九百一十二篇，專門著作有二百一十五種。類似這些龐雜的資料，想要搜集、整理，已有望洋興嘆，不知如何措手之難！如再經由選用、剪裁，取其精醇，去其糟粕，從而提煉出推陳出新的見地，更是不易。而先生《文心雕龍斠詮》，就其在斠勘方面所使用的版本、校本言，自《敦煌唐寫殘卷》，到日本學者斯波六郎的《范注補正》（註一二），通計唐代一種、元代一種，明代二十一種，清代十九種，民國十三種、日本三種，合計共五十八種。至於在其寫作過程中引用的書目，計經部方面二十八種，小學方面八種，史部方面三十二種、子部方面四十一種、集部方面二十三種，類書方面九十九種、書志方面三十六種、近人著作方面四十種。如果將其斠勘所據的版本、校本與引用的書目，兩方面合併計算，其援用和消化的資料，則多達三百六十五種之多，古籍今作，融一爐而冶之，既成其博大，又見其精深。茲不僅便利初學，就是對專門從事研究的學者而言，更有一書在手，萬卷蟠胸的方便。所以資料的豐富多樣，是先生此書的重大特色之三。

㈣在態度方面：有取精用宏，折衷一是的特色：態度是否客觀，對學術研究的成敗，具有決定性的影響，因為學術研究的目的，在提昇精神領域，解決實際問題。研究者如果深拒固蔽，一意孤行，此不但不能達到預期的目的，反而旁生枝節，遺無窮之患。尤其《文心雕龍》。

面對古今中外的研究成果，其中小自一詞一句的義涵，大而整體內容的思想，往往於是非兩可之間，難下斷語。作者如不能客觀的加以甄擇，想要無偏無黨，頗爲不易。今觀《文心雕龍斠勘》，先生多能博採衆說，折衷一是。如在篇目的編排方面，先生將〈雜文〉與〈諧讔〉兩篇對調，〈養氣〉、〈附會〉、〈聲律〉等篇的全盤調整，〈物色〉篇由卷十，前移到卷九〈隱秀〉篇後，〈時序〉篇改置於卷十的第一篇。其所以如此，或斟酌劉勰行文體例，或依據〈序志〉篇本文，或採擇時人成說，或審度義脈連貫。凡所調整，皆有據依。至於每篇正文前面的〈題述〉，亦復如此。如〈原道〉篇〈題述〉，首引許愼《說文解字》、徐鍇《說文繫傳》、段玉裁《說文解字注》、《周易．繫辭下》、《漢書．薛宣傳》、《管子．戒篇》、徐師曾《文體明辨》等各家之說，詮釋「原道」名義，繼而探討古來文壇以「原」命篇的作品，並舉《逸周書》的〈原命〉、《呂氏春秋》的〈原亂〉、《淮南子》的〈原道〉、韓愈的〈原道〉、章學誠的〈原道〉等，無不窮源索流，參互比較，理出事實眞象。其他如文字的斠勘，典故的注釋，莫不抽絲剝繭，求其至當。所以折衷一是的客觀態度，是先生此書重大特色之四。

(五)在圖表方面，有繪製圖表，以助說解的特色：《文心雕龍》既奧衍難懂，即令是生花妙筆，有時也有達意維艱之苦。故繪製圖表，以助說解之窮，古今達人，多用此法。先生著《文心雕龍斠詮》，於義深文隱，理論糾結處，經常繪製圖表，既可補文字解說的不足，又能收執簡馭繁的實效。如上編第七頁附的「《文心雕龍》內容組織系統圖」、六八一頁附的「後漢史著作表」、六八四頁附的「三國史著作表」、六八八頁附的「晉史著作統計表」；下篇一九九三頁附的「文學創作理論體系圖」、二〇六〇頁附的「南北朝各代年表」，二三三二頁附的「創作軌範圖」等。圖文並茂，煥然列陳。所以繪製圖表，以助說解，是先生此書重大特色之五。

五、結　語

先生少小離家，萍蹤萬里，踏遍了中國大江南北，嘗盡了世間的悲歡離合；最後終於由絢爛歸於平淡，從事他醉心已久的教育學術事業。雖然到頭來清風兩袖，客死台灣，但《文心雕龍·諸子》篇不是說過嗎：「身與時舛，志共道申，標心於萬古之上，送懷於千載之下，金石靡矣，聲其銷乎！」民國八十四年（一九九五）六月，「中國大陸《文心雕龍》學會」發行「《文心雕龍》綜覽」一書，當他們總結自清乾隆年間迄今，將近三百年來「《文心雕龍》學」研究的成果時，經海內外學者專家嚴格評選，選出當今世界上在「龍學」方面研究有成的學者，計中國部分十八位，外國部位八位，在中國的十八位，依其先後排序是黃叔琳、李詳、黃侃、劉永濟、范文瀾、李曰剛、楊明照、周振甫、王利器、詹鍈、郭晉稀、王元化、牟世金、王更生等。外國部分的八位，依序有日本的岡白駒、鈴木虎雄、斯波六郎、目加田誠、戶田浩曉、岡村繁、興膳宏以及美國的施友忠；並在該書的第三〇五頁對先生生平行事作了深度報導。當此寒流來襲，風雨掃窗之際，緬懷先生一生忠蓋國事，循循善誘之餘，尚手不釋卷、皓首點勘，留下這部垂千載而不朽的《文心雕龍斠詮》，這不僅是劉勰的功臣，更是當前「《文心雕龍》學」研究領域的先驅，可以不朽矣。

【註釋】

註一：中國大陸「《文心雕龍》學會的成立經過，根據《文心雕龍學刊》」第一期，書末附錄的〈開創《文心雕龍》研究新局面第一次重要會議〉的記載，該會於一九八二年十月下旬，在山東濟南第一次召開大會，一九八三年八月在山東青島正式成立「《文心雕龍》學會」。

註二：引文見《文心雕龍・徵聖》篇〈贊曰〉。

註三：此處所記先生生平行事，均依〈李故教授曰剛先生事略〉和先生手著的〈先室李陸莊女士行述〉寫的。

註四：資料來源，參考註三。

註五：先生著作書目，參考王更生於民國七十四年六月登載於《文訊月刊》第十八期寫的〈我所認識的李曰剛先生〉一文。

註六：引文見先生手著《文心雕龍斠詮》書前的〈序言〉。

註七：先生的《斠詮》七十一年五月正式印行，至今九十五年三月，已超過二十四年了。

註八：上列五篇篇名，均見今本《文心雕龍》卷六。

註　九：根據清劉毓崧《書文心雕龍疏證》的考證，《文心》成書於齊和帝中興元二年（西元五〇一），去今已一五〇五年。

註一〇：參見今人楊明照《增訂本文心雕龍校注》（上海中華書局二〇〇〇年八月版）。

註一一：參見王更生於民國九十四年九月在東吳大學中文系舉辦的《魏晉六朝學術研討會論文集》發表的〈文心雕龍的學術價值〉一文。

註一二：斯波六郎的〈范注補正〉一文，見民國六十八年一月由學海出版社，黃師錦鋐編譯的《文心雕龍論文集》中第一篇。

拾叁　潘師石禪在「《文心雕龍》學」方面的貢獻

一、前　言

潘師研究「《文心雕龍》學」之所以有卓越貢獻，這和他在「經學」「小學」以及「敦煌學」等各方面的高深造詣，是分不開的。故《唐寫文心雕龍殘本合校》，就成了他探索「敦煌學」領域中的最佳成果！

本文的寫作，就是以他的《唐寫文心雕龍殘本合校》爲主，再旁及其他單篇論著，期能彼此生發，充分呈現潘師治學的人格特質。然而緬懷吾師才高學博，思深慮遠；自慚疏漏寡聞，不足宣揚師教於萬一，在此懇請同道賜教。

二、先生研究《文心雕龍》的經過

回溯先生於民國二十八年（西元一九三九）在東北大學中文系任教時，得姜亮夫從法國巴黎攜歸的《敦煌寫本尙書釋文殘卷》，並用來訂正清代段、王諸儒校勘上的失誤，撰寫了他生平第一篇有關研究「敦煌學」的論文——〈敦煌寫本尙書殘卷跋〉（註一）；接著在民國四十八年（西元一九五九）轉任香港新亞書院教授後，每逢暑假，即遠赴法京巴黎、英國倫敦各善本圖書室，披覽敦煌卷子（註二）。民國五十九年（西元一九七〇）九月，即以他多年搜求所得之資料，撰成《唐寫文心雕龍殘本合校》，由香港新亞研究所鑄版發行。

「唐寫《文心雕龍》殘卷」不止一種，首先是上海圖書館前館長顧廷龍生前指稱的「民國三十五年（西元一九四六）十月二十二日，由張元濟親自送來一種黑底白字楷書的『敦煌本《文心雕龍》』」影本，交其與《四部叢刊》本《文心雕龍》讀校（註三）。又王利器於其《文心雕龍校證》中，記載：「前北京大學西北科學考察團員某，藏有唐寫本《文心雕龍》，約長三尺的殘紙。」（註四）上述兩說的資料，居今空留傳聞，不可得見。可見的唯有被匈牙利人斯坦因於一九〇七年（清光緒三十三年）劫去，今藏英國倫敦大英博物館之東方圖書室，原編目爲斯五四七八號，基爾斯新編列爲七二八三號的《文心雕龍》殘卷。

《唐寫文心雕龍殘卷》寫定的時間，歷來說法不一：楊明照根據〈銘箴〉篇「張昶」誤爲「張旭」推之，定此卷「當出玄宗以後之人手」，趙萬里以爲「卷中『淵』字『世』字『民』字均闕筆，筆勢遒勁，蓋中唐士大夫所書。」日本鈴木虎雄認爲「係唐末抄本」。姜亮夫根據趙說，大膽推斷，此書可能是「西元八五三年，唐宣宗大中七年癸酉，或書《文心雕龍》。」林其錟、陳鳳金近撰《唐宋元文心雕龍集校合編》，斟酌各家之說，以爲此「卷」書寫時間，「至遲不會晚於開元、天寶之世。」且「有很大可能出自初唐人之手」(註五)而潘師卻持穩健態度，認爲「擷錄諸家題記」，仍以「楊明照、趙萬里」二家之說可信(註六)。

唐寫《文心》殘卷的樣式，原本蝴蝶裝，共二十二頁，四界烏絲欄，每半葉十行或十一行，每行二十至二十三字不等，起〈原道〉篇「贊曰」中的「體」字，訖〈諧讔篇第十五〉篇題，計存〈徵聖〉、〈宗經〉、〈正緯〉、〈辨騷〉、〈明詩〉、〈樂府〉、〈詮賦〉、〈頌贊〉、〈祝盟〉、〈銘箴〉、〈誄碑〉、〈哀弔〉、〈雜文〉等十三個整篇，佔《文心》全書五十篇的四分之一弱。

三、先生在「《文心雕龍》學」方面的貢獻

潘師在《唐寫文心雕龍殘本合校》〈前言〉中，關於以往讎校諸家對唐寫原卷的眞象，書法的體式，抄寫的特徵，考校的依據等，均有簡當而深入的研究，見地殊多，茲根據《合校》原書內容，一一揀擇，用見先生在這方面的貢獻！

㈠在寫書原卷的眞象方面：潘師以爲：「諸家或未見原卷，或據影本而有脫漏，且有的因見所據參差，而疑敦煌原卷或有異本者，種種誤解，不一而足。」今《合校》本，即潘師生前訪書英倫時，親手攝得原卷影片。不僅中無脫漏，且於攜歸後，倩人運用最先進的印刷技術加以複製。其顯影程度，絕對超過同類其他任何作品所附的軟件。且裝訂美觀，紙張高級，淺底黑字，筆劃清晰，展卷閱覽，有賞心怡目之快！對今後意欲藉《唐寫本》進行讐校，或作其他性質之研究者，可謂大開放便之門，至於過去誤解原卷之或缺或漏者，得此尤可了無遺憾，此可謂先生對「龍學界」重大貢獻之一。

㈡在書法的體式方面，潘師以爲「此卷勝處，諸家言之固已甚備。而其書體作章草，亦工美獨具風格。」又說：「大抵唐代寫書，有用章草一體者。」然而倫敦大英博物館館方，卻認爲此卷是「用整齊的行書字體，繕寫在光滑的革紙上的抄本。」楊明照《校注拾遺》著錄「唐人殘卷」時，卻說是「草書」，林其錟、陳鳳金合編的《唐寫本文心雕龍集校》，又根據「章草」專家王蘧常生前鑑定的結果，認爲是「行書」（註七）。綜理各說，我以爲還是潘師言出有據，他說：「由於抄書之故，特多簡字。如『曰』作『つ』、『百』作『る』、『甚』作『ち』、『舉』作『来』、『憲』作『宪』，筆劃絕簡」，接著他再舉台灣「國家圖書館」收藏的四七三七號《淨名經‧關中疏》爲例，說「此經乃唐釋明眞章草寫本，其肇曰、什曰，亦皆作『つ』。」最後，他又說：「蓋抄手相沿，漸成規範，試歸納本卷文字，多有脈絡可尋。」先生或直接說明，或間接引證，或援本卷爲據，或引同代他書相證，證實了《唐寫文心雕龍殘卷》的書法體式，使紛紜其說者稍息爭議，此可謂先生對「龍學界」重大貢獻之二。

㈢在抄寫的特徵方面：現存卷子本，多爲南北朝以迄五代寫本。其時雕版未興，書皆手抄；又值隸變之後，繼之以楷變，手書文字，無字體可循。故滿紙訛俗，幾乎不可卒讀，可謂中國文字的一大災難。過去顏之推於《家訓・雜藝》篇，論及六朝寫本字體之弊時，曾說：「大同（南朝梁武帝年號，五三五～五四五）之末，訛替滋生，蕭子雲改易字體，邵陵王頗行僞字（更生案：僞字如「前上爲草」，「能旁作長」之類）朝野翕然，以爲楷式，畫虎不成，多所傷敗。……爾後墳籍，略不可看。」接著又講到北朝的情形，較之六朝更有甚焉。他說：「北朝喪亂之餘，書跡鄙陋，加以專輒造字，猥拙甚於江南，乃以『百念爲憂』，『言反爲變』，『不用爲罷』，『更生爲蘇』，『先人爲老』，如此非一，偏滿經傳。」

民國六十九年（西元一九八〇）八月十五日，潘師於「中央研究院召開的國際漢學會」上，宣讀了他的〈敦煌卷子俗寫文字與俗文學之研究〉一文（註八），特別指出敦煌寫本文字的六大特徵，是字形無定，偏旁無定，繁簡無定，行草無定，通假無定，標點符號無定，並根據此六大特徵，檢視元至正（更生案：至正即元順帝年號一三四一～一三六七）本（更生案：至正本《文心雕龍》，即元順帝至正十五年，一三五五，由劉貞主持刻於嘉興郡學的版本）和《四部叢刊》影印張之象本（更生案：所謂「張之象本，即明神宗萬曆七年，一五七九，刻於雲間者」的《文心雕龍》，發現他們受唐寫卷子的影響很大，尤其在俗寫文字的慣例方面，更和《唐寫文心雕龍殘卷》如出一轍，如制作「剬」、晰作「晢」、商作「啇」、蟲作「虫」、標作「摽」、折作「析」、札作「扎」、短作「拉」、釣作「勺」作「匀」，按作「桉」、伐作「代」、二十作「廿」等等，先生從敦煌唐寫本卷子漫無條理的「俗寫文字」中，由整理而彙編，在民國六十七年（一九七八）八月編定一部專門檢校唐寫卷子本的《敦煌俗字譜》（註九），繼而又發現遼代（九〇七～一一二五）的行均，以唐、五代的寫本爲底本，編纂的一部《龍龕手鑑》（註一〇），以證敦煌寫本中的俗寫和簡體，如此則敦煌俗字即如以鏡照形，有了正確的答案，這給學者們研究敦煌寫本，或受敦煌寫本影響的元明刊本，找到了一個可資遵循的研究新途徑，此可謂先生對「龍學界」重大貢獻之三。

(四)在依據的底本方面，唐寫卷子既由手抄，學者讐校，如不察明眞象，必易滋生疑誤。潘師於此列舉四種狀況進行說明。他說：「抄本書寫，偶有誤衍誤倒，自加改正之處。校者不察，往往致誤。如〈詮賦〉篇：『彥伯梗概』，唐本作『概梗』，然已施加乙號，校者以爲誤而實不誤。〈祝盟〉篇『故知信不由衷』，唐本亦已乙正，而校者又以爲誤例，此一事。此卷凡『符』字皆作『苻』『構』皆作『搆』，故〈雜文〉篇：『腴辭雲構』，唐本實作『搆』字，而楊明照乃曰：『唐本作構，按構字是。』蓋未明唐人俗書『竹』頭作『艹』，『木』旁作『手』之習慣，此又一事也，又或辨字未審，遽加斷案，如〈明詩〉篇『自王澤殄竭』，楊明照云『殄』《唐寫本》

作弥，《御覽》五八六作弥。按彌，簡書作弥，殄正作弥，其形甚近，每易淆誤，此當以作殄爲是」，今案：《唐寫本》實作『殄』，正是『殄』字，本篇讚云：『英華彌縟』，〈祝盟〉篇讚曰：『季代彌飾』，《唐寫本》則作『弥』，『殄』『弥』異形，是楊氏誤認，此又一事也。又〈哀弔〉篇：『班彪蔡邕，並敏于致語』，《唐寫本》『語』作『詰』，作『詰』是也。而王利器《文心雕龍新書》云：『宋本《御覽》『語』誤『誥』，《詩・定之方中傳》說君子九能云：『祭祀能語』，今案《唐寫本》『語』實作『詰』，不作『誥』，是王氏之誤耳。此又一事也。凡此種種，辨別是非，考核文字，要必以卷子底本爲依歸。今各家之所以各執一詞，或相非難，其原因皆在未睹唐寫原卷，或睹原卷而又顯影不良。自難判斷是非；今潘師以攝得之英倫原卷，作爲考校《文心》抄本之依據，並一一援例對讎，確鑿不刊，收釋疑解惑之效。此可謂先生對「龍學界」重大貢獻之四。

㈤在校勘所得方面：百年來學術界從事《唐寫文心雕龍殘卷》校讀而又有專門論著的，計有趙萬里民國十五年（一九二六）六月，於《清華學報》三卷一期發表〈唐寫本文心雕龍殘卷校記〉，日本鈴木虎雄於明治天皇大正十五年（一九二六）五月，在內藤博士還曆祝賀《支那學論叢》寫的〈敦煌本文心雕龍校勘記〉，民國三十六年（一九四七）十一月二十日，王利器於天津《民國日報・圖書》專欄第六十九期刊出的〈唐寫本文心雕龍摘腴〉，民國五十四年（一九六五），饒宗頤於香港大學《中文學會年刊》上發表的〈唐寫本文心雕龍景本跋〉，民國七十二年

（一九八三）四月，日本戶田浩曉在《日本研究文心雕龍論文集》中寫的〈作爲校勘資料的文心雕龍敦煌本〉，再就是潘師重規於民國五十九年（一九七○）九月，經香港新亞研究所出版的《唐寫文心雕龍殘卷合校》，最後，就是林其錟，陳鳳金編校，民國九十一年（二○○二）六月，由台灣暨南出版社發行的《敦煌遺書文心雕龍殘卷集校》，潘師生前既親赴英倫訪書，攝得原卷，又因師出章、黃，學宗段、王，於劉勰《文心雕龍》之學，久已蘊蓄胸次，故其展卷對讐，能得其眞，能見其實。其以《四部叢刊》本和《唐寫殘卷》對勘結果，在其校讐所得的五百七十二條中可以歸納爲下列六類。如：

有肯定《唐寫本》之是者：如〈徵聖〉篇：「夫子風采」條：《唐寫本》「風采」作「文章」，重規案：《論語・公治長》篇：『子貢曰：夫子之文章，可得而聞也。』夫子文章，正用《論語》，《唐本》是也。」又〈正緯〉篇：「是以後來辭人」條：《唐寫本》「後」作「古」。楊云：「按後，古並通。」重規案：「〈物色〉篇云：『古來辭人，異代接武』，當依《唐寫本》作『古』」。再又〈祝盟〉篇：「若乃禮之祭祀」條：《唐寫本》「祀」作「祝」。重規案：「《唐本》是。」

有指斥《唐寫本》之非者：如〈明詩〉篇：「酬酢以爲賓榮」條：《唐寫本》「爲」作「成」。重規案：「《唐寫本》誤。」同篇「若乃應璩百一」句：《唐寫本》「璩」作「瑒」，「一」作「壹」。重規案：「《唐寫本》作『瑒』誤。」又〈樂府〉篇：「自咸英以降」條：《唐寫本》「自」作「已」，「以」作「已」。重規案：「自作已，《唐寫本》誤。」

有正趙萬里〈校記〉之誤者：如〈辨騷〉篇：「可謂兼之」條：《唐寫本》無「兼之」二字。趙云：「案《唐寫本》是也。此文即承下文『蟬蛻穢濁之中，浮游塵埃之外』爲句，『兼之』二字，當是後人妄加。」重規案：「兼之」二字當有，《唐寫本》誤脫。《史記・屈原傳》云：『國風好色而不淫，小雅怨誹而不亂，若《離騷》者，可謂兼之矣。』正用〈淮南傳〉之成文。『兼之』承上國風，小雅而言，趙說誤。」又〈明詩〉篇：「兩漢之作乎」條：《唐寫本》「兩」字，『固』『故』音近而訛，疑此文當『固兩漢之作也』，今本有誤脫。」重規案：「六朝文辭以『故』爲『固』者不勝枚舉，趙說未諦。」

有駁王利器之誤認者：如〈頌讚〉篇：「及史班固書」條：《唐寫本》「固」作「因」。重規案：「王利器云：『《唐寫本》作「及史班固書」，誤認『囙』字，又〈哀弔〉篇：「並於敏致語」條：《唐寫本》「語」作「詰」。楊云：「宋本《御覽》五九六引同。按『詰』字是。下句云：影附賈氏，難爲並驅；今誦長沙〈弔屈原文〉，自訊曰下有致詰意。叔皮、伯喈所作，雖然全璧，然據《藝文類聚》（卷四十引蔡邕）〈弔屈原文〉，卷五六引班彪〈悼離騷文〉。所引者，亦皆有致詰之詞。」重規案：「王利器謂《唐寫本》作『詰』，非。」

有補《唐寫本》脫文者：如〈哀弔〉篇「雖發其情華而未極心實」條：《唐寫本》「情」字無，「極」下有「其」字。趙云：「案明抄本《御覽》五九六引亦無『情』字，疑此文當作『雖發其華，而未極其實。』重規案：「《唐本》蓋脫『情』字。」

有言六朝唐人抄書俗寫之慣例者，如〈徵聖第二〉：趙萬里云：「《唐寫本》篇名皆頂格寫。」重規案：「第，《唐寫本》作『弟』，以下各篇同。」又〈辨騷〉篇：「則顧盻可以驅辭力」條：《唐寫本》『盻』作『眄』，重規案：「六朝人『眄』字，俗寫作『眄』，『眄』字是。」再〈雜文〉篇：「腴辭雲搆」條：《唐寫本》「辭」作「詞」。楊云：「搆，《唐寫本》作『構』，按『構』字是。」重規案：「《唐寫本》實作『搆』，六朝唐人寫本，『木』旁多作『扌』。」

過去日本學者戶田曉浩，在他的〈作爲校勘資料的文心雕龍敦煌本〉一文裡說：「《唐寫本》是現存《文心雕龍》最古老的貴重文獻。」並尊稱潘師爲知己。四川大學教授，國際馳名的「《文心雕龍》學家楊明照先生，在其《增訂文心雕龍校注拾遺附錄・校記第十》，開宗明義就說：「潘重規教授研治《文心》有年，多所論述。曾撰《唐寫文心雕龍殘本合校》，由香港新亞研究所出版。其校文部分，有助於點勘舍人書，特加轉載。」潘師《唐寫殘本合校》之所以普受中外學者關注者，蓋由於先生博學廣覽，深究本原，又掌握了六朝、隋、唐寫本的書法特點，故能整紛理蠹，凡所考校，多醇少疵；由此觀之，這更是先生對「龍學界」重大貢獻之五。

四、先生有關《文心雕龍》的重要論文

根據手邊收藏，潘師生前發表有關劉勰及其《文心雕龍》方面的單篇論文（註一一），其中針對性強，影響面廣的是㈠民國六十五年（一九七六）《創新周刊》一八九期寫的〈劉勰撰寫文心雕龍的新探測〉，㈡是同年六月在《幼獅學誌》十五卷三期發表的〈劉勰思想以佛學為根柢辨〉，㈢是七十三年（一九八四）十一月一日於《中央日報・副刊》發表的〈「既洗予聞」意旨的探測〉。以下取此三編論文，就其要義，進行闡發，以見先生「標心萬古，送懷千載」的用心！

「《文心雕龍》」傳世一千五日多年來，尤其到了近世紀，學術界推其為當代顯學，大家著文討論的重點，大多圍繞著「劉勰」本人的出身、家世、仕宦、生卒、著述、交遊、晚年出家，出家後的行蹤等進行搜討，其次是「《文心雕龍》」的名義、內容、寫作時間、動機、文藝思想、和佛學關係，對古代文論的繼承，對後世文論的影響，中國文學理論上的地位、價值，以及《文心雕龍》內部的理論體系，和他的神思論、體性論、風骨論、定勢論、通變論、修辭論、結構論、養氣論、批評論等，每一個問題的背後都牽涉到許多複雜的問題，可謂千頭萬緒，不知從何說起，而研究者一旦涉足其間，卻又興趣盎然，欲罷不能！

劉勰撰述《文心雕龍》的時間，自清代紀昀、顧廣圻以來，說者不知凡幾，直到劉毓崧發表〈書文心雕龍後〉一文（註一二），以為《文心雕龍》」之成書，實在南齊之末，最晚應不會遲過

齊和帝中興元、二年（五〇一～五〇二），考訂詳贍，議論精審，於《文心》成書時間，殆已成爲定論。

潘師〈劉勰撰寫文心雕龍問題的新探測〉，就首以劉毓崧的考證爲基點，上推三十幾年，斷定劉勰蓋出生於南宋孝武帝大明八年（西元四六四），下考劉勰的辭世，因僧祐死於梁武帝天監十七年（五一八），勰爲其製碑文，所以劉勰之卒，必定在天監十七年之後。其次，講到劉勰寫作《文心雕龍》的動機及其與沙門關係時，先生根據《梁書・劉勰傳》，慧皎《高僧傳》中的〈釋僧祐傳〉，證明劉勰早孤。其依沙門僧祐之「依」，當如《三國志・魏志・王粲傳》「依劉表」之「依」，非貧病無依之「依」。其所持的理由：蓋因彥和未入定林寺前，文學修養已很高深，而祐欲整理經藏，邀聘其任編輯之職。此一事實如獲肯定，則彥和未「依」僧祐之前，學問已成。其著《文心雕龍》之資料，早已蘊蓄胸中，其文藝思想，全以儒家思想爲骨幹。以後歸心佛教，削髮爲僧，乃彥和《文心》成後的轉變，先生的此一假設，可謂解開了傳統論述的束縛，膽大心細，見識過人。文末他又說：「學說沒有新舊之分，只有是非之辨，吾輩作學問，當實事求是，不可隨聲附和。」其治學認眞，不與人苟同的態度，更是擲地有聲！

劉勰著《文心雕龍》，其思想的歸屬問題，元明以來，學術界均抱持審愼態度，以爲宗經師聖，根極儒道，民國以來，研究者輩出，於是大鳴大放，異說蠭起，若范文瀾之注《文心》，以爲彥和蓋採釋書法式而爲之。石壘撰《文心雕龍與佛儒二教義理論集》，以爲《文心雕龍》與佛教思想關係密切。馬宏山的《文心雕龍散論》，更認爲劉勰論文，原乎釋氏，饒宗頤發表〈劉勰文藝思想與佛教〉、〈文心雕龍與佛教〉，肯定《文心雕龍》之命名、體例、思想、文體、文術、文評各方面均源自佛教，議題橫生，或相非難。潘師秉其一貫的嚴謹態度，撰〈劉勰文藝思想以佛學爲根柢辨〉，從《文心雕龍》本文探測劉勰文藝思想眞象，其論述過程，是根據《梁書・劉勰傳》、《高僧傳》、《續高僧傳》和《文心雕龍》內容，首先證明劉勰依定林寺釋僧祐之前，已學養有素，文名早著，適逢釋僧祐意於整理經藏，特邀請劉勰至定林寺擔任編輯工作。其次，證明《文心雕龍》成於齊和帝中興二年（五〇二）之前，時劉勰年齡已三十七、八。其〈滅惑論〉一文蓋完成於入梁任官之後，不得將《文心》與〈滅惑論〉二文混爲一談。基於以上兩個問題的合理解決後，潘師在結論中說：「《文心》先成於齊世，而〈滅惑論〉則晚於梁時，不可混爲一談。《文心》書成之後，彥和沉浸佛典，導致其思想由儒入佛之歷程，則或誤以其晚年之思想，淆亂其早成之著述，此余所以詳辨《文心》成書之經過，明定彥和依僧祐之時間，確陳彥和文學早成之堅證。使彥和著書宗旨不爲衆議所淆，而彥和之志行亦得大白，至如王利器誣彥和熱心富貴，則所謂以小人之心，度君子之腹，令人齒冷，不足辯也。」先生於此言約義廣，鏗鏘有力，如草偃風邁，足可移風易俗！

《文心雕龍》奧衍難讀，蘊義宏深，或以有字天書稱之，信不誣也！所以讀者如不痛下工夫，耐心翫味，未有不掩卷長歎，半途自畫者，潘師於民國七十三年（西元一九八四）十一月一日《中央日報・副刊》發表的〈「既洗予聞」意旨的探測〉，就是一篇針對劉勰《文心雕龍・序志》篇文末四句，所謂：

茫茫往代，既洗予聞；眇眇來世，倘塵彼觀。

進行校釋，蓋〈序志〉乃《文心雕龍》五十篇的最後一篇，而此四句又是〈序志〉篇的最後四句，劉彥和著書立說的眞懷抱，眞精神，均可由此領略，其重要性不言可喻。句中「洗」字是理解這四句話的重要關鍵，所以必先得其正解。

清代黃叔琳校本以爲「洗」字作「沈」，紀昀評說：「洗」字是。民國以來，若范文瀾《文心雕龍注》、楊明照《文心雕龍校注拾遺》、王利器《文心雕龍新書》等皆各持己見，莫衷一是。潘師說：「『既洗予聞』，舊本相傳，或作『洗』或作『沉』。以『沈』『沉』皆誤而改作『況』的是盧文弨；以『沈』爲是而以『洗』爲非的是楊明照；以『洗』爲是的是紀昀；先以『洗』爲是，而後改變以『沈』爲是的是范文瀾、王利器。在我個人的看法，『況』字是盧氏的臆改，不必考慮。據相傳，有本的『沈』和『洗』兩個字，則『洗』字是而『沈』字非。此一字的取捨，和彥和著書立說的精神，有極大關係，我們必須深入觀察。」他繼而引經據典，作進一步的闡述，說：「楊明照引《戰國策》『學者沈於所聞』，說話的對象和背景，完全不同，不能強指爲是彥和文辭所本。其實《周易・繫辭傳》：『聖人以此洗心，退藏於密』的『洗』字，纔是彥和用『洗』字的來歷，范《註》引《莊子・德充符》『不知先生說我以善邪』的『沉』字，倒是符合

《文心》『洗聞』的意義的。此兩句『洗』與『塵』對文，意義十分明白，我在『札記』中已交代清楚。」此處先生所謂的《札記》，是指民國五十一年，他講學香江時，由新亞書院中文系出版的黃侃《文心雕龍札記》書末所附的〈讀文心雕龍札記〉二十四條，文中曾對〈序志〉篇「既洗予聞」句的「洗」字詳加考釋。說：「參詳辭義，此文似應作『洗』字，彥和著書，博採前修，自抒卓見，故曰『不述先哲之誥，無益後生之慮。』其書初成，未爲時流所稱，乃至負書干沈約於車前，其傍徨求索，寄懷來者，懼遂湮滅，沒世無聞，衷情蓋可想見。夫先哲洗我之蒙蔽，而我不能貽後生以讜言，斯志士之大痛也。『茫茫往代，既洗予聞』。此彥和受知於前哲也，『眇眇來世，倘塵彼觀』，則己之著述，能入來世之目與否，未可知也。倘者，冀望之辭，亦未可必之辭也。前聞沃我，故曰『洗』，人觀己作，故謙言『塵』；『塵』『洗』文義正相鋒對，若沈聞、溺聞，則是爲見聞所蔽，非彥和此文之意旨矣。」

深翫潘師考釋，對〈序志〉篇「既洗予聞」「洗」字的出處，本義、引申義，以及和下面對應句法中的同位詞「塵」字的同位解釋，都有清晰的交代。尤其難能的，是由此聯想彥和用血淚和生命換取的《文心雕龍》，在那個「深廢淺售」，「知音難逢」的歲月，不惜負書干約，待價而沽，行文至此，眞有爲天下立意選言，而不能「騰其姓氏，懸諸日月」的學者，一掬同情之淚。後之視今，亦猶今之視昔，先生於此，蓋亦有爲而發！

五、結　論

潘師在《文心雕龍》方面的著作，不止本文上述的這些，至於本文闡述的內容，更是一管之見，難稱其全。先生繼段，王、章、黃而後起，於經學、文字、文學以及近代新興的紅學、文獻學、敦煌學、《文心雕龍》學等，均有專精造詣，而見解獨到，並有卓越貢獻，尊之為一代大儒，實不為過，當此世界各國正投入大量的人力、物力，從事華語、漢文的學習運動之際，我們來光大先生承先啓後，繼往開來的學術偉業，饒富歷史意義。故不揣簡陋，濡筆為文，藉抉發其「《文心雕龍》學」的奧祕，以告慰潘師的在天之靈。

【註　釋】

註　一：先生的〈敦煌寫本尚書殘卷跋〉，見民國七十一年九月二十五日《中央日報・副刊》登載的〈我探索敦煌學的歷程〉一文第一節〈初寫論文〉引。

註　二：請參閱附註一的〈我探索敦煌學的歷程〉一文第二節〈再見異書〉引。

註　三：關於顧廷龍指稱的「《文心雕龍》殘卷」影本一事，詳情見民國八十四年（一九九五）三月十六日《上海社會科學報》第四版，林其錟寫的〈顧廷龍談文心雕龍敦煌寫本〉一文。

註　四：王利器說，見其所著《文心雕龍・新書序錄》。

註　五：林其錟、陳鳳金的說法，見其所著《唐宋元文心雕龍集校合編》一書的〈前言〉。

註　六：潘師的說法，見於《唐寫文心雕龍殘本合校》的書前〈序文〉。

註　七：章草專家王蘧常的說法，參見本文附註五。

註　八：此文又刊登民國六十九年七月出版的《孔孟月刊》十八卷十一期。

註　九：《敦煌俗字譜》由台北「石門圖書公司」於民國六十七年發行。

註一〇：《龍龕手鑑》經潘師重新審訂，於民國六十年，經「石門圖書公司」發行了《龍龕手鑑新編》。

註一一：綜計潘師生平發表的《文心雕龍》方面的單篇論文，有：

㈠民國六十五年（一九七六）在《創新周刊》一八九期發表的〈劉勰撰寫文心雕龍的新探測〉。

㈡民國六十六年（一九七七）在《創新周刊》二一三期發表的〈講壇一得〉。

㈢民國六十五年（一九七六）在《幼獅學誌》十五卷三期發表的〈劉勰思想以佛學爲根柢辨〉。

㈣民國七十三年（一九八四）十一月一日《中央日報・副刊》發表的〈「既洗予聞」意旨的探測〉。

㈤民國七十三年（一九八四）十二月二十日《中央日報・副刊》發表的〈劉勰滅惑論撰年商榷〉。

㈥民國七十七年（一九八八）六月台北巨流出版社印行的《中國文學講話》第五講，發表的〈文心雕龍〉講稿。

㈦民國七十五年（一九八六）六月在《新亞學報》十五卷發表的〈劉勰佐僧祐選述考〉。

㈧民國八十年（一九九一）六月在第三屆「敦煌學國際研討會」中發表的〈用敦煌俗寫文字釋文心雕龍中殘存俗字考〉。

註一二：清代劉毓崧〈書文心雕龍後〉一文，見其所著《通誼堂文集》。

拾肆 附錄

一、林其錟、陳鳳金唐宋元《文心雕龍》集校合編序

林其錟先生「龍學」界有心人也。負責熱誠，耿介篤實，見地不落俗套。於學無不窺，獨於《文心雕龍》會心有得，獲稱道於師友朋儕之間。

一九九五年在北京參加「《文心雕龍》國際學術研討會」，結識先生。晤敘之下，恍若老友重逢，頗有恨晚之感！月前，接先生函，囑爲其近著《唐宋元〈文心雕龍〉集校合編》略序數語。今特就讀後心得，不揣譾陋，陳述如次：

劉勰《文心雕龍》，經過唐人傳鈔，宋元翻刻，明清校注與評點，歷代學者們於其間投注了大量的精力，近百年來，西方文論隨著文化交流的腳步，悄然東漸；由於新銳們的吹捧，戛戛乎大有凌駕我傳統文論的聲勢。於是有識之士如夢南者，於一九〇七年一月十日的《豫報》，發表〈說氣〉一文，首揭《文心雕龍》爲文重氣的面紗。接著，黃侃於一九二七年經北平文化學社出版了他在北大講學的心得《文心雕龍札記》，此書雖只收〈神思〉以下二十篇，但頗引起學術界

的關注，使沈寂已久的文論園地，泛起了層層波瀾。正當風氣乍開之際，抗日聖戰興起，繼而內戰頻仍；直到一九七八年，雨過天青，生機勃發，使原本幾陷停頓的《文心雕龍》研究，如草木逢春，綻放了多采多姿，空前未有的榮景；並將其譯成多國語文。時至今日，劉勰《文心雕龍》的發展，不僅百年銳於千載；且正式跨越國家領土的界閾，榮登世界文學理論之林，被尊爲當代「顯學」。

《文心雕龍》的研究，當以版本校勘爲首務。因爲我國文字有單音獨體的特性。加以秦漢篆隸的變遷，魏晉正草的混淆，隋唐俗書的流失，宋元明清校槧的刪改，途徑百出，多歧亡羊。若從事研究者，對《文心雕龍》本文的行文措詞尙有不明，又如何能進而探本窮源，得見劉勰爲文的用心呢？其錟先生有鑑乎此，遂以其不同於衆的靈心慧眼，投注於版本校勘工作。並朝於斯，夕於斯，寢饋其間垂二十年，其所以鉤深窮高，發疑正讀者，正想藉著校勘考據之功，以恢復《文心雕龍》的本眞。所謂「行千里者，始於足下」，他這種選定目標，鍥而不捨的努力，不僅大有貢獻於《文心雕龍》研究水平的提昇，且爲後學者樹立良好的治學榜樣。此其一。

先生從事唐宋元《文心雕龍》集校的步驟，凡正文皆以原件影印置於前，移錄標點集校殿於後，以方便讀者對照。至於宋本《太平御覽》由於引文分散，編排參差，查找不易，爲此，特編〈宋本《太平御覽》引《文心雕龍》索引〉附列。又以爲三書分立，各有校記，對讀者互相比勘，不免有顧此失彼的困擾。因而，先生復將唐寫本、宋御覽、元刊本，彼此牽涉的篇章，製成〈唐寫本、宋御覽、元刊本《文心雕龍》異文對照表〉，錄於全書之末。如此，不但讀之醒目，且可三本合參，節省翻檢之勞。回想清初黃叔琳造《文心雕龍輯注》，盛讚王惟儉《文心雕龍訓故》援據豐贍，強梅慶生《音註》甚多，而梅慶生《音註》的校正之功，更五倍於楊升菴《批點》，後之紀昀爲《文心雕龍評》，卻說黃氏的《輯注》，校字多從梅本。民元以來，范文瀾注《文心》，王利器爲《校證》，莫不捃摘前賢校勘的英華，益以個人博考之所得，成《文心雕龍》校注之偉業。然而對唐寫、元刊多未親見，即令親見，亦大多分別讎校，不及對勘摩合，發生棄取失調之弊。今先生綜理三大孤本，於精校之後又製表對照，使初學入門與學而有得者，均能參稽時兩得其便，而無前人校字揀擇上的失誤。此其二。

版本校勘的方法，大抵以底本之互勘爲初步工夫：但不能墨守一家，必須廣徵別本，互相參證；或求之本書，或旁徵他籍，所謂「合理假設，小心求證。」（更生案：此說見《胡適文存》第一集〈清代學者的治學方法〉而略有更動）。《文心雕龍》傳世一千五百年來，清代以前，其流傳之版本而今可以稽考者，計手鈔本十五種，單刻本四十種，叢書本十二種，校本二十七種，注釋本三種。而手鈔本之最早者，莫過敦煌莫高窟《文心雕龍》殘卷；最早的單刻本，則爲元至正（更生案：至正，元順帝十五年）刊於嘉興郡學的本子。宋刻雖亡，而南宋慶元五年（更生案：慶元，南宋寧宗年號；五年，即一一九九年）的蜀刻《太平御覽》，尚留殘本九百四十五卷；其中所含大量引文，頗能見宋本《文心雕龍》的仿佛。茲以唐寫本《文心雕龍》殘卷爲例，用睹先生博採中外當代通人之說，不以個人成見，決定文字的是非。如黃叔琳《文心雕龍輯注》、黃侃《文心雕龍札記》、趙萬里《唐寫本〈文心雕龍〉校記》、范文瀾《文心雕龍注》、劉永濟《文心雕龍校釋》、楊明照《文心雕龍校注拾遺》、郭晉稀《文心雕龍注釋》、王利器《文心雕龍校證》、潘重規《唐寫〈文心雕龍〉殘本合校》、戶田浩曉《作為校勘資料的〈文心雕龍〉敦煌本》。又因此本近古，學術價值高，不僅可據以糾正形似音近之訛誤，語序之錯置，舉凡刪衍補脫，訂正記事的內容，均可通過校勘，使原本鉤棘難通者，得以曠然昭寤，宿疑冰釋。他這種兼採眾長，淹貫各家的態度，不僅拾遺補闕，收執簡馭繁之功，更可造福後學，傳信千載，此其三。

孔子說：「古之學者為己，今之學者為人。」朱熹作集註，受到荀卿〈勸學〉篇的誤導，以為求學的人，大多為了獵取功名富貴，才肯學習。實際上，人們讀書治學，若是為己而能深造自得，則其為人亦必能本乎己立立人，己達達人的原則，與人為善。故老聃有「生而不有，為而不恃，功成而弗居。」正可與孔子之說相生發。所以學問之道，在能修己以及物，有功於家國社會。如孟子的距楊墨，韓愈的闢佛老，那一位不是以切己自勵之心，行正人心，息邪說之志。百年以來，研究《文心雕龍》的學者，大多以內容之闡發，理論之探討為主。很少在版本校勘之間，下董理密察的工夫。殊不知《文心雕龍》文深義隱，奧衍難解者，所在多有。此劉勰所謂：「簡蠹帛裂，三寫易字。」「一字詭異，群句震驚」者，正是有見而發。

今其錟先生好學深思，本其為學濟世的觀念，人棄取我的卓識，在人乏問津，世少知音的情況下，埋首點勘，自闢戶牖；積將近二十年的辛勤鉤考，成此拂塵掃葉之事功。更生僻處海隅，欣觀其皇皇鉅典之付梓，而預期洛陽紙貴之可待，特將讀後一得，聊布簡端，以告世之同道云。

二、林中明先生著《斌心雕龍》序

林君中明向以光電、資訊之學名世，後受母教激勵，發憤苦讀。除於孫武《兵經》、劉勰《文心》深造有得外，並以之與現代科技新知、歐美古今名著、參互印證，著爲文章，揚聲國際。近年彙整其多年公開發表的學術論文，成《斌心雕龍》一書，當此即將出版面世之際，邀我講幾句話綴於卷端；我忝爲其同道好友，自不敢辭。特略攄讀後一得，聊表獻曝之忱！

綜觀中國學術思想界，《六經》以外，有兩部超越時空，至今仍被有識之士，視爲雖舊猶新之鉅著：一爲孫武的《兵經》，一爲劉勰的《文心雕龍》。孫武《兵經》十三篇，是兵學方面的論兵之作。其內容在總結上古戰爭的經驗，探討取勝的戰略，歸納用兵的規律；謀者讀之謂之謀，巧者讀之謂之巧。且其爲法立言，益深不窮。故被學者推之爲百家兵學的始祖。劉勰《文心雕龍》五十篇，是文學方面的論文之作，其內容蓋本「徵聖」「宗經」的思想，雜揉百代精華，獨出一己新義；體大慮周，籠罩多方，是創作的津逮，論文的準繩，後人尊之爲藝苑祕寶，秉文之金科！

至於論文之與論兵，看似判若雲泥，毫無瓜葛，但深究文事武備的根本精神，則又如桴鼓相應，並無二致。是以古今文人才士，既不通軍事，也不習武備，本著個人弘深淵雅的學養，任重道遠的使命，謀定於前，兵發於後，終能達成興滅繼絕的任務者，數見不尠！惟其如此，故弘揚孫武《兵經》與劉勰《文心》的共通理論，實乃當前學術研究上的重要課題。

自《文心雕龍》出，一千五百多年來，起而研究者，或張皇幽眇，或版本校勘，或董理歸納，或參綜博考，或比較分析，或評注語譯，無一不是繞著劉勰及其《文心雕龍》本文做功夫；眞能鉤深窮高，別開新局的不多。或拿《文心雕龍》的學理，和古今中外的某家思想，作比較研究的更少。至於將劉勰《文心雕龍》中的文藝理論，與孫武《兵經》中的兵學理論結合，再借用科技新知和歐美作品，彼此激盪生發，而又著爲文章，加以闡揚的，尤爲少見。

一九九五年，「國際《文心雕龍》學術研討會」，在北京召開，林君即以〈劉勰《文心》和兵略思想〉爲題，發表他多年鑽研的心得，立即引起與會學者的關注和討論。其間固不免有是非兩可的爭議，但會後大家均以爲能合劉勰《文心》與孫武《兵經》爲一爐而冶之，確實替當前《文心雕龍》研究的困境，拓展了一片新的領空。茲後，他又分別在不同的地區、場合和論文集的代序中，接連發表了多層次、多面向而中心思想又大致相近的論文。尤其一九九八年十月，在「中國第四屆國際孫子《兵法》研討會」中，林君再從〈斌心雕龍〉的主題出發，發表了他〈從孫武《兵經》看文藝創作〉。其高論鴻裁，雖如空谷跫音，但卻引起了當代兵學家們的注意而深受讚許，推爲應屆學術論文中的壓卷之作。

凡讀林君此書者，不可不預知其所以能跨越學術研究的界閾，融舊取新，不爲人云亦云者，必定其來也有自。以下我從其「學養」「文章」「道德修爲」三方面，進行說明：

林君的學養：學養者，學問涵養之意。一個人的學問涵養，必須在他的日常生活行事上有具體表現，才是眞學問、眞涵養。並非每天只知坐擁書城，咬文嚼字，學鸚鵡饒舌，做古人奴隸。林君畢業於臺灣臺南成功大學電機系，在美國深造多年後，任職於美國各大中小電子公司者三十餘年，其間從不請假。復應各大學及產業機構的邀請，擔任訪問學人。並在電子與記憶軟體設計方面，已榮獲二十二項美國及國際專利權。一九九五年以後，他又將平時致力國學方面的心得，著爲論文，在海峽兩岸及美國召開的國際學術研討會上發表。所以林君做學問，係本乎科學家求眞求實的態度，絕不依違兩可，是則是，非則非；既不強人從己，亦不屈己從人，更不受任何學院派的影響，一切的堅持，皆由發揚中華文化之一念出發。他爲文以孫武《兵經》、劉勰《文心》爲本，並挾其在科技新知，和汎濫西學的優勢，作別樹一幟的立足點；且就此再旁推交通，將研究的觸角作廣泛的運用。

我認爲凡學養深厚，造詣愈高者，往往根柢愈固，用力愈深。譬如過去的漢學家們，爲了要詮釋一字一義之眞，常常上考下求，索得數百證據而後才理得心安；西方學者，爲了發明一個新的理論，也同樣的不惜窮畢生之力，去尋覓有力的佐證，做爲立說的後盾。今讀林君此書，無論是談「文化傳承」，論「斌心雕龍」，講「藝術有格」，或「文化源流」，無一處不閃耀著《文心》和《兵經》的光環，無一詞不凝聚著辛苦經營的結晶，無一義不跳動著中華文化的脈搏。正所謂萬山旁薄必有主峰，百川匯海必有源頭，像他這樣既是萬變不離其宗，而自己在生活行事上，又能踐履篤行，以身作則的態度，能說不是學養有得嗎。

次言林君的文章：語言之精者謂之文。所謂「精」，即孔子「辭達」之意。辭之如何可「達」？過去蘇東坡〈答謝民師書〉說：「求物之妙，如繫風捕影；能使是物了然於心者、蓋千萬人而不一遇也；而況能使了然於口與手者乎？是之謂辭達。」所以東坡的作品往往是先有成竹在胸，然後順手拈來，皆成妙諦；更不以艱深之辭，文淺陋之說。今觀林君此書，皆有爲而作，絕不無病呻吟。文中的奇思妙想，就像奔流不息的江河，在浩渺無垠的大地上，綻放出朵朵奇葩，令人驚爲天外飛來，如〈陶淵明的多樣性和辨證性以及名字別考〉一文，在詳列「歷來學者對淵明名字的看法」後，又借〈桃花源記〉的隱諱行文，來探測其姓名正解。以爲陶公的三個名字，如同其〈形、影、神〉三首詩影射的意義，來揭示主題，試想當陶淵明的名字於《晉書》《宋書》《南史》、蕭統〈陶淵明傳〉、顏延之〈陶徵士誄〉等文的記載，大多人各異詞的情況下，這篇小中見大之作，確實用舊案新判的敏感筆觸，替我們解決了一樁文壇公案。又於〈杜甫諧戲詩在文學上的地位〉一文中，論杜甫好以「戲」命題的變化及創新。以爲杜甫在中國文學上的地位，應屈居陶淵明之下；但因其詩作「題材廣、感情深、多樣性、體式新、又富幽默感，所以被尊爲『詩聖』。」至於杜甫「悲中有喜，笑裡帶淚」的「諧戲詩」，歷代學者均缺乏關懷。此說一出，對前人解說之未盡處，既有拾遺補缺之功；對後之研究杜詩的學者而言，更是別開生面的貢獻！

林君之於行文，多如大塊噫氣，有天馬行空，意到筆隨之勢。雖不刻意求工，但文外的曲致，卻蘊藉於字裡行間。如二〇〇〇年「第五屆《詩經》國際學術研討會」，發表的〈中西古代情詩比探短述〉，其子題爲〈由《易經．乾卦》推演「賦比興」的幾何時空意義〉。文中運用了大量資料：如希伯萊猶太教《聖經．舊約．所羅門王之歌》、中國《詩經》中的〈關雎〉〈狡童〉、古希臘女詩人薩芙，及羅馬歐菲德的情詩，互相結合；再舉劉勰的「情志心理術」進行分析；接著又借「幾何學」和「四度空間」的理論，印證「賦比興」的作用，另由《易經．乾卦》微觀「賦比興」的幾何時空意義，最後，證明《詩經》和現代高科技的創造力有關。並鍼對當前學者治學，過分依賴電腦網路，使心靈數位化，提出警告，希望能從古詩的「賦比興」的創作技巧中體悟教訓，來開拓因過分專業而日趨窄狹的創造力。同年一月於「上海復旦大學」召開的「古代文論研究的回顧與前瞻國際學術會議」上，發表的〈由《文心》、《孫子》看中國古典文論的源流和發揚〉，文末強調欲發揚中國文論，必須運用新材料，才容易有成就。他除了提出「應用文體」「文論與藝術」「文藝與人格」等十個子題外，還涉及「兵略思考」「企管教育」「科技創新」等方向。在〈中國古典文論的局限與展望〉等三項裡，他從統計學和物理學的角度觀察，認爲「轉型期的必然局限有四」，文中特別說明：「目前通外語者日益增多，但精於古文者日益減少。精通外語者多不精通古文，精通古文者多不精通外語。精通外語又精通古文者更少。通曉古今中外多種學科，而能跳出學問包袱，猶有創意者更難。」雖然此處只是提綱挈領，但已能從中看出作者對中國古典文論的投入、期盼與企圖的勃勃雄心！

林君的文章，完全甩脫陳腔濫調的歷史包袱，出於新思想、新觀念和新眼光。一切皆本乎冷眼熱腸的眞情，不矯揉造作，當行則行，當止則止，所謂「辭達」而已！讀他的文章，你理會也好，你不理會也好，必定有這樣的感覺——就像鳥鳴空山，萬壑齊應；如果要問鳥棲何處？聲來何方？那就有點拘虛而不知其靈活變化之妙了！

最後談一談林君的道德修爲：孟子說：「頌其詩，讀其書，不知其人，可乎？」我們於洞澈林君的學養與文章之後，再進一步了解其道德和修爲，是有必要的。因爲知得他的道德修爲，然後才能得知他的學養和文章造詣的根本所在。關於這一部分，我想從幾件過往的小事上進行觀察：

林君每次來台小憩，多約我餐敘暢談天下事，有一次茶餘之後，我逕自向他探詢：「先生何以在光電、資訊之業，卓然有成之後，又奮力拼搏，從事中國古典文學的研究呢？」他沉默片刻而語調低沉地談到過去返台探母的一段往事。給我留下極爲深刻的印象而揮之不去！林君令堂張敬教授，北平女子文理學院畢業，長於詩、詞、戲曲、明清傳奇，對宋元雜劇尤有研究。講學於台灣大學中文系、中文研究所。其及門弟子經裁成而任教於台灣各大專院校者甚多。某日，其令堂大人與研究生數人在住處客廳論學，偶而涉及當前教育問題。張教授不勝感慨的說：「由於社會價值觀的改變，在今日功利而健忘的台灣社會，年輕人多視傳統學術如敝屣；常此以往，不加改善，則今後中國古典文學的前途，將不堪設想！」此時，語氣稍稍停頓了一下，他又用期盼的眼神，環視周遭在座的學生，繼續地說：「所幸尚有各位拋開世俗的眼光，起而從事研究；中國的傳統文化，便不怕後繼無人了！像我家的小孩，皆研究科技，留學國外，沒有一個人能克紹箕裘，從事中國古典文學方面的研究。……」言下唏噓不已，環座諸生莫不相顧動容，而爲之黯然神傷者良久！當時林君雖不在座中，但被轉告此情此景，直如晨鐘暮鼓，頂門的金鍼！爲了達成母親發揚中華文化，延續古典文學一線血脈的心願，於是痛下決心，用自己工作的餘力，寢饋於中國古典學術，因此才有一九九五年，奉邀參加北京大學主辦，在皇苑大飯店召開的「《文心雕龍》國際學術研討會」，發表了他的處女作〈劉勰《文心》和兵略思想〉。從此蜚聲兩岸學壇，受到同道們的注目。後來爲了紀念母親的教誨，又和其兄弟林中斌成立了「張敬國學基金會」，獎勵學術著作之出版，兩岸學者迄今蒙受其惠者，頗不乏人。

又一九九七年四月，台灣《中華日報．副刊》連載了林君爲紀念北京大學百年校慶而寫的〈臺靜農與北大——由三代師生台大夜宴說起〉一文。臺老的一生際遇，可以說就是一部中國現代文藝史的縮影。在背景極複雜，人事極糾纏，學術極錯綜，文壇變化又極其迅猛，而國家命運更極盡砍坷的情況下，林君採惜墨若金的手法，從「未名湖」而「未名社」的掌故開始點染，然後講到蔡元培以「有所不爲」和「無所不容」的治校策略，開高校招收女生的先河；再講到陪母親赴北京探訪四十年不見的親朋故舊。筆鋒至此一轉，文章又拉回到「台大夜宴」的現場，和三代師生的情誼。其中藉著臺老的生平行事與藝文活動，穿插著談詩論書，說古道今；借著前塵往事的回憶，隱含傳道授業解惑的甘苦，既是弔古，亦是傷今。尤其在詩酒談讌的同時，還牽動了濃郁的親情、友情、鄉情，以及綿延百年，繼繼繩繩的師生之情，「一代不數人，百年能幾見」，這次「夜宴」，固可稱之爲文壇雅集，但是，如果換一個角度來看，又何嘗不是「爲將心曲酬知己，願作不眠徹夜彈」的一次尊師敬長，感情交流的活動呢！

一九九九年五月，「《文心雕龍》國際學術研討會」在台灣師範大學召開。開會的首事就是籌錢。沒有錢，甚麼事都辦不成。可是，多麼遺憾，我們是一群赤手空拳的大學教授。當時，我們堅信在經濟繁榮的台灣，定能獲得各有關單位的支援。於是向教育部、陸委會、海基會、國民黨文工會、中華文化總會、孔孟學會，以及各個學術基金會，凡能申請補助的公私機構，我們都以乞憐的目光和雙手，請他們無私的施捨。爲了將《文心雕龍》——這一部中國文學理論的瑰寶，送上跨越二十一世紀的舞台，我們幾乎動用了所有的關係。結果，等到面臨開會的前夕，才籌集到新台幣七十萬元，距離一百三十五萬元的起碼預算，還差得很遠。所以當我和劉渼、林淑雲、呂新昌、許愛蓮、黃瑞陽等坐車去桃園中正機場，接大陸來台開會的學者時，我的心情就像十二個吊桶，上下翻騰。事情如箭在弦，不能不作，但萬事齊備，只欠東風！就在這夢斷魂牽的時刻，林君中明的越洋電話，傳來了捐款消息。不久，他就請在台企業界的好友段行迪先生，以一張百萬台幣的金融卡，親手交付大會主持人，作爲支應此次開會之需。所以這一次「龍學」會議得以圓滿完成，和林君及段君雪中送炭的義舉，是分不開的。舉目當今台灣商場中的闊老、大亨，腰纏千億而又名登世界金融榜的巨擘不計其數，但像林君中明與段君行迪肯爲學術研究而慷慨解囊者，又有幾人乎？！

人生在世，不分貧富貴賤，不別才智賢愚，凡有血氣者，莫不尊親敬長，是以聖人垂教，首重孝悌。《禮記．中庸》也以爲人之立足於社會，不可以不修身，思修身不可以不事親，思孝親不可以不知人，思知人不可以不知天。可見孝悌忠信，既是人事，也是天理。從上述三件往事，可知林君能繼承父母的志業，尊從師友的教益，贊助學術性研究，特別是其羈身海外，心繫故園，又以弘揚中華文化，作爲念茲在茲的終身使命，對他本人來說，也許這是順天理，合人事，行所當行，微不足道；但在當前世風日趨卑靡，人心越發陷溺，中華文化更加不受重視的時刻，他的這種特立獨行的道德修爲，眞可以使貪夫廉，懦夫有立志。

昔仲尼孔氏，好禮習樂，學無常師，繼往聖，開來學，備王道，成六藝；並以《詩》《書》《禮》《樂》之教，化育弟子。我讀其與門弟子和時人問答的語錄，其中言兵者十常五六。是故齊魯會於夾谷，孔子攝行相事，收復了汶陽失地三百里。至於唐宋古文八大家之首的韓愈，「口不絕吟於六藝之文，手不停披於百家之編」，在他那閎中肆外，詞若貫珠的作品中，卻隱含著一股拔地擎天的浩氣，成就了他「忠犯人主之怒」、「勇奪三軍之帥」的不朽事功。

今林君師法古聖先賢，以孫武《兵經》與劉勰《文心》爲研究中心，旁涉百世，匯通中外，合文事、武備的理論加以昇華，並與現實生活需要相結合，將之應用到經學、史學、子學、文學、美學、戲曲、小說與科學技術、企業管理、投資理財等各個層面。因為作始也簡，在說理取證方面，容或有不令人滿意之處，但無可否認的，其或破或立，不與俗同的觀點，可謂空前未有之創獲！

林君既在學養、道德修為方面，有與衆不同的特質，其吐詞為文，亦必定心裁別出，自成一家。當你氣定神閒，明窗下座，清風徐來，香茗新沏，此時讀《斌心雕龍》，看他那運籌惟幄的廟算、徵聖宗經的脈絡，首尾圓合的布局、奇兵突襲的措辭、恍兮惚兮的奇思，尤其是那意出言外，情生腕底的靈明，令人有不覺時光易逝之感。

林君於學術研究之同時，常以詩、書、畫自娛，且出手極快，似不下思考工夫，又不限時間、地點，或開會、或坐車、或閒聊、或散步、或坐、或臥，只要興之所至，即可觸景生情，因情立體，就體成詩。詩成之後，即於同張作品上，或上、或下、或左、或右的空白處，題字、落款、點題、作畫、甚或繪製各體、各式的印章，或押在紙角，或押在紙心。他作畫往往因詩立意，採潑墨、寓意之法，大筆一揮而就，像是「雪中芭蕉」，「墨梅紅花」，「東坡即東籬」、「空谷幽蘭」等，頗類八大灑脫不羈之風格。風流倜儻，眞難得一遇之奇才也！

在感謝林君將此書給我先睹為快的同時，我更願把個人讀後的心得，以及就平時和林君過從的所見、所聞、所知、所感，和對他在詩、書、畫各方面的才藝成就，藉著這個機會，除表達一己的欽佩外，並奉獻給學術藝文界的同道知音。

三、一九九九年在台灣師範大學召開的「《文心雕龍》國際學術研討會」論文集後記

希望在跨越兩千年的前夕，在台灣師範大學能邀請國內外學者專家，開一次「《文心雕龍》國際學術研討會」，一方面因會議之便，可以當面向各位專家學者作學術交流，另一方面藉此提振台灣的研究風氣，爲古代文學理論的未來，打開一條鮮活的前途。召開「龍學」會議之事既經決定，馬上進行籌備。一九九八年十月廿九日上午八時半在師大國文系開第一次委員會，交換意見並分配工作，會中推舉蔡主任宗陽總其成，劉渼教授任總幹事，以下又分文書、總務、論文、議事、招待、聯絡各組，各組設組長一人，受總幹事的節制，一切安排就緒，大家意志高昂，有信心辦好這一次活動。

韶華易逝，七八個月的辛勞，使整個「《文心雕龍》國際學術研討會」在五月廿日圓滿落幕。當我和總幹事劉渼在桃園中正機場，送走最後一批學者登機赴港時，還依依相約後會之期。我和劉渼坐在返回台北的車上，充滿別淚的目光，凝視著遠山近水，回憶一週來的「龍學」會議中所見所聞，以及所體悟的點點滴滴，其中充滿了無盡的想像，隨著車窗外的清風，翱翔在海角天涯！「相見時難別亦難」，人生的聚散，眞如白雲蒼狗，留給人們無限的惆悵！

開會的首事是籌錢，財政爲庶政之母，沒有錢，什麼事都辦不成。可是，多麼遺憾，我們是

一九九九年五月在台灣師範大學召開的「《文心雕龍》國際學術研討會」，各方「龍學家」會聚一堂，盛況空前，使台灣的「龍學」研究，邁向新的台階，特攝此幀，以誌永念。

一群赤手空拳的大學教授，堅信在經濟繁榮的台灣，定能獲得有關單位支援。於是向教育部、陸委會、海基會、國民黨文工會、文化總會、孔孟學會。以及各個基金會，凡能申請補助的公私機構，我們都以乞憐的目光和雙手，請他們無私地施捨，爲了將《文心雕龍》——這一部中國文學理論的瑰寶，跨越廿一世紀，我們幾乎動用了所有的關係。結果，等到將要面臨開會的前夕，才籌集到新台幣七十萬元，距離一百三十五萬元的起碼預算，還差得很遠。所以當我和劉渼、林淑雲、呂新昌、許愛蓮、黃端陽等坐車去中正機場，接大陸來台開會的學者時，我們的心情就像十二個吊桶，上下翻騰。事情又不能不作。但萬事齊備，只欠東風！就在這夢斷魂牽的時候，林中明先生的越洋電話，傳來了捐款的消息。林先生，居美華僑，電腦公司的董事長，熱愛中國古典文學，年紀雖輕，卻創業有成，一九九五年七月，與我結識於北京，由於志趣投合，常以文會友。他的熱誠捐助，給我們帶來了歡欣與鼓舞，這一次「龍學」會議得以圓滿召開，與林先生雪中送炭的義舉，是分不開的！我在這裡含著滿眶熱淚，向他再一次的致上萬分謝意，他不僅是我的好友，更是《文心雕龍》作者劉勰的知音！舉目當今台灣商場中的闊老、大亨，腰纏千億的不計其數，但像林中明先生爲學術研究而慷慨解囊者，又有幾人乎！

《文心雕龍》傳世一千五百年來，其理論性的研究，至近世紀始蓬勃發展，因此中國文學理論家，對《文心雕龍》深造有得而又領袖當代，被譽爲「龍學家」或「古代文論家」者，頗不乏人。此次在台灣師範大學舉行的「《文心雕龍》國際學術研討會」，專函邀請了台灣本土學者、大陸學者、港澳學者、新加坡學者、韓國學者、日本學者、歐美學者，除去因故未能參加者外，眞正光臨而發表論文的高達四十位。尤其值得一提的，是大陸來台與會中的兩位學者，一是華東師範大學教授徐中玉先生，年高德劭，體力充沛，熱誠不減，其在中國文學理論上的造詣，早已蜚聲中外。不巧的是他在辦入台手續時，由於代辦人的疏忽，險些兒不能過關。另一位是南京大學的青年教授孫蓉蓉小姐，人長得嬌小玲瓏，嘴巴甜，學問好，根柢深，研究有成，僅僅是出境證上少蓋一顆章，想不到在羅湖車站檢查處，任憑她有蘇秦、張儀的辯才，也無法邁出海關一步。時間大約是入夜十點半了，我和石家宜教授、劉渼教授在師大學人招待所，急得像熱鍋上的螞蟻；

正當此時，推門而入，進來了一個身材適中的小姐，左手提著箱子，右手推著行李，兩隻大眼睛對著我說：「看到王先生，我就放心了！」她正是孫蓉蓉。我和大家一擁而上，向接待遠方的遊子，雖然紅著眼圈，但心情確格外欣喜。這次大會的成功，就是靠著這分「海內存知己，天涯若比鄰」的如手如足的關愛，才能開得如火如荼，十分成功！

論文共三十九篇，篇篇皆爲擲地有聲之作。因爲會前我們以《文心雕龍》爲主題，研究「今後文學理論如何跨越二十一世紀」，但是收到的論文，較之原定的主題還要豐富，其中有「通論」、有「文學原理論」、有「文學體裁論」、有「文學創作論」、有「文學鑑賞論」，還有超出這個範疇之外的，如「論兒童讀經」的、「論唐宋典律觀念」的、「論民間文學」的、「談版本、校勘」的、「論文學典律觀念」的；更有的是從「龍學」發展史的角度，看「《文心雕龍》研究的過去、現在和未來」的，多采多姿，在「《文心雕龍》學」園地裏綻放了萬道霞光，使蓬島生輝，海嶠增色。每篇論文在開會研討時，發言者鏗鏘有節、答問者如響斯應，引言時委婉曲暢，結論時掌聲如雷，全場如湯如沸，正像劉勰說的「木鐸啓而千里應，席珍流而萬世響」，可謂山陰道上，應接不暇！

食、衣、旅遊三件大事，會前都經過縝密的安排。開會是最乏味的，所以不但三餐要吃得飽，覺還要睡得好，與會的學者們，年齡一般比較長，出外旅遊，更要以車代步，以知性之旅代替長途跋涉。台灣師大旁邊的「向陽樓餐廳」菜色多樣，待客殷勤，物美價廉，再加上有幾位教授頗喜杯中之物，向以「杯中酒不空，坐上客常滿」，奉爲待客之道，所以每晚皆席開四、五座，志同道合，高朋雲集，三巡過後，一天的疲勞，早已消除大半。這時或行酒令，或說笑話，或詩歌吟唱，作爲下酒的題材。談笑間，皆盡情交談，達到相激相盪，會友輔仁的目的。我們同車暢遊過「石門水庫」，參觀過故宮的「三星堆展覽」、「錢賓四紀念館」、「林語堂紀念館」，每到一處，大家或記筆記，或索資料，或考訂文物，「商量舊學，陶冶新知」，處處都留下了我們的歡聲笑語。與天地同在，和日月同春，我們沐浴在台灣五月不冷不熱的豔陽裡，眞可消痰化氣，助長生機！尤其是暨南出版社的負責人李景濚先生，「龍學專家」，著作等身。文史哲出版社董事長彭正雄先生，獨資經營的出版家，爲學術界服務四十年，慷慨好義，能助人之急難。這兩位商場中的奇才，都分別自掏腰包宴請與會的學者，並贈送大批學術論著，尤其在我高唱李叔同的〈送別歌〉：「天之涯，地之角，知交半零落，一壺濁酒盡餘歡，今宵別夢寒」時，李、彭二位商界中的好友，還在勸酒進菜，而我惜別的眼淚，已潸潸地向肚子裡流去。想到「何當共剪西窗燭，卻話巴山夜雨時？」的詩句時，千言萬語，就像那地上的萬斛珍珠，眞不知從何處說起，而心亂如麻啦！

台灣桃園中正機場，雖是我經常進出的地方，但是這一次不同。我們的好友，大陸、港澳、新加坡，這些不遠千里而來的學術界朋友們，他（她）們就要在這裡和我們珍重再見了，記得是張少康、蔣凡、孫蓉蓉等數位教授們，過關檢查後，將要走入通往候機大廳的通道時，我和劉渼教授隔著幾層玻璃窗戶，五十公尺以上的距離，遙望著將要在我們眼前，隨著時間的魔手而去的身影時，我們劇烈地搖擺著雙臂，不停地向遠行的友人高喊珍重再見！直到他們的身影由清晰而模糊，到看不見為止，最後是萬里長空，飄浮著朵朵彩雲，帶著大家的祝福和期望，應該是滿載而歸吧！

跨世紀的「《文心雕龍》國際學術研討會」結束了，回想過去、展望未來，我們播下了希望的種子，今年是辛勤的耕耘，往後相信就是歡笑的收割。我們應該感謝的人、懷念的事，以及令人沉潛思考，奮力拼搏的太多了，我們知道自己做的還不夠好，請大家給我們改進的機會。讓《文心雕龍》——這塊中國古代文學理論的奇葩，在台灣生根、發芽、開花、結果。

四、二〇〇〇年「《文心雕龍》國際學術研討會」在江蘇鎮江召開紀盛

江南煙雨　景色宜人。
龍學研究　歲久彌新。

正是暮春三月，江南草長，雜花生樹，群鶯亂飛的季節，「中國《文心雕龍》學會」在鎮江人民政府的贊助下，於劉勰的故里江蘇鎮江（古稱京口）盛大召開，大會邀請了世界各地知名「龍學」家近百位，齊聚於鎮江南山風景區的碧榆園。由四月三日到四月六日，前兩天學術討論，後

二〇〇〇年四月初，在劉勰的故鄉江蘇鎮江（古稱京口），召開「《文心雕龍》國際學術研討會」。並以「龍學研究的回顧與展望」爲主題，發表論文，展開討論，同時更成立了「中國《文心雕龍》研究資料中心」掀起了「龍學」研究的高潮。

兩天旅遊活動，再加上早、晚的藝文活動和參觀名勝，節目進行得緊湊而有秩序。給遠道而來的與會學者們留下極爲深刻的印象。

㈠盛大、周到而豐收的一次盛會

四月二日夜七點，我們台灣來的這一群，分別在碧楡園川堂預設的專櫃辦理報到手續，接著由書畫名家張振宇先生帶著我們簽名。事後，我和二三好友踏著如畫的燈光，在朦朧的夜色下，享受一下南山國家公園的幽靜和春來的氣息。

三號的早晨八點，與會的學者們都分別移駕到二樓大會堂，進門就看見主席台上方懸著紅布橫幅，上書「《文心雕龍》二〇〇〇國際學術研討會・

中國·鎮江」，字如斗大，氣象宏偉，令人精神爲之一振。主席台上的席位，事先都經過審縝的安排，除主持人外，還有「龍學」界的前輩、國外學者、台灣學者。

學者們依照大會發言的主題「龍學研究的回顧與展望」提出各自的觀點，台下掌聲如雷，攝影機的強光，烘托著採訪記者們的熱忱，頓時把整個大會堂的溫度，昇高到沸點。下午二點半開始，分場進行各組學術研討。在研討過程中，有主持人、主講人、評講人，還有從北京、上海、南京以及鎮江附近各高校駕臨旁聽的博士、碩士研究生。濟濟多士，共同爲開拓龍學視野獻心獻力，熱烈有序，全部五十篇論文，十六個場次，自始至終，就像沐浴在和暢的春風裡，切磋琢磨，滿載而歸。

㈡南山風景名勝區與「文心閣」

《文心雕龍》國際學術研討會會場碧楡園，就在鎮江南山風景名勝區內。說起南山風景名勝，不禁聯想到這座「城市山林」中的「文心閣」。「文心閣」是此區的重要建築。與「文心閣」連屬一體的建築群，還有浮水而建的「水榭舞台」，休閑賞景的「學林軒」、瓷刻壁畫的「群星璀燦」、一泓碧水的「雕龍池」、清新雅致的「知音亭」，以及散布在「文心閣」四周，於奇花異草、曲水林蔭相映成趣的「石刻」。這整個景觀設計，和劉勰《文心雕龍》發生密不可分的關係。除了名家書法、題詞外，凡文字部分，完全選錄《文心雕龍》中的名句；如「操千曲而後曉聲，觀千劍而後識器。」「善刪者字去而意留，善敷者辭殊而意顯。」「登山則情滿於山，觀海則意溢於海。」「灑筆以成酣歌，和墨以藉談笑。」「音實難知，知實難逢；逢其知音，千載其一乎！」等，使來此遊觀者，不僅可以陶情怡性，豐富人生，更可以「傲岸泉石、咀嚼文義」，提昇人文素養。

「文心閣」的修建給我的觸發，不在它古樸典雅的建築，和碧草如茵的園景，而是鎮江人民政府爲了表彰這位震古鑠今的文學思想家劉勰及其《文心雕龍》，於南山國家森林公園內，專門闢建此一特區。這種「標心萬古，送懷千載」的用心，直可以流芳百代，傳奕來葉。

㈢別開生面的文藝晚會

四月三日晚上七點半在南山風景區的「水榭舞台」，舉辦了一場別開生面的文藝晚會。「水榭舞台」與「學林軒」相連。清流環繞，小徑曲折。長廊與水榭相對，廣植花草，綠縟可愛。置桌椅十數張於中庭，坐觀舞台表演，眞人生一樂事也。

七點時分的鎮江南山，已經是夕陽西下，萬家燈火了。碧楡園和這裡雖只有一條馬路的距離，由於山路崎嶇，再加地廣燈稀，我和呂武志先生結伴同行。眼看「水榭舞台」處人影鑽動，樂聲四起，進入文苑大門後，由於花徑人稀，我們沿小溪、登危橋、過高岡、穿長廊、越中庭，在燈光閃爍下看到前面靠走道附近一排空著的桌椅，我們便挨肩入坐。不久，由小姐送上兩杯熱茶，在山風如刀，寒氣逼人之時，啜口熱茶，頓覺通體舒適。此時舞台上節目已開始進行，有新詩朗誦、歌舞表演、曲藝雜談、紹興戲、京戲、絲竹合奏、男高音獨唱，緊湊而富諧趣。在掌聲雷動中，即將結束表演的時候，報幕的小姐說，觀衆席要求再獨唱一曲「阿里山的姑娘」，即台灣名歌「高山青」。當那位男高音唱出「高山青！澗水藍！阿里山的姑娘美如水啊！」我幾乎有不知身在何處之感。歌聲乍歇，我凝眸回顧，看到坐在我身後稍右，身材胖瘦適中，畢挺的西服，烏黑的頭髮，襯托著一幅溫柔敦厚而健康的面孔，他就是錢永波先生。「今晚的節目還可以吧？」「何止可以，簡直是超水準的演出，一曲高山青，可以領悟錢主任的細心與體貼。」這眞是一場別開生面而又難忘的文藝晚會。

(四)《文心雕龍》資料中心掛牌與簽名留念

鎭江市人民政府爲了發揚中國歷史文化，恢宏劉勰《文心雕龍》的偉大貢獻，贊助這次「《文心雕龍》國際學術研討會」，在鎭江圓滿而成功的召開，使海內外近百位學者，均有賓至如歸之感，這已經是不容易了。不過，雖然不容易，只要經費允許，事先人員協調好，加上任勞任怨的毅力和耐心，總還可以勉力而爲，達成預期的目標。我覺得此次盛會，最令人衷心欽佩的，也是最偉大、最成功的地方，是鎭江市人民政府熱愛歷史、熱愛文化，提昇人文精神、發展地區特色的這分「心」。這分「心」可以從「《文心雕龍》資料中心」的掛牌，和「簽名留念」兩件事上找到答案。

四月三日中午一時半，參加大會的學者們分乘六部專車，由碧榆園出發，經過市區，抵達鎭江市圖書館，大家魚貫走進館前的空地，迎面圖書館的牆壁上掛著一條紅布橫幅，上書「鎭江《文心雕龍》資料中心掛牌儀式」，圍牆四周插滿了五彩繽紛的旗幟。市長、市人大負責人，還有多位專家學者站在入門的紅氈上，等待著儀式進行。司儀宣布典禮開始後，由市長及「龍學會」會長王運熙教授講話並舉行揭幕後，大家遂分批乘坐電梯到八樓的「資料中心」參觀。中心內四壁張掛著名人字畫，周圍書架上、櫥櫃裡陳列了當代龍學家的專門著作和單篇論文。室分內外，滿目琳瑯，流連其間，可以永日。只可惜台灣學者研究《文心雕龍》的成果，這裡完全看不到。根據我去年（一九九九）編訂的《台灣近五十年《文心雕龍》研究論著摘要》一書的統計，五十年來台灣研究《文心雕龍》的成果，計「專門著作」四十三種，「期刊論文」二百二十三種，「碩、博士論文」二十五種，「論文集」八種，「域外學者論著」二十三種，各類共計得三百三十二種。這對海峽兩岸的學術文化交流，可謂滿意中的遺憾！爲此，我特別向負責資料中心業務的副館長彭荷成小姐說明，待會議結束返回台灣後，我一定設法彌補此一缺點，使各方有志「龍學」研究的朋友們，能從全面而整體的看到近五十年來海峽兩岸在此單一學術領域裡，從事研究的豐碩成果。

「簽名留念」更是此次大會成功的另一重大課題。四月五日當我們在大會的安排下遊罷揚州瘦西湖、平山堂、迎賓館歸來後，五點半鐘趕往文苑閣，參加「簽名留念」的揭碑大典。地點是在「學林軒」和「文苑閣」兩建築群中間的丘嶺斜坡上，下臨一泓潺湲的細流，上接一望無際的綠茵，數不清的茂林修行，映帶左右，就在這樣一塊沃土上，立下一塊永世不朽的碑刻。碑前刻有元至正本《文心雕龍》首頁，和林其錟先生手書的《敦煌遺書《文心雕龍》殘卷集校》，又以模版黑底金字中英文合撰的落款「《文心雕龍》國際學術研討會」「中國、鎮江」字樣，置於碑前的正下方。碑陰作扇面狀，簽名由中間分向兩邊擴散，靠右方邊石直書「出席《文心雕龍》國際學術研討會學者簽名」，在全體九十五位學者之末，靠底邊石碑空白處自左而右刻有「簽名者有中國大陸港澳台美日韓馬來西亞等國家和地區的學者」二十七字。儀式隆重，雖然天氣陰沉，細雨霏霏，但掩不住大家激動的情緒，我單獨在碑的正面和陰面分別照了像，又和同來的台灣學者並立於碑前斜坡攝了一張團體照。我們的心情整個被這「簽名留念」的碑刻牽動著，是興奮、是慰勉、是負擔、更是責任。會後能否使「龍學」的研究普及於全國、弘揚於世界，就看在碑陰留下芳名的這一群，如何肩負起歷史的任務，本著「人能弘道」的精神，努力以赴了。

(五)揚州瘦西湖與鎮江的一樓兩山之旅

四月五日是學術討論會結束後的第一天。根據大會安排，要乘船渡江去揚州參觀瘦西湖，个園、何園，來到擺渡的大船上，四望滾滾長江東流水，想到「天下三分明月夜，二分無賴是揚州」的詩句，對這座有悠久歷史的名城，勾起了我思念若渴的嚮往。過去讀杜牧的〈遺懷〉詩：「落魄江南載酒行，楚腰纖細掌中輕。十年一覺揚州夢，贏得青樓薄倖名。」多少幽怨！多少浪漫！多少春風得意！多少繁華事散的矛盾情懷？

車到揚州舊城老街，改搭遊湖的畫舫，向瘦西湖而去。一路之上看不完的柳暗花明，聽不盡的簫鼓聲歌，垂柳吐新，桃花爭豔，人雖在畫舫之中，而心卻隨著輕風浮雲並駕齊驅於名山勝水之間矣。

瘦西湖最美的景點是二十四橋，極目望去，水天一色，碧草無垠，又加新雨過後，更是柳新、草新、滿眼新翠欲滴，令人不禁想起「二十四橋明月夜，玉人何處教吹簫？」揚州如詩如畫的旖旎風光，想到那裡，那裡就有詩情；看到那裡，那裡就是畫意。我們大家眞的都陶醉十里春風揚州路上了。

午飯前，又順路去「平山堂」一遊，中午迎賓館的盛宴，所謂「淮揚名菜」，色香味美，再加上女侍的殷勤，主人的熱忱，大有「但使主人能醉客，不知何處是他鄉？」的感覺。飯後小憩片刻，二時出發，先到个園，再參觀何園，个園廣植奇竹，全園以抱山樓爲中心，再以春夏秋冬四季的假山加以點染，人行假山中，出洞入洞，上山下山，忽高忽低，若明若暗，眞乃構思成趣，巧奪天工。何園又名寄嘯山莊。園中各景和串樓相連。處處回廊，層層複道，穿梭其中，如走迷宮。加以古木參天，山房精巧，具有風姿誘人的魅力。可能是四點半不到，整個參觀的過程，就在意猶未盡的情況下，快快離去！

四月六日，鎭江的一樓兩山之旅開始了。暮春天氣的鎭江，尤其早晨，尙有寒氣襲人的感覺。我們先到芙蓉樓，再到金山寺，然後渡江參觀焦山。三處均爲風景名勝，尤其王昌齡的〈芙蓉樓送辛漸〉「洛陽親友如相問，一片冰心在玉壺」的詩句，千載以來，傳爲絕唱。「白娘子水漫金山」的民間傳說，給金山寺帶來引人入勝的神祕感。焦山沒有芙蓉樓的飛橋相連，波光搖曳；也沒有金山寺的人文景觀和神話色彩，它是孤立於江中的綠色小島，滿山蒼翠，滄波萬頃，其「中流砥柱」的雄偉氣勢，令人爲之神往。尤其焦山爲東漢末年名士焦光隱居高臥之處，更增幾分名士的風雅，騷人的墨韻，所以我特別喜歡焦山。「焦山碑林」是中國三大碑林之一，當你獨立在四壁書香、滿園文墨，瀏覽王羲之的「鶴銘」石碑，抗英遺址的「古炮台」時，我中國的古老文明，在西方列強船堅砲利的威脅下，多少歷史文物成爲灰燼！多少人民的血肉成爲野鬼！今天我站在這座神奇而美麗的遊覽勝地，和「春風又綠江南岸」的時刻、踏在先烈們抵抗外侮的泥土上，撫今追昔，就像江上的清風，海上的明月，引起我無限的遐思和感傷！

㈥文心餘影話別離

四天的勝會結束了，七日的早餐過後，國內外的學者們都拎著行囊，或上海、或四川、或北京、或蘇杭，有坐車的、有乘船的、有搭機的，匆匆的行色，殷殷的話舊，整個碧榆園的氣氛，陡然之間，變得如此焦躁和不安，甚而南山風景名勝區也因爲陰霾中的一絲朝陽，好像抹在嘴角邊上的微笑，暗嘲我們這些名流學者們的無識！人眞的很笨，一定要等到分手告別的時候，才知道珍重再見之不易啊！

我永久懷念鎭江市人民政府不惜撥出鉅資，贊助《文心雕龍》學會，使四天的大會由於事前的充分準備，而圓滿成功，並充滿了學術研討的氣氛。當地的廣播電台、電視台、京江晚報、鎭江日報的新聞從業的記者們，由追蹤、訪問、剪接而報導的熱忱，不僅配合了學術文化和政治、經濟上的需要，更充分表達了敬業和專業素養。此次大會的圓滿豐收，有很多因素是您們促成的。錢永波先生，是一位對鎭江卓有貢獻而令人欽佩的人物，他不是一個技術官僚，而是不折不扣的學者，沒有架子，和藹可親，面帶微笑，不苟言語，但是，他心裡有一團燃燒的烈火，凡事任勞任怨，最爲人所不及的，是他那平易近人而又不失高潔的名士風流。

北大張少康教授是這次盛會中的靈魂人物，我第一天報到時，就聽說他因疲累過度病倒了，可見他對事認眞負責的態度。南京師大的石家宜、孫蓉蓉二位教授，是我多年老友，此次鎭江重逢，把酒談歡、追憶既往，無限依依，念「昔我往矣」的詩句，更悵然感慨！林其錟教授，熱忱好友，他求眞求實的研究態度，從他對《劉子新論》和《文心雕龍》版本的搜輯與考訂上，就可以知其在新中國古代文獻學上的成就了。

我本來預期，在鎭江時會見到楊明照先生，以後得知楊先生因年事已高，不適宜旅途勞頓，沒有出席。王元化先生、祖保泉先生都是龍學界的前輩，有傑出貢獻的少數專家，荏苒韶華，自九五年北京一別，迄今又好幾年不見面了。我抓住這次開會的機會，專門找一個彼此都有空暇的飯餘時間，踵門求教，談過去、談未來、談學術文化的發展、談兩岸關係的現況，以及談到何時來上海一遊，去黃山賞景等等，他們兩位的博學多識，關愛歷史，關愛文化，關愛國家前途的心情，令我爲之動容，而久久不能忘懷！

大家知道我從台灣來，在此海峽多事之秋，與會的女士、先生們對我特別照顧，有的送我近年的大作、有的送我紀念品，張振宇先生送我親手寫的書法，過去李白的〈贈汪倫〉，有「桃花潭水深千尺，不及汪倫送我情。」此情殆有過之。

我隨著台灣來的好友們，坐上開往杭州的遊覽車，馬達聲響起，車子即將發動，石家宜教授一個箭步，跳上車廂，提著四瓶餃子醋，說是林其錟教授送的，我含著滿眶熱淚，接下了這分厚愛。張望著車外朋友們搖動手臂和依依的眼神，心裡不禁想著「一瓢濁酒盡餘歡，今宵別夢寒」的歌詞，內心又是一陣酸楚。說時遲，那時快，車子已滑過碧榆園的門口，駛出鎮江了。再見吧，南山風景名勝區！再見吧，碧榆園！再見吧，可愛的鎮江！再見吧，我志同道合的好友們！

五、本書作者著述年表

㈠專門著述

1. 晏子春秋研究　一九六六年完成的（碩士論文）　一九七六年二月始由文史哲出版社正式印行　全書二〇〇頁。

2. 詩學朏譚　一九六六年一月　在台師大國文系講授「詩選」時的手鈔本　全書七章一百六十頁。

3. 中國文化概論　一九六八年七月　作者自印　全書二八八頁。

4.賈誼學述三編　一九七一年十二月　打字油印本。
5.籀廎學記（一名「孫詒讓先生之生平及其學術」）　一九七二年八月　文史哲出版社依手稿影印（博士論文）。　全書八〇九頁。
6.文心雕龍研究　一九七四年三月　文史哲出版社發行　全書四三八頁。
7.文心雕龍導讀　一九七七年三月　華正書局印行　全書一〇四頁。
8.孝園尊者戴傳賢傳（爲「先烈先賢傳記叢刊」之一）　一九七八年十二月　近代中國出版社印行　全書一九四頁。
9.陸賈（「中國歷代思想家」之一）　一九七八年六月　台灣商務印書館印行　全書四十二頁。
10.賈誼（「中國歷代思想家」之一）　一九七八年六月　台灣商務印書館印行　全書三十九頁。
11.重修增訂文心雕龍研究　一九七九年五月　文史哲出版社印行　全書四七一頁。
12.文心雕龍范注駁正　一九七九年六月　華正書局印行　全書一〇四頁。
13.我們的國名　一九八一年三月　中央文物供應社印行　全書七十六頁。
14.我們的國旗　一九八一年三月　中央文物供應社印行　全書一〇六頁。
15.我們的國歌　一九八一年三月　中央文物供應社印行　全書九十八頁。
16.我們的國徽與國花　一九八一年三月　中央文物供應社印行　全書五十四頁。
17.國文教學新論　一九八二年四月　明文書局印行　全書三六四頁。

18.三民主義的文藝創作原理　一九八三年七月　國立編譯館主編　中央文物供應社印行　全書五十八頁。
19.中國國民黨與中華文化　一九八四年十一月　中央文物供應社印行　全書三九八頁。
20.文心雕龍讀本上下册　一九八五年四月　文史哲出版社印行　全書九三二頁。
21.晏子春秋今注今譯　一九八七年八月　台灣商務印書館印行　全書四三二頁。
22.中國文學的本源（一名「文源闡微」）　一九八八年十一月　台灣學生書局印行　全書一二七頁。
23.重修增訂文心雕龍導讀　一九八八年三月　華正書局印行　全書一七八頁。
24.中國文學講話　一九九〇年七月　三民書局印行　全書三二三頁。
25.文心雕龍新論　一九九一年五月　文史哲出版社印行　全書三五五頁。
26.韓愈散文研讀　一九九三年十一月　文史哲出版社印行　全書三〇三頁。
27.柳宗元散文研讀　一九九四年七月　文史哲出版社印行　全書三〇四頁。
28.文心雕龍選讀　一九九四年十月　國立編譯館徵稿　台北巨流出版社印行　全書五一七頁。
29.中國古代文學理論的祕寶　一九九五年七月　黎明文化事業公司印行　全書三三八頁。
30.歐陽脩散文研讀　一九九六年五月　文史哲出版社印行　全書三五六頁。
31.更生退思文錄　一九九七年七月　文史哲出版社印行　全書四四九頁。

32.重修增訂國文教學新論　一九九七年七月　台北明文書局印行　全書四三四頁。
33.台灣近五十年文心雕龍研究論著摘要　一九九九年五月　文史哲出版社印行　全書一七七頁。
34.歲久彌光的龍學家——楊明照教授在「文心雕龍學」上的貢獻　二〇〇〇年十一月　文史哲出版社印行　全書一〇八頁。
35.蘇軾散文研讀　二〇〇〇年九月　文史哲出版社印行　全書三六五頁。
36.國文教學面面觀　二〇〇一年五月　五南圖書公司印行　全書三三四頁。
37.新編晏子春秋　二〇〇一年六月　五南圖書公司印行　全書七七四頁。
38.曾鞏散文研讀　二〇〇五年六月　文史哲出版社印行　全書三四六頁。
39.文心雕龍管窺　二〇〇七年六月　文史哲出版社印行　三二九頁。
40.王更生自訂年譜初稿　二〇〇七年六月　文史哲出版社印行　約一九〇頁。

㈡編輯作品：

1.白話資治通鑑，周紀五卷，秦紀三卷。由第一冊的第一頁，到第一九〇頁。　一九八四年三月　文化圖書公司印行。
2.中國文學概論　一九八七年十一月印行　係國立空中大學教科用書。其中第一章「辭賦」（由八一頁至一八二頁），第五章「詞曲」（由第一頁至一二二頁）由本人編輯。
3.中華文化百科全書　一九八九年　台北黎明文化事業公司印行。書中第一章「歷史」，由第一頁起，到第三七四頁止，共三七四頁。第二編第二章「民族」，由三九三頁起，到六五三頁，共二四二頁。第四編第三章「工技」，由第一頁起，到三五〇頁止，共三五〇頁。第五編第三章「文學」，由第一頁起，到四一〇頁止，共四一〇頁。

4.今註今譯古文觀止上下册　一九九三年六月　台北黎明文化事業公司印行。全書五六三頁，我注譯了由唐至清四〇篇古代散文。

5.中華民國文化志初編　一九九七年七月　中華民國國史館印行。我編書中第十二章「古典文學」部分，由五三七頁起，到五七三頁止，共三十六頁。

㈢有聲著作

1.中國歷代詩詞曲文美讀一套兩捲　錄有朗誦作品八十首，為台師大員工進修班國文輔助教材，由台師大視聽教育館監製，不對外發行。一九八三年四月錄製。

2.中國歷代詩詞曲文美讀一套四捲　錄有朗誦作品六十四首，由華陽文教出版公司發行，一九八三年六月錄製，並對外發售。

3.最新增訂版中國詩詞曲文錄音帶一套四捲　錄有朗誦作品八十首　附為高中國文詩詞曲文教材　由華陽文教出版社發行　一九八八年一月發行。